Bullying unter Schülern

Klinische Kinderpsychologie

herausgegeben von
Prof. Dr. Franz Petermann

Band 8

Bullying unter Schülern

von
Dr. Herbert Scheithauer
Dipl.-Psych. Tobias Hayer
Prof. Dr. Franz Petermann

Hogrefe · Verlag für Psychologie
Göttingen · Bern · Toronto · Seattle

Bullying unter Schülern

Erscheinungsformen, Risikobedingungen und Interventionskonzepte

von

Herbert Scheithauer, Tobias Hayer
und Franz Petermann

Hogrefe · Verlag für Psychologie
Göttingen · Bern · Toronto · Seattle

Dr. phil. Herbert Scheithauer, geb. 1970. 1991-1997 Studium der Psychologie in Bremen. Seit 1997 Wissenschaftlicher Mitarbeiter am Lehrstuhl für Klinische Psychologie, Zentrum für Klinische Psychologie und Rehabilitation der Universität Bremen. *Arbeitsschwerpunkte:* Aggressives Verhalten, Bullying und Verhaltensstörungen im Kindesalter, Entwicklungsförderung, Metaanalyse.

Dipl.-Psych. Tobias Hayer, geb. 1974. 1995-2001 Studium der Psychologie in Bremen und an der City University of London, England. Seit 2001 Wissenschaftlicher Mitarbeiter am Institut für Psychologie und Kognitionsforschung der Universität Bremen. *Arbeitsschwerpunkte:* Bullying- und Glücksspielforschung.

Prof. Dr. Franz Petermann, geb. 1953. 1972-1975 Studium der Mathematik und Psychologie in Heidelberg. Wissenschaftlicher Assistent an der Universität Heidelberg und Bonn. 1977 Promotion; 1980 Habilitation. 1983-1991 Leitung des Psychosozialen Dienstes der Universitäts-Kinderklinik Bonn, gleichzeitig Professor am Psychologischen Institut. Seit 1991 Lehrstuhl für Klinische Psychologie an der Universität Bremen und seit 1996 Direktor des Zentrums für Klinische Psychologie und Rehabilitation. *Arbeitsschwerpunkte:* Psychologie in der Kinderheilkunde, Behandlung von Entwicklungs- und Verhaltensstörungen im Kindes- und Jugendalter.

Bibliografische Information Der Deutschen Bibliothek

Die Deutsche Bibliothek verzeichnet diese Publikation in der Deutschen Nationalbibliografie; detaillierte bibliografische Daten sind im Internet über http://dnb.ddb.de abrufbar.

© Hogrefe-Verlag GmbH & Co. KG, Göttingen • Bern • Toronto • Seattle 2003
   Rohnsweg 25, D-37085 Göttingen

http://www.hogrefe.de
Aktuelle Informationen • Weitere Titel zum Thema • Ergänzende Materialien

Umschlaggrafik: Christina Teutoburg, 8 Jahre
Druck: Kaestner GmbH & Co. KG, D-37124 Rosdorf
Printed in Germany
Auf säurefreiem Papier gedruckt

ISBN 3-8017-1327-X

Inhaltsverzeichnis

Kapitel 5

Kapitel 6

Kapitel 7

Kapitel 8

Kapitel 9

Kapitel 10

Geleitwort

Man kann davon ausgehen, dass es Bullying unter Schülern gibt, seitdem Schulen existieren. Aber erst innerhalb der letzten 25 Jahre – und überwiegend erst in der vergangenen Dekade – wurde auf diesem Gebiet systematisch geforscht (Smith & Brain, 2000), was sicherlich nicht darauf zurückzuführen ist, dass es sich um ein unbedeutendes soziales Phänomen handelt. Wie Scheithauer, Hayer und Petermann in ihrem aktuellen Überblick verdeutlichen, sind verschiedene Formen von Bullying unter Schülern nicht nur sehr weit verbreitet, sondern können auch gravierende Folgen für alle Beteiligten haben – insbesondere für die Opfer, und vor allem, wenn schwer und lang andauernd schikaniert wird.

Die Fokussierung auf Bullying an Schulen scheint sich im Zuge eines generellen Trends, den man im 20. Jahrhundert beobachten konnte, zu vollziehen. Hierzu gehört, dass die Rechte von Individuen immer stärker und offener anerkannt werden – ob nun im Zusammenhang mit dem Älterwerden, der Heimat, der sexuellen Orientierung oder Behinderungen einer Person bzw. Einschränkungen anderer Art. Im Falle von Bullying-Opfern können all diese Faktoren eine Rolle spielen, jedoch sind es oft auch Aspekte in der Persönlichkeit eines Schülers, oder sogar reine Zufälle, die einen Schüler in eine Spirale von Viktimisierungen gleiten lassen. Zunehmend werden Diskriminierung, das Schikanieren und Viktimisieren, ganz gleich aus welchen Gründen oder in welchem Kontext, ob in der Schule, zu Hause oder auf der Arbeit, als inakzeptabel angesehen. Zwar sind Fortschritte in vielen dieser Bereiche gemacht worden, doch wir sind noch nicht am Ziel angelangt.

Bullying unter Schülern wird in vielen Ländern als ein ernst zu nehmendes Thema behandelt, so auch in den meisten europäischen Ländern – von denen bereits einige über rechtliche Möglichkeiten verfügen, gegen das Bullying an Schulen vorzugehen (Anandiadou & Smith, 2002). Das vorliegende Buch stellt eine hervorragende Ressource für Lehrer und Erzieher/Pädagogen dar, die sich gerne auf den neuesten Stand der Forschung bringen möchten; es ist ebenso nützlich für Studenten der Pädagogik, Psychologie und verwandten Disziplinen. Im ersten Teil bietet das Buch einen aktuellen und zuverlässigen Überblick zum Wissensstand, über den wir momentan verfügen – eine umfangreiche Zusammenfassung von überwiegend aus den 90er-Jahren stammender Literatur. Der Überblick beinhaltet nicht nur Fakten zur Auftretenshäufigkeit von Bullying, Alters- und Geschlechtsunterschieden, sondern gibt auch einen Einblick in die komplexen Risikobedingungen, die Schüler dazu veranlassen, andere zu viktimisieren, oder Schüler einem erhöhten Risiko aussetzen, viktimisiert zu werden. Ferner wird die besondere Bedeutung der Peer-Gruppe beim Auftreten und zur Verhinderung von Bullying behandelt.

Wie können nun diese Informationen in praktische Maßnahmen einfließen, um denen zu helfen, die in der Bully-Victim-Dynamik gefangen sind und um das aus Bullying resultierende Leid zu verhindern? Der zweite Teil dieses Buches behandelt die wich-

tigen Themen Prävention und Intervention. Die Geschichte der Interventionsbemühungen ist fast ebenso alt wie die Geschichte der Bullying-Forschung, die in den
frühen 80er-Jahren des 20. Jahrhunderts in Norwegen begann. Seitdem sind viele
Erfahrungen gemacht worden, so dass Lehrern inzwischen einige Handlungsmöglichkeiten zur Verfügung stehen. Allerdings stellt die Prävention und Eindämmung
von Viktimisierungen an Schulen nach wie vor eine Herausforderung dar, und zwar
eine, die den steten Einsatz und ein sensibles, informiertes und engagiertes Vorgehen
von Seiten des Lehrerkollegiums und Schulpersonals bedarf. In diesem Buch werden
viele dieser Aspekte zusammengefasst und diskutiert. Es stellt einen informativen
Leitfaden für jene dar, die dieses Problem angehen möchten. Gegen Bullying an
Schulen vorzugehen bedeutet, sich für die Rechte der Opfer, für Sicherheit, Zufrie-
denheit und Wohlbefinden aller Schüler einzusetzen.

London, im März 2003   Peter K. Smith
                                                        Professor and Head
                                          Unit of School and Family Studies
                                                        Goldsmiths College
                                              University of London, England

Vorwort

Nicht zuletzt, seitdem extreme Fälle von Gewalt nicht mehr nur an amerikanischen, sondern auch an deutschen Schulen aufgetreten sind, wird verstärkt eine öffentliche Debatte über Ursachen von *Gewalt an Schulen* und Möglichkeiten der *Prävention und Intervention* geführt. Im Rahmen dieser Diskussion konzentriert man sich oftmals auf jene schwerwiegenden Formen von schulischer Gewalt, die absolut gesehen relativ selten auftreten. „Mildere" oder subtilere Ausdrucksformen von Gewalt unter Schülern werden hingegen weitaus seltener betrachtet und zuweilen erst gar nicht berücksichtigt.

Bullying unter Schülern stellt eine dieser „milderen" Gewaltformen dar und geht mit einer Reihe von massiven negativen Beeinträchtigungen für die Opfer – aber auch für die Täter – einher. Von dieser Form von Gewalt ist eine beträchtliche Anzahl an Schülern regelmäßig betroffen, als Täter, Opfer oder Beobachter. Dennoch liegen bis heute erst wenige systematische, deutschsprachige Überblicksarbeiten zum Bullying unter Schülern vor. Das vorliegende Buch möchte diese Lücke schließen.

Seit längerer Zeit schon beschäftigen wir uns mit dem Thema *Aggression und Gewalt unter Kindern und Jugendlichen*. Hierbei stand lange der Interventionsaspekt im Vordergrund, wie im Falle des vor 25 Jahren erstmalig erschienenen, von Franz und Ulrike Petermann (2001) entwickelten *Trainings mit aggressiven Kindern*. Doch in den letzten 10 Jahren verlagerte sich der Fokus unserer Arbeit zunehmend auch auf die Entwicklung von Präventions- und Interventionsprogrammen, die im schulischen Bereich umgesetzt werden können, wie zum Beispiel das *Sozialtraining in der Schule* (Petermann, Jugert, Rehder, Tänzer & Verbeek, 1999) oder das *Verhaltenstraining für Schulanfänger* (Petermann, Gerken, Natzke & Walter, 2002a). In Zusammenarbeit mit Gert Jugert, der inzwischen am Bremer Institut für Pädagogik und Psychologie (bipp) tätig ist, nahmen wir uns zudem des Themas *Bullying unter Schülern* an und führten eigene Studien zur *Auftretenshäufigkeit*, zu den *Geschlechtsunterschieden*, den *unterschiedlichen Formen von Bullying* sowie zu den *Merkmalen* durch, die *Täter* und *Opfer* aufweisen. Begleitet wurden diese Aktivitäten durch weitere Studien zum aggressiven Verhalten im Kindes- und Jugendalter, wie zum Beispiel einer von Herbert Scheithauer (2003) durchgeführten *Metaanalyse zu geschlechtsspezifischen Formen aggressiven Verhaltens*, die ebenso Formen von Bullying mit einbezog.

Im Rahmen unseres Engagements konnten wir viele Kontakte zu internationalen Kollegen aufbauen, die unsere Arbeit nachhaltig beeinflussten, wie im Falle von Peter K. Smith, oder sogar zu Kooperationen führten, wie mit Dieter Wolke und Muthanna Samara. Wir danken diesen Kollegen für wichtige Impulse und eine gute Zusammenarbeit und hoffen auf viele zukünftige, gemeinsame Projekte.

Das vorliegende Buch gibt einen ersten, komprimierten Einblick in den aktuellen Forschungsstand zum Bullying und möchte dazu beitragen, über diese Form von Gewalt unter Schülern zu informieren. Die Vielfalt an Maßnahmen, die inzwischen national und international entwickelt wurde, kann im Rahmen dieses Buches allerdings nicht erschöpfend dargestellt werden. Vielmehr haben wir eine gezielte Auswahl getroffen, um die derzeit wichtigsten Maßnahmen vorzustellen.

Beim Herstellen des Buches unterstützen uns einige fleißige Menschen. Wir möchten vor allem Frau Jeanine Krüger recht herzlich für das Erstellen der Druckvorlagen und wichtige Anregungen zur Formatierung danken. Dem Hogrefe-Verlag gebührt der Dank für die Möglichkeit, dieses Buch zu veröffentlichen. Wir danken ebenso allen KollegInnen und Verlagen, die uns Abdruckgenehmigungen für Materialien erteilt haben.

Wir hoffen sehr, dass das Buch einen breiten Leserkreis finden wird, um auf diese Weise dazu beitragen zu können, über dieses wichtige Thema aufzuklären. Alle Leser sind herzlich eingeladen, uns Kommentare, Anmerkungen und Anregungen zukommen zu lassen.

Bremen, im Mai 2003   Herbert Scheithauer, Tobias Hayer und
                                                          Franz Petermann

Kapitel 1

Einleitung

1. In der Schule viktimisiert zu werden, richtet keinen Schaden an
2. Bullying ist integraler und damit ganz normaler Bestandteil des Aufwachsens
3. Bullying ist charakterbildend
4. Bullying macht stark
5. Worte können nicht verletzen
6. Mit Erwachsenen über das Bullying zu reden heißt Petzen

Populäre Mythen über das Bullying, nach O'Moore (2000)

Vor der Schule wartete Thomas auf Jens. „Hey, du dicke Sau, wie viel Geld hat deine Mutti dir heute mitgegeben? Ich denke, du solltest eine Diät machen!". Die Kinder um Thomas fingen an zu lachen und beschimpften Jens. Jens selbst versuchte, so schnell wie möglich an der Gruppe vorbeizugehen. ,Ich werde einfach versuchen, auf den Boden zu schauen, damit niemand auf mich aufmerksam wird', sagte er sich selbst. Thomas, der die Gruppe mittlerweile verlassen hatte, holte Jens ein, um ihn zu bedrängen. „Komm, lass' uns hier herüber gehen, wo wir alleine sind". Hinter der nächsten Ecke schlug Thomas Jens in den Magen, „so, du dicke Sau! Das hast du verdient!". Jens krümmte sich und rang nach Atem; er zeigte keinen Widerstand. Das passierte Jens schon viele Male, da Thomas ihn schon oft vor den anderen blamierte und ihn trat oder schlug. Jens sorgte sich jeden Tag und hatte Angst vor dem täglichen Gang zur Schule – dieser wurde für ihn zur Qual. Noch nicht einmal während der Schulstunde konnte er sicher sein vor Thomas und seinen Freunden. Vor allem, dass sie ihn nachäfften, wie zum Beispiel im Sportunterricht, und sich vor den Mädchen über ihn lustig machten, demütigte ihn. Und in den Pausen wurde Jens geschnitten; eigentlich war es egal, ob er da war oder nicht. Niemand spielte oder redete mit ihm, niemand wollte ihn dabei haben. Thomas und seine Clique warfen ihm zwar vereinzelt Blicke zu, jedoch nur aus Verachtung. Das Tuscheln über ihn vernahm Jens schon gar nicht mehr. Wie froh wäre er nur, schon zu Hause zu sein, endlich Wochenende – nur noch sechs Wochen bis zu den Sommerferien. Jens wusste einfach nicht, wie er diese Zeit herumkriegen sollte...er verzweifelte immer mehr...

Sinngemäß erweitert nach Carney (2000, S. 222f.)

Das dargestellte Fallbeispiel verweist auf ein soziales Problem im schulischen Kontext, das für einige Kinder zum Schulalltag gehört. Es beschreibt dauerhafte, über einen längeren Zeitraum währende Angriffe auf ein wehrloses Opfer, wie Jens. Diese Art der wiederholten Erniedrigung, Drangsalierung und Quälerei durch Einzelpersonen oder Gruppen manifestiert sich in unterschiedlichen Ausdrucksweisen (körperlich, verbal und/oder auf der Beziehungsebene) und charakterisiert ein *spezifisches*

Phänomen aggressiven Verhaltens, das international unter dem Begriff *Bullying* bekannt ist.

In den letzten Jahren haben Aggression und Gewalt unter Kindern und Jugendlichen in erheblichem Maße die Aufmerksamkeit der Öffentlichkeit erweckt (vgl. Fuchs, Lamneck & Luedtke, 1996; Schwind, Roitsch, Ahlborn & Gielen, 1997). Im Zentrum der Aufmerksamkeit stehen im *deutschsprachigen Raum* dabei insbesondere Kinder und Jugendliche, die sich im schulischen Kontext *gewalttätig* verhalten (s. Kap. 2.3). Allerdings bleibt in Anlehnung an Fuchs et al. (1996, S. 2) zu betonen, dass nur „ein sehr spezifischer Ausschnitt die gesellschaftliche bzw. öffentliche Vorstellung von Jugend- und Schülergewalt, nämlich die körperliche, zunehmend brutaler und hemmungsloser werdende Gewalt zwischen bzw. von Schülern" prägt. In erster Linie zählen somit Vandalismus, sexuelle Belästigungen und Übergriffe, Rechtsradikalismus, Delinquenz, Schutzgelderpressungen, Schuldevianz (z.B. Schwänzen, Stören des Unterrichts, Fälschen von Unterschriften) sowie das Tragen als auch Gebrauchen von Waffen zu diesen gewaltorientierten Handlungen, die teilweise als ein Aspekt von Jugendkriminalität anzusehen sind und strafrechtlich geahndet werden (s. hierzu für den deutschen Sprachraum Mansel & Hurrelmann, 1998; Pfeiffer & Wetzels, 1997; 1999).

Bullying hingegen – in der hier behandelten Form – spielte in der schulbezogenen Gewaltforschung Deutschlands bislang bestenfalls eine untergeordnete Rolle. So beschäftigten sich bisher nur einzelne Forschergruppen *explizit* mit Bullying an Schulen. Als Beispiel – ohne Anspruch auf Vollständigkeit – können die Arbeiten von Hanewinkel und Knaack (1997a; b), der Arbeitsgruppe um Scheithauer (Hayer, 2001; Hayer, Scheithauer, Jugert & Petermann, 2002; Jugert, Scheithauer, Notz & Petermann, 2000; Scheithauer, Hayer, Jugert & Petermann, submitted), der Arbeitsgruppe um Lösel (Lösel, Averbeck & Bliesener, 1997; Lösel, Bliesener & Averbeck, 1999), Schäfer (1996) sowie der interkulturelle Vergleich von Wolke, Woods, Stanford und Schulz (2001) angeführt werden. Aus Österreich liegen Studien zum Sekkieren von Spiel und Atria (2002), aus der Schweiz Studien zum Plagen im Kindergartenalter von der Arbeitsgruppe um Alsaker (Alsaker & Valkanover, 2001; Alsaker et al., 2000; s. Kasten 2.1) vor. Bisweilen wird in anderen Studien Bullying, eingebettet in das weitergefasste Konstrukt der Gewalt, *punktuell* mit erfasst (z.B. Weiß, 2000) oder im Zuge anderer Studienschwerpunkte nur bruchstückhaft operationalisiert bzw. analysiert (z.B. Oswald & Süss, 1994; Schäfer, Werner & Crick, 2002; Schuster, 1999a). Zudem werden Gewalt, Aggression und Bullying in der Regel nicht explizit voneinander abgegrenzt. Eine Ausnahme stellt die Arbeit von Tillmann et al. (2000) dar, die allerdings in ihrer theoretischen Abhandlung lediglich in einem Exkurs die Gemeinsamkeiten und Unterschiede von Bullying und Gewalt erläutern.

Unabhängig von der schulischen Gewaltforschung in Deutschland, existiert auf *internationaler Ebene* eine eigenständige Forschungstradition zum Bullying. So lassen sich weltweit bereits seit mehr als 100 Jahren akademische Berichte zu diesem Phänomen finden (vgl. Smith, 1997). Jedoch begann die Phase systematischer Forschungsaktivitäten, welche unmittelbar mit dem Namen Dan Olweus verknüpft ist, erst vor knapp 30 Jahren in Skandinavien, wobei schon vor der Begriffsbestimmung von Olweus eine Beschreibung von Pikas (1975) vorlag. Exemplarisch sind im Besonderen die bedeutenden Studien mit dem von Olweus entwickelten Fragebogen (Bully/Victim-Questionnaire) in Norwegen und Schweden (Olweus, 1996) sowie Großbritannien (Whitney & Smith, 1993) hervorzuheben. Das aktuelle wissenschaftliche Interesse wird zudem zum einen durch die Veröffentlichung von Smith et al. (1999a) veranschaulicht, die empirische Befunde aus fast zwei Dutzend industrialisierten Ländern umfasst. Zum anderen zeugen Internetrecherchen (vgl. Harachi, Catalano & Hawkins, 1999a) sowie die japanische Forschungstradition rund um den Begriff ijime von einer weltweiten Präsenz und Beachtung dieses sozialen Phänomens. Sogar Kunstwörter wie *Bullycide* (*bully*ing + sui*cide*), womit der vornehmlich durch kontinuierliche Viktimisierungserfahrungen bedingte Suizid von Kindern und Jugendlichen gemeint ist, machten Schlagzeilen in Form von Fallstudien (Carney, 2000; Rigby, 1997). Nach Marr und Field (2001) begehen in Großbritannien jedes Jahr mindestens 16 Kinder Bullycide. Selbst Olweus (1991; 1996) weist darauf hin, dass die Suizide dreier norwegischer Jugendlicher Anfang der 80er-Jahre eine Kettenreaktion in Gang setzte, die eine landesweite Kampagne gegen die Bullying-Problematik an norwegischen Schulen zur Folge hatte. Trotz dieser Trends spiegelt sich in diversen Publikationen eine bis dato weitgehende Missachtung oder mangelhafte Berücksichtigung dieser Problematik wider. Beispielsweise spielt Bullying in dem von der Regierungsbehörde der USA veröffentlichten Bericht zu Verbrechen und Sicherheit an Schulen nur peripher eine Rolle (vgl. Kaufman et al., 2000). Doch wodurch genau kennzeichnet sich Bullying aus und lässt sich von aggressivem Verhalten und Gewalt abgrenzen? Dieser Frage gehen wir im folgenden Kapitel nach.

Kapitel 2

Was ist Bullying – und was nicht?

Bullying beschreibt ein *spezielles Muster aggressiven Verhaltens.* Nach Olweus (1996) umfasst Bullying negative Handlungen, die wiederholt und über einen längeren Zeitraum von einem oder mehreren Schülern ausgeführt werden, wobei ein Ungleichgewicht in der Stärke zwischen *Täter (Bully)* und *Opfer (Victim)* zu Ungunsten des Opfers bestehen muss. Bullying richtet sich zudem als dauerhaftes Drangsalieren und Quälen wiederholt an einzelne, spezifische Opfer, die sich aufgrund ihrer Unterlegenheit nicht oder kaum zur Wehr setzen können (Hanewinkel & Knaack, 1997a; Olweus, 1996; Schuster, 1999b).

Kasten 2.1. Deutschsprachige Bezeichnungen für Bullying.

Im deutschsprachigen Raum hat es verschiedene Versuche gegeben, einen geeigneten Begriff für das Bullying unter Schülern zu finden, wie zum Beispiel Schikanieren (Schäfer, 1996), Stänkern (Oswald, 1997; Oswald & Süss, 1994), aggressives Nachstellen (Gasteiger-Klicpera & Klicpera, 1999), terroristische (Gruppen-)Aggression (Nunner-Winkler, 1997) – aber auch alternativ Tyrannisieren, Drangsalieren, Piesacken, Necken oder Quälen. Daneben wird im deutschsprachigen Raum der Schweiz der Ausdruck Plagen benutzt (Alsaker & Brunner, 1999), in Österreich hingegen spricht man von Sekkieren (Spiel & Atria, 2002). In Abhängigkeit der Übersetzungsversuche zur Umschreibung des Bullying variieren auch die Befunde: So konnte beispielsweise Oswald (1997) ermitteln, dass die Verwendung des Begriffs Stänkern in der deutschen Version des Olweus-Fragebogens (s. Kap. 8.1) dazu führte, dass häufiger aggressive Verhaltensweisen im Allgemeinen erfasst wurden, was wiederum eine erhöhte Anzahl betroffener Schüler bedingte. Oft wird darüber hinaus – in Anlehnung an den ursprünglich von Dan Olweus im skandinavischen Sprachraum gebrauchten Ausdruck mobbning – von Mobbing gesprochen (Hanewinkel & Knaack, 1997a; b; Olweus 1996). Die Ausdrücke Bullying oder Mobbing werden insbesondere in europäischen Studien verwendet, während amerikanische Autoren eher von Viktimisierung (victimization; peer-victimization) sprechen (Schuster, 1996; s. Kap. 2.2). Das „Fehlen" einer deutschen Bezeichnung für Bullying (vgl. Kraak, 1997; Lösel, Averbeck & Bliesener, 1997) deckt sich mit Berichten aus anderen Ländern, die belegen, dass auch hier zum Teil keine angemessenen Übersetzungsmöglichkeiten des Begriffs Bullying zur Verfügung stehen (vgl. Arora, 1996; Beiträge in Smith, 2002b; Smith et al., 1999a). Im Gegensatz zu den ungenauen deutschen Übersetzungsversuchen beschreibt der angelsächsische Begriff Bullying (Bully = brutaler Kerl) jedoch in angemessener Weise schädigende Handlungen auf der Basis eines ungleichen Machtverhältnisses, wie ein Blick ins Wörterbuch belegt: „A bully is someone who uses their strength or power to hurt or frighten you" (Pons Cobuild English Learner's Dictionary, 1989, S. 119). Die Überlegenheit des Ausdrucks Bullying gegenüber deutschen Übersetzungen sowie dessen internationale Verwendung rechtfertigen seinen weiteren Gebrauch in diesem Buch, trotz der zuweilen damit verbundenen unharmonischen Leseart (vgl. Spiel & Atria, 2002).

2.1   Bullying in Abgrenzung zu Aggression und Gewalt

Aus psychologischer Perspektive versteht man unter *Aggressionen* (engl.: aggression; lat.: aggredior, aggredi = herangehen, auf jemanden oder etwas zugehen) spezifische, zielgerichtete Verhaltensweisen (*Intention*), die im Kern darauf ausgerichtet sind, einen anderen zu schädigen (*Schädigungsabsicht*). Intentionales Handeln bedeutet Handeln mit direktem Vorsatz – der Täter sieht die Konsequenz seines feindseligen Handelns als sichere Tatsache voraus – und/oder Handeln mit Absicht – der Täter hält den Erfolgseintritt seines feindseligen Handelns für möglich, er nimmt ihn als Zwischen- oder Endziel billigend in Kauf. Schädigen wird im Sinne von beschädigen, verletzten, zerstören, vernichten oder Schmerz zufügen verstanden und kann sich sowohl auf Personen als auch auf Gegenstände beziehen, die einer Person gehören. Somit fallen auch Sachbeschädigungen (z.B. Vandalismus) in diesen Bereich. Im Umkehrschluss bedeutet die angeführte Begriffsbestimmung von Bullying, dass beispielsweise ein vereinzeltes „Ausrasten" eines Schülers ebenso wenig unter Bullying einzuordnen ist, wie eine Schlägerei zwischen annähernd gleich starken Kontrahenten. Dennoch kann ein solches Verhalten sehr wohl unter Aggression subsumiert werden.

Interpersonale Gewalt beinhaltet nach Kruttschnitt (1994) folgende Elemente:

*   Verhaltensweisen einer oder mehrerer Personen, die zu einer körperlichen Schädigung führen, diese androhen bzw. eine körperliche Schädigung versuchen, das heißt, eine gewaltvolle Tat muss nicht konkret ausgeführt worden sein;
*   die Intention einer körperlichen Schädigung (ausgeschlossen sind demnach Fahrlässigkeit und Rücksichtslosigkeit);
*   eine/mehrere Personen, an die sich die Verhaltensweisen richten (Opfer).

Selg, Mees und Berg (1997) merken an, dass mit Gewalt zudem auch körperliche oder psychische Macht einhergehen muss, das heißt, wenn eine körperlich/sozial stärkere eine körperlich/sozial schwächere Person bedroht oder schädigt, so spricht man – in Abgrenzung zur Aggression – von Gewalt. Legt man diese Definition zugrunde, wird deutlich, dass große Überschneidungen in der Bedeutung von Gewalt zum Bullying vorliegen. Jedoch umfasst Bullying zudem den Wiederholungsaspekt, der bei Gewalt nicht gegeben sein muss. Eine detaillierte Differenzierung und Operationalisierung der Begriffe Aggression und Gewalt kann beispielsweise Scheithauer (2003) entnommen werden.

Bullying kann als ein „Spezialfall" aggressiven Verhaltens aufgefasst werden, bei dem nicht nur individuelle Differenzen im Vordergrund stehen, sondern der soziale Kontext eine bedeutende Rolle spielt. Bullying im sozialen Nahraum Schule bezieht sich auf Interaktionen, in der mindestens ein Schüler (= Täter) als Initiator der negativen Handlung und ein Schüler (= Opfer) als Empfänger beteiligt sind. Demzufolge gilt es, wichtige situationale Aspekte der Täter-Opfer-Interaktion als auch besondere Eigenschaften und Verhaltensweisen der Beteiligten zu berücksichtigen. Bullying basiert zudem auf dem Unvermögen einer Person, sich zu einem bestimmten Zeitpunkt in einer gegebenen Situation verteidigen/wehren zu können (vgl. Rigby, 1997).

Dieses tatsächlich vorhandene oder aber nur subjektiv wahrgenommene Ungleichgewicht der Kräfte begründet sich beispielsweise durch körperliche, kognitive oder Altersunterschiede der beteiligten Schüler, aber auch durch die Anzahl der Beteiligten. Die Überlegenheit der Täter basiert somit auf physischer Kraft, verbalen bzw. sozialen Fähigkeiten und Fertigkeiten (vgl. Hazler et al., 1997) oder dem zugeschriebenen Status in der Peer-Gruppe.

Bullying tritt zumeist im Rahmen einer relativ stabilen Gruppe (z.B. der Klasse oder der Schule) zwischen einander nicht unbekannten Personen auf. Zum einen werden damit die Rollen *(participant roles)* der am Bullying beteiligten Schüler bedeutsam, zum anderen bleibt festzuhalten, dass das Opfer nur sehr bedingt Möglichkeiten besitzt, sich der Viktimisierungen zu entziehen (vgl. Wolke & Stanford, 1999). Demnach ist Bullying ein *soziales Phänomen*, welches gruppendynamische Prozesse in spezifischen Gruppen beleuchtet (Schäfer et al., 2002; s. Kap. 3.4).

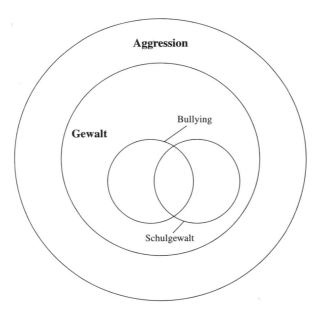

Abbildung 2.1. Zusammenhänge zwischen Aggression, Gewalt, Schulgewalt und Bullying.

Bullying weist demzufolge große *Überschneidungen* zum *Aggressions-* (z.B. Schadenszufügung, körperliche Übergriffe) bzw. *Gewaltbegriff* auf (Ungleichgewicht in der Stärke; s. Abb. 2.1), beschreibt jedoch bestimmte Phänomene, die darüber hinausgehen, nämlich wiederholt ausgeführte Handlungen eines breiten Verhaltensspektrums, ausgehend von einer oder mehreren Personen über einen längeren Zeitraum.

Kasten 2.2. Aspekte, die Bullying konstituieren (vgl. Wolke & Stanford, 1999).

1. *Aggressive Verhaltensweisen*, die eine aktive, zielgerichtete Schädigungs-/Verletzungshandlung, inklusive zielgerichteten Schädigungsversuchen bzw. Versuchen, anderen Personen Unannehmlichkeiten zu bereiten, umfassen.
2. Ein *ungleiches, asymmetrisches Kräfte-* bzw. *Machtverhältnis* innerhalb einer interpersonalen Beziehung zwischen mindestens zwei Schülern, wobei
3. das hilflose *Opfer subjektiv* nicht die Möglichkeit sieht, *sich zu verteidigen* (oder objektiv über keine Möglichkeiten verfügt) und
4. die Übergriffe *wiederholt* erfolgen.
5. Bullying kann sich in *unterschiedlichen Äußerungsformen* manifestieren (z.B. körperlich, verbal, relational; s.u.).
6. Bezugnahme auf den Ort und somit auf die Beteiligten des Geschehens, nämlich der *Schule* als sozialen Lernort und Lebensraum von Jugendlichen.

2.2 Abgrenzung von Bullying zu anderen Verhaltensphänomenen

Nachdem nun Bullying definiert wurde und gegenüber Aggression und Gewalt abgegrenzt worden ist, gehen wir auf weitere Verhaltensphänomene ein, die im Zusammenhang mit Bullying diskutiert werden. Da zuweilen einige dieser Phänomene als *synonyme* Bezeichnung für Bullying herangezogen werden, erscheint es sinnvoll, eine *Abgrenzung* vorzunehmen bzw. *Ähnlichkeiten* zu benennen zwischen Bullying und

- Mobbing,
- Tobspielen (rough-and-tumble-play),
- Necken (teasing),
- Belästigungen (harassment),
- Zurückweisungen durch Gleichaltrige (peer rejection) sowie
- Viktimisierungen durch Gleichaltrige (peer victimization).

Auf einige dieser Phänomene gehen wir – aufgrund bedeutender Überschneidungen zum Bullying (z.B. Viktimisierungen und Zurückweisungen durch Gleichaltrige) – in weiteren Kapiteln des Buches vertiefend ein.

Mobbing. Synonym für Bullying wird oft der Begriff Mobbing verwendet. Dies deutete sich vor über drei Jahrzehnten an, als Mobbing (mobbning) zunächst populärwissenschaftlich in den schwedischen Sprachraum eingeführt wurde (Pikas, 1975). In Deutschland wird der Begriff des Mobbing vor allem in der *Arbeits- und Organisationspsychologie* für das permanente, zielgerichtete Belästigen am Arbeitsplatz von Erwachsenen verwendet (vgl. Leymann, 1993). Bullying und Mobbing beziehen sich nach Schuster (1999b, S. 93) auf ein einziges Opfer, „während bei wechselnden Opfern von Aggression [...] im breiteren Sinne die Rede wäre". Die Kategorisierung, dass es sich bei Angriffen durch Einzelpersonen um Bullying, bei Angriffen durch mehrere Personen um Mobbing handelt (vgl. Schuster, 1996; Smith & Levan, 1995), wird in der Literatur kontrovers diskutiert. Unabhängig von der Wortbedeutung im engeren Sinne werden unter Bullying (Bully = brutaler Kerl; Mob = Pöbel, Gruppe) gemeinhin nicht nur individuelle, sondern auch kollektive Übergriffe verstanden (vgl. Olweus, 1994; Rigby, 1997). Zur Abgrenzung von Mobbing am Arbeitsplatz und Bullying in der Schule werden wir zwar am Bullying-Begriff festhalten, verstehen hierunter aber nicht nur Übergriffe einzelner, sondern auch mehrerer Schüler. Weitere Abgrenzungsmerkmale zwischen den beiden Konzepten führt Olweus (1999c) an. Einen Überblick über die Gemeinsamkeiten und Unterschiede der Forschungstraditionen zum Bullying in der Schule und Mobbing am Arbeitsplatz geben Smith (1997) und Schuster (1996).

Tobspiele. Vom Bullying in jedem Fall abzugrenzen ist das so genannte *Rough-and-tumble-play* (*Tobspiele* oder rauhes Spiel). Bei Tobspielen zeigen in etwa gleich starke Kinder in *spielerischer Art* Verhaltensweisen, die fälschlicherweise als Aggression oder Bullying gedeutet werden können. Während Erwachsene (z.B. Lehrer, Eltern) zuweilen Schwierigkeiten haben, dies zu unterscheiden (Schäfer & Smith, 1996), können die meisten Kinder diese schon im Alter von acht Jahren zuverlässig trennen (vgl. Boulton, 1993). Innerhalb entwicklungspsychologischer Studien werden Tobspiele unter anderem mit dem Erwerb wichtiger sozialer Kompetenzen in Verbindung gebracht (Goldstein, 1992; Oswald, 1997; vgl. Scheithauer, 2003).

Necken. Weiterhin ist das zwischen Kindern und Jugendlichen im alltäglichen sozialen Kontext der Schule vorkommende *Necken* (*teasing*) vom Bullying zu differenzieren. Necken umfasst Hänseleien mit *eher freundschaftlich gemeinten Interaktionen* zwischen annähernd Gleichaltrigen. Im Rahmen angepasster Entwicklungsprozesse nimmt das Necken eine wichtige Rolle zum Beziehungsaufbau und sozialen Kontakt bis hin zur Ausbildung von Erwartungen an die Geschlechtsrolle ein (Alberts, Kellar-Guenther & Corman, 1996; Gifford-Smith, 1999; Shapiro, Baumeister & Kessler, 1991). Geneckt und verbal provoziert wird oftmals auch, um zu Kindern des anderen Geschlechts Kontakt aufzunehmen bzw., um indirekt Zuneigung zu Kindern des anderen Geschlechts zu zeigen (Thorne, 1986). In diesem Sinne kann man ein *bestimmtes* Ausmaß an Necken als notwendige Voraussetzung ansehen, eine angepasste psychosoziale Entwicklung innerhalb der Gleichaltrigengruppe zu durchlaufen. Die Auseinandersetzung mit einem solchen Verhalten kann dazu beitragen, dass die sozio-emotionale Entwicklung und die Entwicklung von Problemlösefertigkeiten gefördert wird (vgl. Ebbesen & Platz, 2002; s. Kasten 7.1).

Die Grenzen zwischen Necken und Bullying sind fließend und abhängig von der Wahrnehmung der jeweiligen Situation seitens der Beteiligten. Das Geben von *Spitznamen* beispielsweise kann sowohl im Sinne eines Neckens freundschaftlich oder aber feindselig gemeint sein (vgl. de Klerk & Bosch, 1996) und damit eine Unterform des Bullying repräsentieren (Ray Crozier & Dimmock, 1999). Warm (1997) beschreibt Necken in dieser negativen Form als eine bewusste Handlung, um bei einem Dritten Spannung zu erzeugen (Angst, Frustration, Wut, Empörung). Beim nicht-feindseligen Necken werden die Äußerungen und Handlungen von verbalen und nicht-verbalen Hinweisreizen begleitet, die verdeutlichen, dass es sich nicht um einen feindseligen Akt handelt, sondern ein „Entkommen" aus der Situation möglich ist (Keltner et al., 2001; Scambler, Harris & Milich, 1998). Kippen diese Hänseleien also in boshafte, abwertende Verhaltensweisen, die auch dann dauerhaft und intentional schädigend fortgesetzt werden, wenn sich auf einer Seite Zeichen von Überforderung und hilfloser Gegenwehr bemerkbar machen, spricht man von Bullying (Olweus, 1999a).

Belästigung. Ebenfalls nicht mit Bullying gleichzusetzen sind Belästigungen (*harassment*), die nach Rigby (1997) eher weniger schwere, nicht-physische Übergriffe im Sinne eines Bedrängens beschreiben. In verschiedenen Studien impliziert dieser Begriff jedoch nicht weniger schwere, sondern vielmehr auch sexuelle Belästigungen (*sexual harassment*). Belästigungen in dieser Form (z.B. den Rock hochheben, am BH zupfen, offene Kommentare über die Größe des Busens oder die Menstruation von Mädchen) weisen somit unter Umständen einen engen Bezug zum Bullying auf, beziehen sich jedoch oftmals auf Verhaltensweisen unter älteren Schülern, Jugendlichen, Heranwachsenden oder Erwachsenen (TMR Network Project, 2001). Von sexuellen Übergriffen dieser Form ist das *homophobische Bullying* abzugrenzen, auf das wir in Kapitel 3.3 eingehen. Andere Forscher wiederum verwenden das Konzept *peer harassment* auch zur Beschreibung von Phänomenen, die wir als Bullying bezeichnen, wie zum Beispiel in verschiedenen Beiträgen im 2001 erschienenen Herausgeberband von Juvonen und Graham. Somit erscheint eine genaue Abgrenzung in einigen Fällen sehr schwer.

Zurückweisungen durch Gleichaltrige. *Peer rejection* umfasst Verhaltensweisen, durch die jemand aus der Gleichaltrigengruppe ausgeschlossen wird. Zurückweisungen können in direkter oder indirekter bzw. verbaler oder nonverbaler Form auftreten (Arnold, Homrok, Ortiz & Stowe, 1999). Zurückweisungen durch Gleichaltrige reflektieren die Bewertung des Kindes durch seine soziale Umgebung in Form des *generellen* Gemocht- bzw. Nicht-Gemocht-Werdens, nicht jedoch seine spezifischen Verhaltensmerkmale oder Persönlichkeitseigenschaften. So können Kinder aus sehr unterschiedlichen Gründen von Gleichaltrigen zurückgewiesen oder abgelehnt werden, nicht nur als Reaktion auf ihr negatives Verhalten oder ihr Aussehen (Olweus, 2001). *Akzeptanz durch Gleichaltrige* bezieht sich auf den Status in der Gleichaltrigengruppe auf der Beziehungsebene, angezeigt durch den Grad der Beliebtheit (*popularity)* oder Unbeliebtheit bei den Gleichaltrigen (Ladd, 1999; Newcomb & Bagwell, 1995).

Schuster (1999b) plädiert für eine Differenzierung zwischen Bullying und sozialer Ablehnung (Geringschätzung/Zurückweisung), da zwar eine Vielzahl von Bullying-Opfern abgelehnt wird, aber nicht viele abgelehnte Kinder auch gleichzeitig zu den Bullying-Opfern zu zählen sind. Dieser Befund ist vermutlich damit zu erklären, dass negative Handlungen, wie zum Beispiel Bullying, negative Einstellungen (z.B. Ablehnungshaltungen) den Opfern gegenüber voraussetzen, eine bloße negative Einstellung jedoch umgekehrt nicht automatisch auch in konkrete negative Handlungen umgesetzt wird.

Viktimisierungen durch Gleichaltrige. Während sich bei der Ablehnung durch Peers lediglich eine *Haltung* von Gruppenmitgliedern einem Einzelnen gegenüber zeigt, manifestieren sich Viktimisierungen durch Gleichaltrige (*peer victimization*) in *tatsächlichen* feindseligen Handlungen (Gasteiger-Klicpera & Klicpera, 2001; Mohr, 2000). An dieser Stelle wird deutlich, dass sich die Konzepte Bullying, Zurückweisungen und Viktimisierungen durch Gleichaltrige überschneiden. Trotz dieser Überschneidungen im Bedeutungsgehalt, existieren unterschiedliche *Forschungstraditionen*:

- Studien zur *Zurückweisung/Popularität* entstammen zumeist einem soziologischen Hintergrund.
- Studien zum *Bullying* werden im Schwerpunkt im europäischen Sprachraum durchgeführt, aus einem pädagogisch-psychologischen, erziehungswissenschaftlichen oder klinisch-psychologischen Blickwinkel heraus.
- Äquivalent zum Bullying werden im nordamerikanischen Sprachraum mit vielen inhaltlich-konzeptionellen Überschneidungen Studien zur *Peer-Viktimisierung* durchgeführt.

Die Definitionen von Peer-Viktimisierung variieren erheblich. Auf der einen Seite versteht man unter Peer-Viktimisierung die Opferwerdung durch Bullying im Sinne des hier vertretenen – ursprünglich skandinavischen – Konzeptes. Auf der anderen Seite legen insbesondere nordamerikanische Forschergruppen ihren Arbeiten eine weite Definition zugrunde, mit dem einzigen Kriterium, dass Viktimisierte (Opfer) aggressive Übergriffe erfahren haben (vgl. Kochenderfer & Ladd, 1996a; b; Perry, Kusel & Perry, 1988; Schwartz, Dodge, Pettit & Bates, 1997). Abbildung 2.2 fasst die dargestellten Zusammenhänge zusammen.

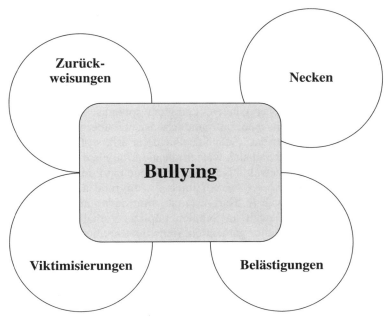

Abbildung 2.2.   Überschneidungen zwischen Bullying, Necken, Belästigungen, Zurückweisungen und Viktimisierungen durch Peers.

2.3   Forschung zur Gewalt an deutschen Schulen

Zahlreiche pädagogisch, soziologisch und psychologisch orientierte Publikationen beschäftigten sich seit den 90er-Jahren mit dem Auftreten sowie den Entstehungsbedingungen *gewaltorientierten* und *aggressiven Verhaltens* im schulischen Kontext als dem zentralen Lern- und Lebensfeld junger Menschen (z.B. Dettenborn & Lautsch, 1993; Forschungsgruppe Schulevaluation, 1998; Freitag & Hurrelmann, 1993; Fuchs et al., 1996; Funk, 1995; Greszik, Hering & Euler, 1995; Holtappels, Heitmeyer, Melzer & Tillmann, 1999; Horn & Knopf, 1996; Hurrelmann, Rixius & Schirp, 1999; Niebel, Hanewinkel & Ferstl, 1993; Schäfer & Frey, 1999; Schubarth, Kolbe & Willems, 1996; Schwind et al., 1997; Tillmann et al., 2000; Todt & Busch, 1994; Vieluf, 1993; Weiß, 2000). Die Ziele dieser Arbeiten waren vornehmlich, empirische Fakten zur Verbreitung verschiedener Erscheinungsformen von *Gewalt* an Schulen, zur dortigen Gewaltentwicklung, zu Täter- und Opfermerkmalen sowie zu gewaltfördernden Bedingungskonstellationen in den unterschiedlichen Lebenswelten Jugendlicher zu präsentieren.

Deutsche Studien der 90er-Jahre untersuchten Gewalt im schulischen Kontext in der Regel mit Hilfe von Schüler- oder Lehrerbefragungen. Abgesehen von Übergriffen auf Lehrer verstehen die Autoren unter Gewalt zahlreiche gewaltorientierte Verhaltensweisen, die sich vorwiegend in Form von physischen und – im erweiterten Sinn – verbalen Ausdrucksformen zwischen Schülern manifestieren. Selten wird Lehrergewalt oder das institutionelle Gewaltverhältnis in der Schule thematisiert (vgl. Tillmann, 1999). Neben dem Abfragen von bloßen Beobachtungen werden in der Mehrzahl der Studien – ähnlich dem Vorgehen in der Bullying-Forschung – Fragebögen mit Aufzählungen konkreter Handlungssituationen verwendet und Eigenbeteiligungen (Täter- und Opferfokus) erfragt. In einer Liste von konkreten Operationalisierungen finden sich Kategorien wie Schlägereien, Prügeleien, Nötigungen, Raub, Erpressungen, Diebstahl, das Werfen von Gegenständen, der Besitz und Gebrauch von Waffen, Vandalismus, Provokationen, Bedrohungen, Beschimpfungen, Beleidigungen sowie sexuelle Belästigungen. Lediglich sporadisch werden Hänseleien, sich über jemanden lustig machen, unfreundliche Sachen über jemanden erzählen, Lügen verbreiten, Lästern oder das „Schneiden" anderer erfasst. Der Gewaltbegriff umfasst dabei sowohl singuläre und sich wiederholende Ereignisse zwischen zwei oder mehreren Schülern sowie gewalttätige Ausschreitungen auf der Basis eines gleichen wie ungleichen Macht- bzw. Kräfteverhältnisses. Aufgrund der partiellen Überlappung von Bullying und Gewalt (s. Kap. 2.1) ist somit davon auszugehen, dass die angeführten Studien zur Gewalt an Schulen implizit Verhaltensphänomene miterfasst haben, die Bullying im hier gemeinten Sinne umschreiben. Aus diesem Grund werden wir in Kapitel 4.2 auf die Befunde verschiedener Studien zur Gewalt an Schulen eingehen.

Kapitel 3

Erscheinungsformen des Bullying

Mehmet ist 14 Jahre alt und geht nicht mehr gerne zur Schule. Er ist in Deutschland geboren, seine Eltern sind in den 70er-Jahren aus der Türkei nach Deutschland ausgewandert. In der Grundschule kam er eigentlich noch ganz gut mit seinen Klassenkameraden zurecht, aber seit dem Schulwechsel ist das anders. Auffällig an ihm ist, dass er sehr weiblich wirkt, eher schmal gebaut ist und auch seine Bewegungen „total schwul 'rüberkommen" – so die anderen Jungen. Irgendwie interessiert er sich nun einmal nicht so sehr für die „typischen Jungendinge" – spielt zum Beispiel nicht gerne Fußball. So fing es an, dass ihn die anderen Jungen auf dem Schulhof beschimpften, als „schwuler Türkenarsch" oder „Türken-Homo-Tucke". Erst dachte er sich nicht viel dabei, aber die Sprüche wurden immer massiver, zudem schnitten ihn die anderen immer mehr, wollten ihn nicht dabei haben. Und nicht nur das, nein, sie stachelten auch noch die Mädchen auf, redeten so über ihn in deren Gegenwart. Beim Sportunterricht, in der Umkleidekabine, wollte niemand mehr neben ihm sitzen und sich umziehen „ey, der guckt mir sonst noch alles weg... vorsicht, nicht bücken!" – so etwas mußte er sich die ganze Zeit anhören, zudem schubsten sie ihn oder versteckten seine Sachen, so dass er einmal fast verzweifelte, als er im Winter seine Sachen in der Umkleidekabine nicht wiederfand und schon in kurzer Turnhose nach Hause gehen wollte – der Lehrer schritt dann ein und forderte, dass die anderen seine Sachen wieder zurückgeben sollten, aber gab auch den Spruch ab: „Kannst du nicht besser darauf aufpassen?". Es nutzte nichts, zu Hause traute er sich nicht, es einem Vater oder seiner Mutter zu erzählen. Sein Vater war sehr streng und meckerte auch ständig an ihm rum. Am schlimmsten aber fand er, dass die anderen ihn ständig als „Homo" bezeichneten – denn er fand ein Mädchen aus der Parallelklasse gut. Doch die hat überhaupt keinen Blick für ihn, schon gar nicht nach all den Vorfällen. Und so ist es für Mehmet am schlimmsten, dass die anderen ihn in seiner Männlichkeit kränken. Natürlich hat er verschiedene Versuche unternommen, Freunde zu gewinnen – „wenn die mich erstmal näher kennen, werden die schon merken, dass ich ganz normal bin" – aber was er auch unternahm, es klappte nicht. Er lud sie zu seinem Geburtstag ein, doch sie kamen nicht. Er brachte ihnen Geschenke mit, kopierte zum Beispiel CD's – diese nahmen sie auch, aber wollten trotzdem nichts mit ihm zu tun haben. Irgendwie kam er aus dieser Sache nicht mehr so richtig raus. Was sollte er nur tun?

Fallbeispiel, berichtet von einem Schüler an einer Bremer Schule

Bullying kann – wie wir bereits dargestellt haben – unterschiedliche Äußerungsformen annehmen (z.B. körperlich, verbal). Zudem spielt sich Bullying oft – wie im Fallbeispiel deutlich wird – auf der Beziehungsebene ab, indem ein Schüler wiederholt aus der Gleichaltrigengruppe ausgeschlossen oder sogar in sexueller Hinsicht diskriminiert wird. Diesen unterschiedlichen Erscheinungsformen – auch unter dem Aspekt kultureller Unterschiede – wenden wir uns im folgenden Kapitel zu. Zuvor werden wir grundlegend zwischen Kindern und Jugendlichen unterscheiden, die entweder Bullying-Opfer (Victims), -Täter (Bullies) oder aber sowohl Täter als auch Opfer (Bully/Victims) sind.

3.1   Bullies, Victims, Bully/Victims: Eine Typologie

Zur Beschreibung von Bullying unter Schülern hat es sich in der Fachliteratur etabliert, von Viktimisierungen (*Victims*) im Falle der Opfer/Betroffenen von Bullying zu sprechen und von Tätern (*Bullies*) im Falle der Kinder/Jugendlichen, von denen die Übergriffe ausgehen. Mohr (2000) beanstandet zu Recht, dass diese Vorgehensweise die soziale Realität grob vereinfacht abbildet. Auf der einen Seite erscheint es oftmals schwierig, Täter und Opfer in eindeutiger Weise zu bestimmen. Andererseits wird dadurch die Heterogenität der Gruppe der Täter wie auch der Gruppe der Opfer missachtet: Täter- und Opfererfahrungen scheinen sich nicht gegenseitig auszuschließen.

Darüber hinaus erscheint es auch auf der Basis empirischer Befunde sinnvoll, beispielsweise die Gruppe der Opfer zusätzlich zu differenzieren. Olweus (1996; vgl. Boulton & Smith, 1994) unterscheidet bei den *Opfern* zwischen
- *passiven* oder *wehrlosen Opfern* und
- *provozierenden Opfern.*

Perry et al. (1988) sowie Schwartz (2000) kommen aus dem Blickwinkel der Aggressionsforschung zu einer ähnlichen Differenzierung, indem sie
- *niedrig-aggressive* und
- *hoch-aggressive Opfer* voneinander trennen.

So werden insbesondere jüngere, schwächere, unsichere, einsame und sensible Schüler mit niedrigem Selbstwertgefühl häufiger viktimisiert (passives Opfer); ebenso – allerdings seltener – sind Kinder mit provozierendem und irritierendem Verhalten (z.B. Hyperaktivität, Konzentrationsprobleme) betroffen (provozierendes Opfer; Olweus, 1994; 1996; Perry et al., 1988). Generell zeichnen sich provozierende Opfer durch eine Kombination von ängstlichen und aggressiven Reaktionsmustern aus. Ihr Verhalten ist durch Symptome von Hyperaktivität und Aufmerksamkeitsproblemen, Provokationen, Impulsivität gekennzeichnet, was im sozialen Umfeld für Ärger und Spannungen sorgen und negative Reaktionen hervorrufen kann, die sich beispielsweise in Viktimisierungen äußern (vgl. Olweus, 1996).

Besondere Bedeutung kommt jenen Kindern zu, die *sowohl* andere Kinder viktimisieren als auch *selbst* viktimisiert werden (die so genannten *Bully/Victims*; s. Kasten 3.1). Diese sind von den Kindern, die ausschließlich viktimisiert oder ausschließlich als Bullies identifiziert werden, zu unterscheiden, da sich die Bully/Victims hinsichtlich risikoerhöhender Bedingungen und psychosozialer Belastungen von den Kindern aus den anderen Gruppen unterscheiden (Andreou, 2000; Austin & Joseph, 1996; Baldry & Farrington, 1998; Haynie et al., 2001; Mynard & Joseph, 1997; Smith,

Bowers, Binney & Cowie, 1993; s. Kap. 6). An diesem Punkt stellt sich die Frage nach einem *zeitlichen Verlaufsmuster*, also, ob Opfer gehäuft zu Tätern, oder umgekehrt, Täter gehäuft zu Opfern werden. Die Bestimmung potenzieller Wirkmechanismen und Wirkungsrichtungen bleibt bislang spekulativ. Folgende Erklärungsansätze werden diskutiert:

- *Lernen durch positive Verstärkung bzw. Modelllernen.* Opfer erfahren, dass Täter nicht bestraft werden und eignen sich deren Verhalten an („soziale Ansteckung"; vgl. Olweus, 1996). Ein unangemessener Umgang mit den Tätern (z.B. reagieren Erwachsene, indem sie zuschlagen) übt zudem eine negative Modellwirkung aus.
- *Gruppendynamische Aspekte.* Da Opfer oft ausgeschlossen werden, hegen sie den Wunsch, einer bestimmten Gruppe anzugehören. Um sich den Gruppenmitgliedern anzunähern, nehmen diese Kinder auch dauerhaft aggressive und andere negative Verhaltensweisen innerhalb der Gruppe hin und üben diese selbst aus.
- *Unangemessene Copingstrategien.* Die Opfer neigen zu einem unangemessenen Umgang mit den Opfererfahrungen, der sich beispielsweise in Form von Vergeltungsmaßnahmen (vgl. Pellegrini, 1998) oder durch das Auslassen ihrer Frustration an jüngeren, wehrlosen Kindern äußert.

Kasten 3.1. Fallbeispiel für ein Bully/Victim.

> *„Eine Mutter beschreibt den Fall ihres 12-jährigen Sohnes Frank: Frank wird von seinen Mitschülern massiv schikaniert. Zunächst waren es verbale Attacken, dann Prügel und letztlich Schutzgelderpressung. Das geht schon seit drei Jahren so und ereignet sich nicht selten mehrmals die Woche. Frank leidet unter Eßstörungen, Schlafstörungen, Wutausbrüchen und war vor einigen Monaten mehrere Wochen lang krank und konnte die Schule nicht besuchen. Mit seinem alten Klassenlehrer hatte Frank große Schwierigkeiten und auch mit dem neuen Lehrer haben sich nach kurzer Zeit Probleme eingestellt. Frank sitzt schon seit Jahren separat. Die Mutter meint, daß seine Mitschüler die Konfliktsituation ausnützen und ihn noch mehr schikanieren. Die Lehrer bestätigen, daß Frank tatsächlich schikaniert wird, insistieren aber, dass er im selben Maße auch andere schikaniert, die schwächer sind als er. Letztes Jahr wurde er für eine Woche wegen Schwänzens vom Unterricht ausgeschlossen. Seine Schulleistungen haben sich enorm verschlechtert, und die Schule hat für eine weitere Beschulung darauf bestanden, daß Frank zu einem Psychotherapeuten geht. Die Eltern sind dieser Forderung nachgekommen, haben ihrerseits aber darauf bestanden, einen Privatlehrer für Frank zu engagieren, damit er seinen versäumten Unterrichtsstoff nachholen kann und die Klasse nicht wiederholen muss."*
>
> *Quelle: Schäfer, M. & Kulis, M. (2000). Mobbingzirkel. Online*
> *http://mobbingzirkel.emp.paed.uni-muenchen.de/secure/kollegiale_beratung/f6_fr.htm.*
> Abdruck mit freundlicher Genehmigung von Mechthild Schäfer

3.2   Körperliche, verbale und relationale Erscheinungs-formen des Bullying

Die häufigsten Formen von Bullying stellen Spotten und Beschimpfen, gefolgt von Schlagen, Bedrohen und Gerüchte verbreiten, aber auch der Ausschluss aus der Gruppe dar (Sharp & Smith, 1991). Diese oder sehr ähnliche Verhaltensweisen liegen den Bullying-Definitionen der meisten Studien zugrunde (vgl. Borg, 1999; Schuster, 1996) und betreffen sowohl die Täter als auch die Opfer. Eine Unterscheidung *unterschiedlicher Bullying-Formen* (körperlich, verbal, relational) in den Ergebnisdarstellungen wurde in den letzten Jahren – in Anlehnung an Differenzierungen in der Aggressionsforschung zwischen körperlich-, verbal-aggressivem Verhalten auf der einen Seite sowie indirekter, relationaler oder sozialer Aggression auf der anderen Seite – vorgenommen, auf die wir im Folgenden näher eingehen werden. Dazu wenden wir uns zunächst der Aggressionsforschung zu.

3.2.1   Proto- und unprototypische Formen aggressiven Verhaltens

Aggressives Verhalten kann sich in unterschiedlichen Formen äußern. An dieser Stelle soll lediglich auf die in den letzten Jahren vermehrt diskutierte Unterscheidung von körperlich-aggressiven und verbalen von indirekt, relationalen, sozialen und „psychischen" Formen aggressiven Verhaltens eingegangen werden. Eine solche Unterscheidung erscheint sinnvoll und wird auch – wie wir im anschließenden Kapitel 3.2.2 ausführen werden – zunehmend in der Bullying-Forschung berücksichtigt. So verändern sich beispielsweise Geschlechtsunterschiede in der Auftretenshäufigkeit aggressiven Verhaltens, je nachdem, welche Verhaltensweisen man als „aggressiv" zugrunde legt. Die jeweiligen aggressiven Verhaltensweisen zeigen zudem in ihrem typischen Auftreten alters- und entwicklungstypische Muster. Aggressionsdefinitionen können zudem – neben der Akzentuierung von Verhaltensweisen – auch andere Dimensionen hervorheben, wie beispielsweise sequentielle und somit motivationale Gesichtspunkte (reaktive vs. proaktive Aggression) als auch Einstellungen bzw. Absichten (feindselige vs. instrumentelle Aggression; vgl. Crick & Dodge, 1996; Hartup, 1974; Vitaro, Gendreau, Tremblay & Oligny, 1998). Eine nähere Darstellung anderer Unterscheidungsmöglichkeiten kann beispielsweise Scheithauer (2003) oder Scheithauer und Petermann (2002) entnommen werden.

Indirekte Aggression. Björkqvist, Lagerspetz und Kaukiainen (1992) definieren indirekte Aggression als „ein Verhalten, bei dem ein Täter versucht, Leiden auf eine Art und Weise zu verursachen, so dass es aussieht, als ob er/sie nicht mit der Intention gehandelt hat, dieses Leiden zu verursachen" (S. 118; Übers. d. Verf.) bzw. als „soziale Manipulation, die eine Zielperson auf Umwegen attackiert" (Björkqvist, Österman & Kaukiainen, 2000, S. 194; Übers. d. Verf.). Der Täter vermeidet somit im Gegenzug Übergriffe auf ihn oder bleibt sogar unentdeckt. Jedoch sorgt der heterogene Gebrauch des Begriffs für Missverständnisse. Björkqvist (1994) beispielsweise stellt fest, dass indirekte Aggression – je nach Autor(engruppe) – feindselig-emotionale Ausbrüche, aggressives Verhalten ohne personale Konfrontation, Aggression ohne ein ersichtliches Ziel, verbale Aggression oder die Substituierung des eigentlichen Ziels der aggressiven Handlung bedeuten kann. Durchgesetzt hat sich in der (früheren) Aggressionsforschung aber im Wesentlichen die Gegenüberstellung des Gegensatzpaares „direkte versus indirekte Aggression" im Sinne der Unterscheidung zwischen unmittelbarer, personaler Aggression (z.B. Prügeln, Anschreien, Blamieren) und mittelbarer Schädigung (ohne direkte Konfrontation mit dem Opfer).

Relationale Aggression. Relationale Aggression wird als ein Verhalten definiert, „das die Beziehungen einer Person zu Gleichaltrigen oder die Gefühle der sozialen Zugehörigkeit und Akzeptanz beschädigt" (Werner, Bigbee & Crick, 1999, S. 154). Als konkrete Verhaltensweisen relationaler Aggression sind exemplarisch das zielgerichtete Ausschließen von Individuen aus einer Gruppe, das absichtliche Verbreiten von Gerüchten, Verleumdungen, Entwertungen oder Herabsetzungen sowie die Isolation („Schneiden", offensichtliches Nichtbeachten, Ausgrenzen, aus dem Weg gehen) eines bestimmten Schülers zu nennen. Anders ausgedrückt: Wenn eine Person über die sozialen Beziehungen versucht, einer anderen Person Schaden zuzufügen (z.B. andere Kinder ausschließen, Gerüchte verbreiten oder anderen Kindern negative Dinge über ein bestimmtes Kind erzählen, um es zu isolieren), so spricht man von relationaler oder Beziehungsaggression. Mynard und Joseph (2000) definieren in ähnlicher Weise soziale Manipulation im Zusammenhang mit Viktimisierungen durch Gleichaltrige als „Handlungen, die das Ziel haben, über die Manipulation im sozialen Umfeld einer Person diese Person zu verletzen oder schädigen" (S. 177; Übers. d. Verf.).

Abgrenzung indirekter und relationaler Aggression. Hart et al. (2000) betonen, dass man unter relationaler Aggression nicht nur indirekte oder verdeckte feindselige Verhaltensweisen, wie das Verbreiten von Gerüchten oder das Tuscheln hinter dem Rücken anderer, subsumiert, sondern auch direktes oder offenes (nicht-verdecktes, beobachtbares) Verhalten. Ähnlich argumentieren Werner et al. (1999, S. 155): „Auch wenn eine relational aggressive Handlung indirekt sein kann (z.B. durch Ignorieren oder Klatsch), so sind unserer Definition zufolge viele relationale Aggressionen direkt (wenn z.B. gedroht wird, man würde nicht der Freund/die Freundin eines gleichaltrigen Kindes sein wollen, solange dies nicht tue, was man sagt; oder wenn ein Kind in Gegenwart von Freunden gedemütigt wird)". Relationale Aggressionen können somit direkt wie indirekt und indirekte Aggression relational oder nicht-relational ausgeführt werden.

Zusammenfassend werden bei relationaler Aggression die sozialen Beziehungen zur Schädigung anderer „genutzt", während bei indirekter Aggression die Abwesenheit einer direkten Konfrontation betont wird. Beide Formen aggressiven Verhaltens sind also weder deckungsgleich noch gegenseitig ausschließend, vielmehr existieren sowohl Überschneidungen als auch Eigenständigkeiten.

Soziale Aggression. Cairns et al. (1989) definieren soziale Aggression als die „Manipulation der Akzeptanz in der Gruppe durch Diffamierung, Ächtung oder Entfremdung" (S. 323; Übers. d. Verf.) bzw. als Handlungen, durch die interpersoneller Schaden durch nicht-konfrontative Methoden über die soziale Gemeinschaft verur-

sacht wird (Xie, 1998). Galen und Underwood (1997) erweitern diese Definition sozialer Aggression. Demnach ist „soziale Aggression darauf ausgerichtet, das Selbstwertgefühl, den sozialen Status einer Person oder beides zu schädigen, und kann direkte Formen annehmen, wie zum Beispiel verbale Zurückweisungen, negative Ge-
sichtsausdrücke oder Körperbewegungen, oder aber mehr indirekte Formen, wie zum
Beispiel Gerüchte verbreiten oder sozialer Ausschluss" (S. 589; Übers. d. Verf.).

Psychische Aggression. Psychische Aggression wird häufig von physischer Aggression abgegrenzt (vgl. Mohr, 2000). Dabei umfassen psychische Aggressionen jegliche nicht-physische Aggressionen wie Beleidigungen, Beschimpfungen, Diskriminierungen, Einschüchterungen, Bedrohungen, Demütigungen und Verspottungen und
somit auch verbal-aggressive und relational-aggressive Verhaltensweisen. Psychische Aggressoren handeln mit dem Ziel, primär psychischen Schaden/Schmerzen
anzurichten. Beispielsweise wurde unter „psychischer Aggression" im Projekt „Gewalt an Schulen" (Meier, 1999) das Hänseln anderer Schüler, das Beschimpfen mit
gemeinen Ausdrücken, das Ärgern Dritter im Unterricht, das Bewerfen Dritter mit
Sachen oder das Ärgern von Lehrern verstanden (vgl. Popp, 1999).

Prototypisch vs. unprototypisch. Um die Vielfältigkeit und Heterogenität dieser
Einteilungen zu bündeln, schlagen wir ein übergeordnetes Rahmenkonzept vor, das
prototypische von unprototypischen Ausdrucksformen aggressiven Verhaltens unterscheidet (Scheithauer, 2003). Zu den *prototypischen* (Prototyp = Urbild, Muster, In-
begriff) Formen aggressiven Verhaltens zählen Verhaltensweisen, wie zum Beispiel
jemanden Schlagen, Treten, Kneifen, Beißen oder ähnliches, begleitet von Emotionen, wie Wut oder Verärgerung. Wir bezeichnen diese Formen aggressiven Verhaltens als prototypisch, da sie einerseits am ehesten mit Aggression assoziiert werden
und es sich andererseits zu den üblichen und am häufigsten untersuchten Verhaltensweisen im Zusammenhang mit Aggression handelt. Es liegt nahe, als übergreifende Bezeichnung für die in diesem Kapitel beschriebenen Formen aggressiven
Verhaltens (indirekt, relational, sozial, psychisch) den Begriff *unprototypisch* zu
wählen, da es sich um Verhaltensweisen handelt, die in der Literatur bisher nicht in
dem Maße mit Aggression assoziiert wurden. Obwohl diese Formen aggressiven
Verhalten natürlich jeweils sehr eigenständige Merkmale aufweisen, lassen sie sich
durch grundlegende Gemeinsamkeiten kennzeichnen (Scheithauer, 2003): Sie beziehen sich auf direkte oder indirekte Schädigungen einer Person über ihre soziale Be-
zugsgruppe, beispielsweise durch soziale Manipulation, Verleumdung, Ausschluss
oder durch das Verbreiten von Gerüchten.

Kasten 3.2.   Verhaltensweisen, die den unprototypischen Formen aggressiven
                Verhaltens zuzurechnen sind.

Owens, Shute und Slee (2000) bestätigen anhand von qualitativen Befragungen von 15-
jährigen weiblichen australischen Jugendlichen in Fokusgruppen das häufige Auftreten
einer breiten Palette von unprototypischen Formen aggressiven Verhaltens, wie zum Beispiel:

- in abwertender Weise reden („bitching", Gerüchte verbreiten, Vertrauen missbrauchen, über das Äußere und die Persönlichkeit anderer herziehen, abwertende Spitznamen gebrauchen);
- andere aus sozialen Gruppen ausschließen (Ignorieren, Isolieren, Vertreiben, Verachten);
- Aggressionsformen ohne direkte Konfrontation (Telefonstreiche, Sprüche über andere auf Schultische schreiben, andere zu Übergriffen anstiften) sowie
- nonverbale Ausdrucksformen (mit Blicken durchbohren, bestimmte Gestiken/Mimiken).

3.2.2 Proto- und unprototypische Formen des Bullying

Die Bullying-Forschung hat sich zumeist auf prototypische Verhaltensweisen (z.B. körperliche An- und Übergriffe, Schubsen, Schimpfen) konzentriert. Erst seit einigen Jahren werden auch *explizit* subtile, verdeckte, indirekte Formen des Bullying von verbalen und körperlichen abgegrenzt (Olweus, 1994; 1996; Rivers & Smith, 1994). Allerdings sei an dieser Stelle darauf hingewiesen, dass in den meisten Studien zum Bullying – zumeist auf Einzelitemebene – auch nach unprototypischen Verhaltensweisen (z.B. Ausschluss aus der Gruppe) gefragt wurde. So verwies Pikas schon 1975 unter Bezugnahme auf den Begriff Mobbing auf seine verschiedenen Ausdrucksformen: „Unter Mobbing verstehen wir wiederholte negative Aktivitäten (physische oder psychologische Attackierungen und/oder demonstratives Ausschließen aus der Gemeinschaft), die von einem oder zwei Individuen gegen ein anderes Individuum, die miteinander interagieren, gerichtet werden", S. 3; Übers. d. Verf.). In den meisten, seit den 80er-Jahren des 20. Jahrhunderts durchgeführten Studien wurde in den Ergebnisdarstellungen nicht explizit verschiedenen Äußerungsformen von Bullying unterschieden. Erst Studien neueren Datums unterscheiden ausdrücklich zwischen unterschiedlichen Formen von Bullying und verwenden daneben Verfahren, in denen mit Hilfe mehrerer Items gezielt unprototypische Formen von Bullying erfasst werden können.

In den meisten Studien werden unterschiedliche Bullying-Formen wie folgt differenziert:

- *Physische (prototypische) Bullies* sind aktionsorientiert, ihr Verhalten bezieht sich auf physische Attacken, wie zum Beispiel Schlagen oder Treten. In der Regel sind diese Verhaltensweisen relativ leicht zu identifizieren.
- *Verbale Bullies* benutzen indessen Worte, um jemanden intendiert zu verletzten oder zu demütigen. Diese Bullying-Form wird oftmals bagatellisiert oder übersehen.
- Ebenso wenig gut zu identifizieren sind die *relationalen (unprototypischen) Bullies*, die Zielpersonen bewusst aus sozialen Gruppen ausschließen/herausekeln bzw. sie vorsätzlich zurückweisen und sie somit von ihren sozialen Bezügen abschneiden.

Kasten 3.3. Subjektive Definition von Bullying: Lehrereinschätzung vs. Schülereinschätzung.

Neben der objektiven Abgrenzung bestimmter Erscheinungsformen des Bullying, scheinen Lehrer und Schüler unterschiedliche, subjektive Vorstellungen davon zu haben, was unter Bullying zu verstehen ist. Sowohl in einer Studie von Boulton (1997) als auch in einer Studie von Siann, Callaghan, Lockhart und Rawson (1993) gaben Lehrer an, dass Bullying sowohl direkte (z.B. „Schlagen, Schubsen und Treten" oder „anderen Dinge wegnehmen") als auch indirekte, emotionale Verhaltensweisen (z.B. „andere ausschließen") umfassen kann, obwohl in Boultons Studie Angaben zu direkten Verhaltensweisen überwogen. Schüler hingegen verstanden eher unter direkten, weniger unter indirekten Verhaltensweisen eine Form von Bullying (vgl. Arora, 1996; LaFontaine, 1991; Stanley & Arora, 1998). Einer Studie von Ramasut und Papatheodorou (1994) zufolge scheinen jedoch Lehrer auch der Meinung zu sein, dass es sich bei sozialer Isolation oder Zurückweisung durch Gleichaltrige im Gegensatz zu Unterbrechungen des Unterrichts keineswegs um ernsthafte, negative Verhaltensweisen handelt. Im jüngeren Alter scheinen Schüler noch nicht zwischen Bullying und aggressivem Verhalten per se unterscheiden zu können, so dass sie unter Bullying jegliche Form aggressiven Verhaltens verstehen, unabhängig beispielsweise von einem Stärke-Ungleichgewicht zwischen Täter und Opfer (Smith & Levan, 1995; Smith, Madsen & Moody, 1999). Zusammenfassend kann man daraus folgern, dass insbesondere das Begriffsverständnis von Bullying bei jüngeren Schülern explizit berücksichtigt werden sollte (Khosropour & Walsh, 2001).

3.3   Alternative Erscheinungsformen des Bullying

Neben den bisher beschriebenen Formen, lassen sich vermehrt alternative Erscheinungsformen von Bullying anführen, von denen wir hier das

- *homophobische Bullying,*
- *Bullying mit fremdenfeindlichem Hintergrund* und
- *Bullying-Formen* behandeln, die über *neue Medien* (z.B. Handy, Computer) vermittelt werden.

Dem *homophobischen Bullying* (Anti-Bullying Network, 2001) unterliegt eine Angst vor dem Fremden (z.B. eine andersartig wirkenden Person, andersartig wirkende Eigenschaften, eine andersartige sexuelle Präferenz) und äußert sich in verbalen Attacken, die sich beispielsweise auf die sexuelle Präferenz beziehen (z.B. „Schwule Sau", „Lesbe"). Insbesondere auf Jungen scheint diese Form des Bullying (z.B. als „schwul" bezeichnet zu werden) eine negative Wirkung zu haben (Duncan, 1999). Allerdings sei betont, dass die sexuelle Reputation unter Mädchen ebenfalls von großer Bedeutung sein kann, stellt sie durchaus Anlass zu Auseinandersetzungen dar bzw. wird in Auseinandersetzungen thematisiert (z.B. Schimpfworte, wie „Hure"; Lees, 1993). Stigmatisierte Mädchen werden unter Umständen von anderen Mädchen gemieden, um deren eigene Reputation nicht zu schädigen (Lees, 1993). Homophobisches Bullying erweist sich als besonders negativ, da sich Zuweisungen (z.B., dass ein Schüler „schwul" sei) hartnäckig halten, und innerhalb der Peer-Gruppe den Umgang mit dem betroffenen Kind weiterhin negativ bestimmen, auch wenn längst die Behauptung wiederlegt ist (Hymel, Wagner & Butler, 1990).

Ebenfalls nicht selten zu beobachten ist *Bullying mit fremdenfeindlichem Hintergrund*. So untersuchten Moran, Smith, Thompson und Whitney (1993) die besondere Rolle der ethnischen Zugehörigkeit bezüglich Bullying-Erfahrungen mit einer Stichprobe von 33 Paaren von Kindern asiatischer Herkunft bzw. Kindern mit weißer Hautfarbe (9-15 Jahre alt). Während die Hälfte der asiatischen Kinder von Viktimisierungen in Form von rassistischen Beschimpfungen berichteten, erwähnte nicht ein Kind mit weißer Hautfarbe von ähnlichen Erlebnissen. Für die Fremdenfurcht in extremer Ausprägung (z.B. Feindseligkeit gegen Ausländer, Rassismus, rechtsorientierte Gewalthandlungen) wird auch der Begriff *Xenophobie* verwendet (z.B. Boehnke, Hagan & Hefler, 1998; Fritzsche, 1992; Streeck-Fischer, 1999). Auf diese extremeren Formen gewalttätigen Verhaltens, die unter anderem in jugendlichen Subkulturen zu beobachten sind, gehen wir in den folgenden Kapiteln jedoch nicht genauer ein.

Im Zuge sich weiterentwickelnder, neuer Technologien kann Bullying auch über moderne Kommunikationsmedien, wie Mobiltelefon (Handy) oder per Email, erfolgen. Das nachstehende Fallbeispiel dokumentiert *Bullying-Übergriffe via SMS* (Short Message Service = Textnachrichten auf das Mobiltelefon) aus der Sicht eines Opfers. SMS-Bullying ist gekennzeichnet durch die Möglichkeit, Opfer orts- und zeitungebunden, also auch zu Hause, zu erreichen. Das Mobiltelefon bietet dem Bully Distanz und Anonymität, zwei Faktoren, die eine Eskalation der Attacken begünstigen.

Kasten 3.4.   Fallbeispiel: Bullying via SMS.

Joana gehörte immer dazu – in der Schule und im Sportverein. Zwar ist sie sehr kräftig gebaut – sie sieht eben nicht aus „wie 'ne Barbie-Puppe", wie sie selbst von sich sagt – aber das war bisher kein Grund für ihre Freundinnen, sie abzulehnen. Im Sportverein hat sie für ihre Handballmannschaft viele Siege errungen und eigentlich fühlte sie sich pudelwohl. So nahm sie es dann gar nicht ernst, als sie das erste Mal auf ihr Handy eine SMS bekam: „Fette Sau, die Turnhalle ist bald zu klein für Dich" stand da, anonym verschickt. Das war wohl irgendein Scherzkeks, dachte sie. Aber dann nahmen die anonymen Nachrichten zu. Und der Inhalt wurde auch heftiger und bedrohlicher: „Du fette Sau wirst bald geschlachtet". Schließlich bekam sie sogar nachts Nachrichten zugeschickt, und an einem Tag manchmal bis zu zehn! Joana fühlte sich jetzt richtig schlecht, jedesmal, wenn ihr Handy klingelte, schreckte sie zusammen; überall, wo sie langging, schaute sie um sich, denn sie fühlte sich beobachtet. Doch Joana konnte nichts machen, denn die Nachrichten kamen von einem Internet-Anbieter, von dem aus man anonym SMS versenden kann. Sie traute sich auch nicht, mit ihren Eltern zu sprechen. Die fanden es eh' blöd, dass sie ein Handy hat und „so viel Geld" dafür ausgab. Als sie sich dann doch ihren Eltern anvertraute, fanden diese schnell eine Lösung. Mit Hilfe der Polizei und des Klassenlehrers wurde der Verursacher, ein Klassenkamerad, schnell gefunden. Jetzt hat sie wieder ihre Ruhe, schreckt aber manchmal noch zusammen, wenn sie eine SMS erhält.

Fallbeispiel, berichtet von einer Schülerin an einer Bremer Schule

3.4 Bullying als dyadisches und Gruppenphänomen

Abgesehen von der *individuellen* Betrachtung von Bullies und Victims liegen Studien vor, die das Auftreten von Bullying im *dyadischen* – oder noch weitergefassten – *Gruppenkontext* untersuchen. So konnte in Studien ermittelt werden, dass Bullying häufiger in *gleichgeschlechtlichen Dyaden* verläuft. Craig und Pepler (1997) konnten mit Hilfe von Schulbeobachtungen an 65 Kindern (zwei Gruppen, jeweils durch die Lehrer als aggressiv oder sozial kompetent eingestuft) mit durchschnittlichem Alter von 9,9 Jahren ermitteln, dass in 86% der Episoden, in denen Jungen als Bullies involviert waren, Jungen die Opfer darstellten, gegenüber 48% der Episoden, in denen Mädchen als Bullies involviert waren und ein Mädchen das Opfer darstellte. Jungen richteten ihre Bullying-Attacken mit geringerer Wahrscheinlichkeit als die Mädchen gegen ein gegengeschlechtliches Kind: nur in 11% der Episoden, in denen ein Junge als Bully beteiligt war, stellte das Opfer ein Mädchen dar (gegenüber 49% der Episoden Mädchen vs. Junge). Olweus (1996) bestätigt diese Befunde jedoch nur zum Teil: Während in den Klassen 5 bis 7 mehr als 60% der Mädchen hauptsächlich von Jungen und weitere 15 bis 20% von Jungen und Mädchen angegriffen werden, ist die große Mehrheit der männlichen Opfer (80%) in der Regel auch mit männlichen Tätern konfrontiert.

Verschiedene Studien widmen sich explizit der Tatsache, dass Bullying oftmals einen *Gruppenprozess* widerspiegelt, das heißt, dass abgesehen von den Bullies und Victims andere beteiligte Schüler weitere, spezifische Funktionen aufweisen, die Bullying unterstützen oder verhindern können. In ungefähr Zweidrittel aller Bullying-Vorfälle sind *mehrere* Gleichaltrige beteiligt (vgl. Atlas & Pepler, 1998). O'Connell, Pepler und Craig (1999) kommen zu dem Ergebnis, dass Gleichaltrige zudem durch ihre passive Anwesenheit Bullies verstärken. Studien der Arbeitsgruppe um Christina Salmivalli zufolge (Salmivalli & Lagerspetz, 1996; Salmivalli, Lagerspetz, Björkqvist et al., 1996) lassen sich folgende *Rollenzugehörigkeiten* (hier für 573 Sechstklässler) ermitteln (vgl. Olweus, Limber & Mihalic, 1999; s. Abb. 3.1):

- *Bullies* (auch Anführer genannt: 8,2%),
- *Victims* (11,7%),
- *Assistenten des Bullies* (die z.B. ein Kind festhalten: 6,8%),
- *Verstärker des Bullies* (ermutigen und stellen das Publikum dar: 19,5%),
- *Verteidiger des Opfers* (17,3%),
- *Outsiders* (halten sich von solchen Situationen fern: 23,7%).
- Den restlichen Kindern (12,7%) konnte *keine eindeutige Rolle* zugewiesen werden.

Zudem konnten bei fünf der sechs Rollen *unterschiedliche Geschlechtsverhältnisse* identifiziert werden. Demnach sind

- Bullies, Verstärker und Assistenten eher männlich und
- Verteidiger und Outsider eher weiblich.

Nach Sutton und Smith (1999) stellen die Bullies und Assistenten in anderen Studien die „Bullies" dar, während die Verstärker sich als die „Bully/Victims" erweisen und die Verteidiger und Outsider selten in Bullying verwickelt werden. Kinder und Jugendliche, die ähnliche Rollen einnehmen (Bullies, Assistenten und Verstärker), scheinen darüber hinaus in einem sozialen Netzwerk verbunden zu sein (bilden z.B. Freundschaften). Huttunen, Salmivalli und Lagerspetz (1996) sowie Salmivalli, Huttunen und Lagerspetz (1997) untersuchten zudem die sozialen Netzwerke der den jeweiligen Rollen zugeordneten Schüler. Bullies, Verstärker und Assistenten bilden untereinander soziale Netzwerke ebenso wie Victims und Verteidiger, was für sich gegenseitig verstärkende Sozialisationswirkungen spricht.

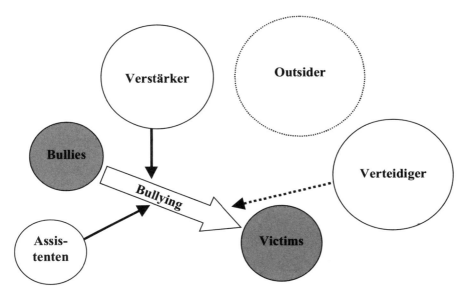

Abbildung 3.1.   Rollenzugehörigkeiten der am Bullying beteiligten Kinder.

3.5   Kulturspezifische Aspekte des Bullying

Einerseits liegen Erkenntnisse vor, die verdeutlichen, dass Bullying unter Schülern ein globales, länderübergreifendes Problem darstellt, wie internationale Forschungsbefunde dokumentieren (vgl. Smith, 2002b; Smith et al., 1999a). Andererseits wird deutlich, dass zumeist kulturspezifische Unterschiede bestehen, beispielsweise hinsichtlich des Verständnisses, was genau unter Bullying zu verstehen sei und in Bezug auf die jeweils zugrunde liegenden Begrifflichkeiten (s. auch Kasten 2.1).

Ein im Zusammenhang mit der interkulturellen Bullying-Forschung bestehendes Problem ist die Schwierigkeit, geeignete *Übersetzungen* des englischen Begriffs Bullying zu finden (Smith, 2002b; Smith, Cowie, Olafsson & Liefooghe, 2002). Bisweilen werden in verschiedenen Ländern – aber auch innerhalb eines Landes – unterschiedliche Begriffe verwendet, was die Integration und Vergleichbarkeit von Befunden erschwert. Erschwerend kommt hinzu, dass für den Ausdruck Bullying in den romanischen Sprachen keine entsprechenden Begriffe aufzufinden sind; zum Beispiel existiert nicht nur im deutschen Sprachgebrauch, sondern auch im Französischen kein einziges Wort, das die volle Bedeutung des Begriffs Bullying wiedergibt. Einen weiteren Befund, der auf ein überregional uneinheitliches Begriffsverständnis von Bullying hinweist, liefern Boulton, Bucci und Hawker (1999): Während 13- bis 15-jährige schwedische Schüler eher „jemanden ausschließen" als Bullying ansehen, subsumieren englische Schüler derselben Altersgruppe hingegen unter Bullying eher „Hänseln und Spitznamen geben".

Inzwischen liegen zahlreiche interkulturelle Erkenntnisse vor, wie zum Beispiel für Japan zum *ijime*. Das japanische ijime (Kikkawa, 1987; Morita, Soeda, Soeda & Taki, 1999; Rios-Ellis, Bellamy & Shoji, 2000; Ruiz & Tanaka, 2001) umschreibt ein Verhalten ähnlich wie Bullying, betont jedoch in geringerem Maße körperliche Verhaltensformen, sondern stärker sozial-manipulative Verhaltensweisen, wie zum Beispiel den sozialen Ausschluss (= shikato), und findet in stärkerem Ausmaß in Gruppen statt (TMR Network Project, 2001; vgl. Treml, 2001).

Grundlegend für die Erfassung kulturübergreifender sozialer Phänomene ist ein tiefgreifendes Verständnis der jeweilig vorherrschenden sozio-kulturellen Strukturen und Rahmenbedingungen. Studien, die Bullying in verschiedenen Kulturen untersuchen (hierzu zählen auch Bullying-Studien in unterschiedlichen ethnischen Gruppen innerhalb eines Landes), sollten daher eine große Anzahl an Faktoren berücksichtigen, die auf kulturellen, geographischen, ökonomischen, historischen und politischen Besonderheiten basieren. Im Hinblick auf Bullying bedarf es zum Beispiel der Beachtung typisch familiärer Werte, üblicher Erziehungsstile und -praktiken, der Struktur des Bildungssystems generell, aber auch von bestimmten Charakteristiken des Schulsystems und seiner Schüler im Besonderen. In diesem Kontext soll exemplarisch auf die besondere Struktur des portugiesischen Schulsystem verwiesen werden, wo das so genannte System der „grade retention" große Altersunterschiede in den Klassen verursacht und damit einen geeigneten strukturellen Rahmen für das Bullying zwischen physisch unterschiedlich starken Schülern bietet (vgl. de Almeida, 1999).

Zusammenfassend müssen kulturvergleichende Analysen zum Bullying folgende Aspekte miteinbeziehen:
- *kulturelle Variationen* bei der Begriffsbestimmung und beim Begriffsverständnis von Bullying (Wolke et al., 2001);
- *verschiedenartige Übersetzungsversuche* des Begriffs Bullying und den damit verbunden Nuancen der jeweiligen Begriffskonnotationen (Arora, 1996);
- Differenzen hinsichtlich der jeweiligen *nationalen Schul- und Bildungssysteme* (z.B. Einschulalter, gesamte Schuldauer, Lern- und Sprachbeginn, die Möglichkeit, in der Schule zu Mittag zu essen, gewöhnliche Schulwege, Dauer der Schulstunden, Dauer des täglichen Schulaufenthalts, Pausenaktivitäten, Notengebungssysteme);

- *Anti-Bullying-Strategien/Kampagnen* innerhalb eines Landes oder einer Gesellschaft, die eine vermehrte öffentliche Aufmerksamkeit nach sich ziehen und damit Häufigkeitsangaben zum Bullying verzerren können.

Kasten 3.5. Ethnische Unterschiede beim Bullying in Deutschland?

Im Hinblick auf das deutsche Schulsystem geben z.B. Lösel und Bliesener (1999) sowie Schäfer und Korn (2002) zusammenfassende Hintergrundinformationen mit dem Fokus auf ethnische Minderheiten. Nach dem Sekretariat der Ständigen Konferenz der Kultusminister der Länder in der BRD (2000) galten während des Schuljahres 1998/99 etwa 9% aller Schüler öffentlicher Schulen als Ausländer (sie besaßen also keinen deutschen Pass), wobei den größten Anteil an dieser Gruppe türkische Kinder und Jugendliche stellten. Kinder und Jugendliche ohne deutschen Pass waren in großen (westdeutschen) Städten im Vergleich zu ländlichen Gegenden oder Gebieten in den neuen Bundesländern überrepräsentiert. In Deutschland wurde der Einfluss der ethnischen Zugehörigkeit bislang hauptsächlich im Rahmen der schulischen Gewaltforschung untersucht. Dabei konnte kein wesentlicher Unterschied zwischen den Gewalthandlungen deutscher und ausländischer Schüler festgestellt werden (Ferstl, Niebel & Hanewinkel, 1993, in Schäfer & Korn, 2002; Fuchs, 1999). Für den österreichischen Kulturkreis fassen Spiel und Atria (2002) zusammen, dass in Peer-Nominierungen sogar die Kinder und Jugendlichen mit deutscher Muttersprache hinsichtlich des Ausmaßes an Bullying negativer abschnitten als Kinder und Jugendliche mit nicht-deutscher Muttersprache. In Selbstberichten ergaben sich aber leicht abweichende Befunde.

Kapitel 4

Auftretenshäufigkeit

Im folgenden Kapitel wenden wir uns der Auftretenshäufigkeit von Bullying unter Schülern zu, wobei sowohl die Täter- (Bully) als auch Opferperspektive (Victim) berücksichtigt wird. Eine Darstellung von internationalen Befunden soll die relativ geringe Anzahl an Studienergebnissen zum Bullying aus dem deutschsprachigen Raum ergänzen. Um der deutschsprachigen Forschung im Bereich der Schulgewalt gerecht zu werden, fassen wir des Weiteren ausgewählte Forschungsbefunde hierzu zusammen. Neben der allgemeinen Auftretenshäufigkeit von Bullying liegt der Fokus dieses Kapitels auf geschlechts- und altersspezifischen Besonderheiten sowie der Auftretenshäufigkeit unterschiedlicher Bullying-Formen. Zudem sollen Studienergebnisse angeführt werden, die sich einem Umstand widmen, der bislang vergleichsweise selten im Rahmen der Bullying-Forschung beachtet wird: Lehrer, die Schüler viktimisieren.

4.1 Auftretenshäufigkeit von Bullying – nationale und internationale Befunde

Nationale Befunde. Für den deutschen Sprachraum sind in Tabelle 4.1 ausgewählte Befunde aus Studien angeführt, in denen mit Hilfe verschiedener Versionen des Bully/Victim-Questionnaire (Olweus, 1989; 1991; 1997; s. Kap. 8.1) Kinder und Jugendliche selbst zu ihren Täter- und Opfererfahrungen befragt wurden. Demzufolge berichten zwischen 5 bis 11% der Schüler von regelmäßigen (ein- bis mehrmals die Woche) Opfer- bzw. Tätererfahrungen. Noch häufiger fallen die Berichte zu gelegentlichen Opfer- und Tätererfahrungen aus (z.B. einmal im Monat), die wir jedoch nicht in Tabelle 4.1 aufgenommen haben. Absolut gesehen überwiegen die Jungen recht deutlich auf der Täterseite, während sich auf der Opferseite zwar immer noch mehr Jungen als Mädchen finden, jedoch fallen die Geschlechtsunterschiede nicht so deutlich aus.

Die Divergenzen zwischen den Studien in den ermittelten Häufigkeiten können unter anderem auf die unterschiedlichen Versionen des verwendeten Fragebogens und auf die Altersunterschiede zwischen den jeweils befragten Schülern zurückgeführt werden. So kam in der Studie von Hanewinkel und Knaak (1997a; b; 1999) die unrevidierte Form des Fragebogens von Olweus (1989; 1991) und in der Studie von Lösel et al. (1997) eine eigene, veränderte und erweiterte Version des unrevidierten Fragebogens von Olweus zum Einsatz.

Tabelle 4.1. Ausgewählte deutsche Studienbefunde zur Auftretenshäufigkeit des Bullying.

Studie	N	Stadt/ Region	Klassen-stufe	Schul-formen	Täter* (%)		Opfer* (%)	
Hanewinkel & Knaack (1997a; b; 1999)	14.788	Schleswig-Holstein	3.-12.	alle Schul-formen	9,1 (direkt)		9,2 (direkt)	
					72,3 J.	27,7 M.	56,1 J.	43,9 M.
					—		5 (indirekt)	
							53,2 J.	46,8 M.
Jugert et al. (2000)	1.353	Nieder-sachsen	5.-10.	kooperative Gesamt-schule	8,3		8,2	
					61 J.	39 M.	52 J.	48 M.
Lösel et al. (1997)	1.163	Nürnberg und Erlangen	7.-8.	Haupt-, Realschule, Gymnasium	9,3 (verbal)		10,7 (verbal)	
					5,3 (physisch)		4,9 (physisch)	
Schäfer (1996)	392	München	6. und 8.	Gymnasium	7,6		5,6	

* Ein- oder mehrmals die Woche. Es hat sich in Studien zum Bullying, in denen zumeist Versionen des Bully/Victim-Questionnaire (s. Kap. 8.1) von Olweus verwendet wurde, eingebürgert, „harte" von „weichen" Tätern und Opfern zu unterscheiden: „ein- oder mehrmals die Woche" kennzeichnet dabei „harte" Täter bzw. Opfer, seltenere Erfahrungen (einmal pro Woche oder seltener) „weiche" Täter bzw. Opfer. J = Jungen; M = Mädchen.

Internationale Befunde. Unmittelbar verknüpft mit zahlreichen Publikationen zum Bullying und der Entwicklung eines vielfach benutzten, standardisierten Fragebogens, dem Bully/Victim-Questionnaire, ist der Name Dan Olweus. Olweus' Erkenntnisse basieren im Wesentlichen auf einer Längsschnittstudie mit 900 männlichen Schülern aus dem Großraum Stockholm (Beginn in den frühen 70er-jahren), einer landesweiten Kampagne gegen Bullying an norwegischen Schulen mit einer 1983 gestarteten Fragebogenaktion, an der ca. 130.000 Schüler der Klassen 2 bis 9 (8-16 Jahre) an 715 Schulen aus ganz Norwegen teilnahmen, einer dazu vergleichend angelegten Erhebung von ca. 17.000 Schüler in Schweden der Klassen 3 bis 9 sowie einem Sonderprojekt mit der Evaluation eines Interventionsprogramms, an dem ca. 2.500 Schüler der norwegischen Stadt Bergen aus vier aufeinanderfolgenden Klassenstufen (ursprünglich Klassen 4-7) aus 28 Grundschulen und 14 weiterführenden Schulen sowie Schulleiter und Eltern partizipierten (Olweus, 1991; 1999b; c). Nach Olweus (1991; 1994; 1996; 1999b; c)

- können 60 bis 70% der norwegischen Schüler in einem Schulhalbjahr weder als Täter noch als Opfer des Bullying eingeordnet werden;
- verstricken sich 15% der norwegischen Schüler „hin und wieder" oder „öfter" als Täter oder Opfer in aggressive Handlungen, wobei 9% der Gesamtheit regelmä-

ßig Opfer, 7% regelmäßig Täter und 1,6% regelmäßig sowohl Opfer als auch Täter sind;

* sind etwa 5% der Schüler an ernsthaften Bullying-Vorkommnissen mindestens einmal die Woche als Opfer oder Täter beteiligt; davon gelten etwa mehr als 3% als Opfer, etwas weniger als 2% als Täter und 0,2% als Bully-Victims.

Tabelle 4.2. Ausgewählte internationale Studienbefunde zur Auftretenshäufigkeit des Bullying.

Autoren	Land	N	Alter/Schulform	Bullies (%)*	Victims (%)*
Borg (1999)	Malta	6.282	9-14 J.	27,3	32,1
Fonzi et al. (1999)	Italien	4.691	Grundschule	10,8	17,5
			Mittelschule	8,1	9,5
O'Moore et al. (1997)	Irland	20.442	Grundschule	1,4	4,3
			weiterführende Schule	0,9	1,9
Whitney & Smith (1993)	England	6.758	Grundschule	4	10
			weiterführende Schule	1	4

* Ein- oder mehrmals die Woche; s. Fußnote Tabelle 4.1.

In Tabelle 4.2 sind weitere ausgewählte, internationale Studienergebnisse zusammengefasst. Die Ergebnisse variieren zum Teil erheblich – noch deutlicher fallen die Unterschiede zwischen den einzelnen Studien aus, wenn nicht nur Bullying-Vorfälle, die mindestens einmal wöchentlich aufgetreten sind, berücksichtigt werden, sondern zudem Bullying-Vorfälle, die gelegentlich stattfanden. Daneben bestimmten Wolke et al. (2001) das Ausmaß von Bullying sowie Geschlechtsunterschiede in einem *Ländervergleich* von insgesamt 2.377 Grundschülern aus England (aus Klasse 2, mit einem Durchschnittsalter von 6,7 Jahren und aus Klasse 4, mit einem Durchschnittsalter von 8,3 Jahren) und Deutschland (Klasse 2, mit einem Durchschnittsalter von 8,1 Jahren). Während für Mädchen keine Geschlechtsunterschiede vorherrschten, berichteten signifikant mehr männliche Schüler aus Deutschland, in Bullying-Vorfälle verwickelt zu sein als männliche Schüler aus England. Im Gegensatz dazu lagen die Viktimisierungsraten für beide Geschlechter in der englischen Stichprobe weit über denen der deutschen Stichprobe (insgesamt schilderten 24% der englischen, aber nur 8% der deutschen Schüler, wöchentlich viktimisiert zu werden). Innerhalb der Länder scheinen Jungen häufiger Bullying auszuüben als Mädchen. Jedoch berichteten nur in der englischen Stichprobe signifikant mehr Jungen von Viktimisierungserlebnissen.

Zusammenfassend fallen wesentliche Schwankungen in den Häufigkeitsangaben zwischen den Schulen innerhalb eines Landes sowie im Ländervergleich auf. Daneben schwanken die Häufigkeitsangaben zu den Bully/Victims, die nicht gesondert in den Tabellen 4.1 und 4.2 aufgeführt sind, zwischen 2,2% und 18% (vgl. Andreou, 2000; Boulton & Smith, 1994; Craig, 1998; Kumpulainen, Räsänen & Henttonen, 1999;

Lösel et al., 1997; Mynard & Joseph, 1997; Natvig, Albrektsen & Qvarnstrøm, 2001; Olafsen & Viemerö, 2000; Pellegrini, Bartini & Brooks, 1999; Wolke, Woods, Bloomfield & Karstadt, 2000). Ergebnisse zur Häufigkeit des Bullying an Schulen können somit nicht von einem Land auf andere übertragen werden, wie sich zusammenfassend an Prävalenzraten zeigt, die – absolut gesehen – zwischen 5% und 35% liegen (vgl. Chesson, 1999). Für die immense Heterogenität dieser Befunde können verschiedene tatsächliche und artifizielle Faktoren verantwortlich gemacht werden, die im Kasten 4.1 zusammengefasst sind.

Kasten 4.1.   Faktoren, die die Heterogenität in den Befunden zur Auftretenshäufigkeit von Bullying erklären (vgl. Schuster, 1996; 1999b; Wolke & Stanford, 1999).

Faktoren hinsichtlich der Erfassung des Bullying
- Definitorische Weite des jeweils zugrunde liegenden Konstruktes und somit die Frage danach, ob alle Bestimmungsstücke des Bullying explizit operationalisiert wurden
- Zugrunde liegende Bullying-Formen (z.B. ausschließlich physisches Bullying)
- Übersetzung des Begriffs Bullying in die jeweilige Landessprache bei der Durchführung der Untersuchungen und die damit verbundenen Assoziationen der Schüler
- Erfasster Bezugszeitraum, der sich beispielsweise zwischen den Extremen „gesamte Schullaufbahn" und „letzte Woche" bewegt
- Intensität der Handlungen bzw. Kriterien, nach denen Schüler als Bully, Victim oder Bully/Victim eingestuft werden

Allgemein-methodische Faktoren
- Methode der Datenerhebung (z.B. Beobachtung vs. Fragebogenverfahren)
- Auswahl der Informationsquelle (z.B. Selbstbericht vs. Peer-Bericht)
- Größe der Stichprobe
- Geschlecht der Stichprobenmitglieder
- Alter der Stichprobenmitglieder

Schulspezifische Faktoren
- Eigenschaften des jeweiligen (nationalen) Schulsystems (in Deutschland z.B. Waldorfschulen, Gesamtschulen, koedukative Einrichtungen) und des jeweiligen Schultyps (z.B. in Deutschland Hauptschule, Realschule, Gymnasium)
- Innerschulische Bedingungen (z.B. „Schulklima", Schulethos oder aktives Engagement hinsichtlich Anti-Bullying-Kampagnen)

Regionale/nationale/kulturelle Faktoren
- Kulturelle und regionale Faktoren (z.B. die geographische Lage der Schule oder der durchschnittliche sozioökonomische Status der Eltern)
- Ethnische Zusammensetzung der Stichprobe
- Regionale Besonderheiten, die unterschiedliche Sensibilität gegenüber Bullying bewirken

4.2   Befunde zu Gewalt an Schulen

Die vorliegenden Studienergebnisse zur Häufigkeit gewalttätiger Auseinanderset-
zungen an Schulen fallen in Lehrer- und Schülereinschätzungen studienübergreifend
ähnlich aus (z.B. Busch & Todt, 1999; Dettenborn & Lautsch, 1993; Forschungs-
gruppe Schulevaluation, 1998; Freitag & Hurrelmann, 1993; Fuchs et al., 1996;
Funk, 1995; Greszik et al., 1995; Holtappels, 1985; Horn & Knopf, 1996; Melzer &
Rostampour, 1996; Niebel et al., 1993; Popp, 1999; Rostampour & Melzer, 1999;
Schubarth, 1997; Schubarth et al., 1996; Schwind et al., 1997; Tillmann et al., 2000;
Todt & Busch, 1994; Würtz, Hamm, Willems & Eckert, 1996). Unabhängig vom
Alter kommen spektakuläre, strafrechtlich relevante Delikte, wie Körperverletzung,
Erpressung oder Bandenschlägereien, nur selten vor. Weitaus häufiger verbreitet sind
die so genannten verbalen Gewaltformen: Spotten, Beschimpfen, Beleidigen, Aus-
lachen sowie das Zeigen gemeiner Gesten als nonverbale Manifestation gehören –
mit Abstrichen in der Grundschule – schultyp-übergreifend zum Schulalltag. Bei
allen Gewaltformen finden sich Jungen häufiger auf der Täterseite wieder, wobei
sich die Geschlechtsunterschiede bei physischen (auffälligen, strafrechtlich bedeutsamen) Ausdrucksformen maximieren und bei verbalen Ausdrucksformen minimie-
ren. Auch auf Opferseite modifiziert die jeweilige Ausdrucksform die Größe des
Geschlechtsunterschieds: So berichten Jungen wie Mädchen auf einem ähnlich hohen
Niveau über verbale Opfererfahrungen. Außerdem überwiegen Jungen beim Vandalismus und hinsichtlich der Billigung von Gewalt. Mädchen und jüngere Schüler
zeichnen sich durch eine größere Angst vor Gewalthandlungen aus. Schwind,
Roitsch und Gielen (1999) verglichen zudem Stichproben aus den alten und neuen
Bundesländern und stellten nur sehr geringe Unterschiede im Auftreten von gewalt-
tätigem Verhalten unter Schülern in „Ost" und „West" fest.

Die Gruppe der Extremtäter setzt sich nur aus einem kleinen Anteil der Schülerschaft
zusammen, wohingegen gelegentliche Gewalthandlungen von einer deutlich höheren
Anzahl an Schülern begangen wird. Es scheint, als ob eine Minderheit von gewalttätigen Schülern, hauptsächlich männlichen Geschlechts, für einen Großteil an Gewalt
in der Schule verantwortlich zu machen ist. Weiterhin können hohe Korrelationen
zwischen den verschiedenen Gewaltformen (= generalisiertes gewalttätiges Verhalten) und eine mittelmäßige bis hohe Stabilität abweichenden Verhaltens verzeichnet
werden.

Am häufigsten tritt körperliche schulische Gewalt in der Schule in der Pubertät auf,
im Alter von 13 bis 15 Jahren bzw. in den Klassenstufen 7 bis 9. Verbale Provokationen hingegen lassen sich häufiger bei älteren Schülern beobachten. Körperliche,
„verrohte" Gewalttätigkeiten nehmen demzufolge mit zunehmendem Alter im Allgemeinen ab und werden – unabhängig vom Geschlecht – zunehmend von verbalen
Formen abgelöst. Außerdem offenbart sich auf der Grundlage von Opferberichten ab
der Sekundarstufe 1 ein nahezu linearer Rückgang personenbezogener Angriffe. Das
typische Opfer geht demzufolge in eine untere Klassenstufe und ist männlich, der
typische Täter hat indessen dasselbe Geschlecht, besucht aber eher die höheren Klassenstufen. Dabei sind vor allem leistungsschwache Schüler sowie Schüler der Son-

der- und Hauptschulen in Gewalthandlungen verstrickt, wobei die Täter in den meisten Fällen aus der eigenen Schule stammen und somit keine schulfremden Personen sind. Ein Großteil der gewalttätigen Handlungen kann als ein vorübergehendes, jugendphasenspezifisches Phänomen angesehen werden.

Die Gruppen der Täter und Opfer schließen sich jedoch nicht gegenseitig aus, vielmehr lassen sich eine Reihe von Zwischenstufen beobachten. In den verschiedenen Untersuchungen treten bis zu 50% der Schüler in einem bestimmten Zeitraum zugleich als Opfer und Täter in Erscheinung, was auf zwei informelle „Kulturen" der Schülerschaft – gewalttätig orientierte Schüler und nicht-gewalttätig orientierte Schüler – hinweist. Vor allem eine gewisse Anzahl an hauptsächlich männlichen Schülern fällt in diese Schnittmenge, die – je nach Gewaltform – unterschiedlich groß ist. Der Status „Täter/Opfer" erscheint in psychopathologischer Hinsicht als besonders problematisch, da diese Gruppe in besonders ausgeprägter Weise psychosoziale Belastungen aufweist (vgl. Forschungsgruppe Schulevaluation, 1998; vgl. Kap. 5.2).

4.3   Überschneidungen zwischen Bullying, Viktimisierung und Zurückweisung

Wie wir bereits in Kapitel 2.2 dargestellt haben, liegen Überschneidungen zwischen den Konzepten *„Zurückweisung"*, *„Bullying"* und *„Viktimisierung"* (im Sinne der vorwiegend im amerikanischen Sprachraum verwendeten Bedeutung) vor:

- Perry et al. (1988) ermittelten eine positive Korrelation von $r = .57$ zwischen Viktimisierung und Zurückweisung sowie eine negative Korrelation von $r = -.36$ zwischen Viktimisierung und sozialer Akzeptanz.
- In einer Studie von Schuster (1999a) wurden zwar fast alle durch Bullying viktimisierte Kinder auch zurückgewiesen, nicht alle zurückgewiesenen Kinder wurden aber viktimisiert.
- Die Konzepte „Viktimisierung" und „Zurückweisung durch Gleichaltrige" weisen ebenso eine große Schnittmenge auf. So konnten beispielsweise Perry et al. (1988) mit Hilfe von Peer-Nominierungsverfahren ermitteln, dass elf von 17 der extremen Opfer in ihrer Studie von Gleichaltrigen auch zurückgewiesen wurden.
- In der Studie von Kupersmidt, Patterson und Eickholt (1989, in Coie & Dodge, 1998) wurden 48% der Victims auch als zurückgewiesen und 71% der Kinder, die sowohl Bully als auch Victim waren, wurden als zurückgewiesen eingestuft. Zweidrittel aller zurückgewiesenen Kinder wurden als Victims, Bullies oder Bully/Victims eingestuft.
- Andere Autoren konnten ebenfalls bestätigen, dass Zusammenhänge zwischen Viktimisierungen und Zurückweisungen bestehen (vgl. Gasteiger-Klicpera & Klicpera, 2001; Salmivalli, Kaukiainen & Lagerspetz, 2000).

4.4 Geschlechtsunterschiede

Da Bullying als eine besondere Form aggressiven Verhaltens angesehen werden kann, liegt es auf der Hand, dass grundlegende Tendenzen in der Aggressionsforschung sich auch in der Bullying-Forschung wiederfinden lassen. Bevor wir nun Geschlechtsunterschiede im Auftreten von Bullying vor dem Hintergrund unterschiedlicher Bullying-Formen (s. Kap. 3.2) beschreiben, ist es sinnvoll, einen kurzen Exkurs in die derzeitige Diskussion zu Geschlechtsunterschieden im Auftreten aggressiven Verhaltens per se zu unternehmen. Eine weiterführende Darstellung kann beispielsweise Scheithauer (2003) entnommen werden.

4.4.1 Geschlechtsunterschiede im übergeordneten Kontext der Aggressionsforschung

Prototypische Aggression. Lange Zeit stand die psychologische Aggressionsforschung auf dem Standpunkt, dass sich Jungen bzw. Männer durchgängig aggressiver verhalten als Mädchen bzw. Frauen: Auf der Grundlage von metaanalytischen Befunden zu Geschlechtsunterschieden im aggressiven Verhalten erweisen sich männliche Personen aggressiver als weibliche (Eagly & Steffen, 1986; Hyde, 1984; Knight, Fabes & Higgins, 1996). Die größten Geschlechtsunterschiede zeigen sich hinsichtlich des Auftretens und der Intensität physischer Aggression. Auch bei strafrechtlich relevanten Gewaltdelikten (z.B. Totschlag, Mord) überwiegen männliche Personen sehr deutlich. Darüber hinaus erfahren Jungen bzw. Männer zudem häufiger physische Aggression als Frauen. Ausnahmen stellen allerdings sexuell motivierte Aggression bzw. Gewalttaten dar, bei denen deutlich die weiblichen Opfer überwiegen.

Kulturvergleichende Analysen unterstrichen nahezu ausnahmslos die These vom „physisch aggressiven männlichen Geschlecht" (vgl. Fry, 1998). Zwar verzichten Frauen in vielen Kulturen nicht bedingungslos auf physische Aggression, dennoch bleibt diese Aggressionsform – vor allem in ihren schweren Ausprägungen – eine männliche Domäne. So existiert bislang kein Bericht über eine Kultur, in der häufiger von Frauen ausgehende Aggression mit Todesfolge zu beobachten ist. Auch Whiting und Edwards (1973) betonen nach Auswertung ihrer Beobachtungsdaten aus sieben Kulturen von Kindern im Alter von drei bis zwölf Jahren, dass sich das männliche Geschlecht insgesamt aggressiver verhält. In allen Kategorien aggressiven oder aggressionsnahen Verhaltens (wie z.B. Tobspiele, Beleidigungen und physische Übergriffe) erzielen Jungen höhere Werte als Mädchen. Im Verhältnis zu anderen Verhaltensdimensionen erschienen die Geschlechtdifferenzen im aggressiven Verhalten markant und können als Repräsentation maskuliner Rollenannahmen interpretiert werden. Allerdings wurde in einigen Kulturkreisen und kulturellen Subgruppen ein durchweg niedriges Ausmaß physischer Aggression für beide Geschlechter ermittelt.

Unprototypische Aggression. Seit den 80er- und 90er-Jahren des 20. Jahrhunderts beschäftigte sich die psychologische Aggressionsforschung zunehmend mit Geschlechtsunterschieden im aggressiven Verhalten, unter Einbeziehung weiterer Aggressionsformen, die wir zusammenfassend als unprototypisch bezeichnen (relationale, indirekte, soziale, psychische Aggression; Scheithauer, 2003; s. Kap. 3.2). Einzelne Befunde der Arbeitsgruppe um Kaj Björkqvist aus Skandinavien (Björkqvist, Lagerspetz & Kaukiainen, 1992; Lagerspetz, Björkqvist & Peltonen, 1988) und eines Forscherteams um Nicki Crick aus den USA (Crick, 1997; Crick, Bigbee & Howes, 1996; Crick & Grotpeter, 1995) bestätigen, dass sich Mädchen wie Jungen aggressiv verhalten. Unterschiede im aggressiven Verhalten verdeutlichen sich primär nicht durch *quantitative Aspekte*, sondern im Hinblick auf die *Qualität des Ausdrucks*. Jungen wählen demnach zumeist gut beobachtbare, physische, direkte Aggressionsformen, Mädchen hingegen bevorzugen sozial-manipulative, indirekte oder relationale Verhaltensweisen, die dem Betrachter nicht sofort ins Auge fallen. Quantitative wie qualitative Befunde aus Australien bestätigen diese Geschlechtsunterschiede (Owens & MacMullin, 1995; Russell & Owens, 1999). Zusätzlich hängt die Form aggressiven Verhaltens vom Geschlecht des Opfers ab, da Mädchen gegenüber Jungen relativ mehr physische und verbale Aggressionen ausüben als gegenüber Mädchen. Ist der Gebrauch von indirekter Aggression somit typisch für Mädchen-Mädchen-Dyaden, gilt entsprechendes für physische Aggressionsformen und Jungen-Jungen-Dyaden.

Kasten 4.2.   Geschlechtstypische Ausdrucksformen aggressiven Verhaltens: Subjektive Beschreibungen.

Neben quantitativen Befunden finden sich zahlreiche implizit aufgeführte Äußerungen von Schülern, die den Eindruck von geschlechtstypischen Ausdrucksformen aggressiven Verhaltens aus subjektiver Sicht bestätigen. An dieser Stelle sollen zwei ausgewählte Aussagen stellvertretend angeführt werden. So schildert ein 14-jähriger Schüler, der als Mediator eines Konfliktschlichtungsprogramms (s. Kap. 10.2.3) fungiert, mädchentypische Aggression mit folgenden Worten (Engert & Rixius, 1999, S. 222f.):

„Bei den Mädchen geht es meistens um Gerüchte, Geheimnisse, Freunde, Kleidung, sich gegenseitig weh tun, Beleidigungen usw."

Aggressives Verhalten, welches den Charakter von dauerhafter, verletzender Herabsetzung trägt, wird bei einem qualitativen Interview in der Studie von Tillmann et al. (2000, S. 287) von einem 15-jährigen Schüler erwähnt:

„Ja, das kam öfters vor. So, das war mal, da ist ein Mädchen bei uns neu dazu gekommen und so, und da haben sie erst auf gut Freund gemacht und so. Und dann wurde die halt voll 'runtergemacht und so. Aber von den Mädchen halt speziell so."

In diesem Zusammenhang stellt sich die grundlegende Frage, inwiefern solche Berichte Ausdruck subjektiver Wahrnehmungsmuster vor dem Hintergrund von geschlechtsrollenstereotypen Annahmen sind oder aber tatsächlich objektive Gegebenheiten widerspiegeln.

In Ergänzung dazu ist der Beitrag von Henington, Hughes, Cavell und Thompson (1998) anzusehen. Obwohl die Autoren bei ihrer Stichprobe von 904 Kindern der zweiten und dritten Klasse in Bezug auf die gesamte Stichprobe herausfanden, dass Jungen beide Aggressionsformen häufiger zeigen als Mädchen, ergab eine Analyse der *Extremgruppen* (eine Standardabweichung über dem jeweiligen Gruppenmittelwert) folgendes Bild: Bei den offenen Aggressionsformen überwiegt der Anteil der männlichen Schüler erheblich (12% vs. 0,1%); dasselbe gilt für die gemischte Gruppe der relational- und offen-aggressiven Kinder (13% vs. 4%). Bei den relationalen Aggressionsformen allerdings finden sich mehr Mädchen (4% vs. 7%). Die *praktische Bedeutsamkeit* dieser Befunde spricht für sich, da mehr als die Hälfte aller aggressiven Mädchen nicht als „aggressiv" erkannt worden wären, wenn man auf die Erhebung relationaler Aggressionsformen verzichtet hätte.

Erklärungsansätze. Scheithauer (2003) fasst unterschiedliche Erklärungsansätze für die angeführten Geschlechtsunterschiede zusammen. Dabei erweisen sich nicht einzelne Ansätze, sondern vielmehr die Kombination verschiedener Ansätze – insbesondere *kognitivistischer, lerntheoretischer* und *geschlechtsrollentheoretischer* – als vielversprechend, um die geschilderten Geschlechtsunterschiede zu erklären.

Wissensstrukturen verkörpern *internale kognitive Repräsentationen*, die auf der Basis von Erfahrungen und Gedächtnisinhalten gebildet werden. Diese stellen die Grundlage für die Art und Weise dar, in der Personen soziale Ereignisse oder Interaktionen wahrnehmen, einordnen, verarbeiten und interpretieren. Unterschiedliche soziale Ereignisse werden in Form von *kognitiven Schemata, Skripten, Stereotypien, Arbeitsmodellen* oder *sozialen* bzw. *latenten Konstrukten* im Gedächtnis gespeichert und lenken zukünftige soziale Interaktionen. Vor dem Hintergrund der Erfahrungen, welche Konsequenzen beispielsweise mit einem aggressiven Verhalten verknüpft sind, entwickeln Kinder *internale Repräsentationen* hinsichtlich einer eigenen „richtigen" (angemessenen) und „falschen" (unangemessenen) Verhaltensregulation in sozialen Situationen. Gleiches lässt sich von Situationen sagen, in denen es um ein Verhalten geht, das der jeweils zugeordneten Geschlechtsrolle entspricht. Mit der Zeit kommt es zur Enkodierung dieser internalen Standards, zusammen mit den auslösenden Stimuli und den resultierenden Verhaltensweisen (z.B. Aggression) in Form von *kognitiven Skripten*. Hochgradig assoziierte Konzepte werden in Form von Skripten im semantischen Gedächtnis gespeichert, welche beispielsweise in sozialen Situationen verhaltensbestimmend wirken. Zeigt sich ein aggressives Verhalten häufig in Konflikt- oder Konfrontationssituationen, so erhöht sich die Wahrscheinlichkeit, dass dieses Verhalten auch in zukünftigen, ähnlichen Situationen aktualisiert wird. Die wiederholt enkodierten kognitiven Skripts werden darüber hinaus zunehmend verstärkt, insbesondere, wenn sich das resultierende Verhalten als erfolgreich erweist.

Unter *Geschlechtsstereotypien* versteht man strukturierte Annahmen oder Schemata über persönliche Attribute von Männern und Frauen, die das Wissen organisieren, das ein Individuum über soziale Gruppen wie „Männer" oder „Frauen" gesammelt hat. *Schematheoretische Ansätze* weisen eine große Ähnlichkeit zu den kognitiven Ansätzen auf; geschlechtsspezifische Schemata bilden sich demnach in der Interaktion zwischen Individuum (vor dem Hintergrund einer selbst wahrgenommenen und zugeschriebenen Geschlechtsidentität) mit der Umwelt heraus. In Folge werden geschlechtsspezifische Aktivitäten ausgewählt und Skripts über geschlechtsspezifische Aktivitäten entwickelt. Geschlechtsunterschiede im aggressiven Verhalten können zudem durch *gesellschaftlich-soziale Vorstellungen* von Geschlechtsrollen und durch *kulturelle Normen* vermittelt werden. Ein damit in Verbindung stehender Erklärungsansatz betont die Bedeutung von *geschlechtsbezogenen Rollenerwartungen* im

Kontext der Schule. So sieht Popp (1999) Schule als Teilbereich der gesellschaftlichen Realität, der die vorherrschenden Normalitätsvorstellungen von Männlichkeit und Weiblichkeit reproduziert. Für Jungen gehört es zur männlichen Geschlechtsrolle dazu, Kräfte zu messen, Dominanz bzw. Ich-Stärke zu demonstrieren, „cool" zu sein und sich physisch zu behaupten. Dem gegenüber ist jenes Verhalten für Mädchen weniger erwünscht, da sie sich dem weiblichen Stereotyp gemäß sanft, schlichtend oder passiv zu verhalten haben. Die *kognitive Bewertung* von aggressivem Verhalten fällt vor dem Hintergrund der Befunde zu den Geschlechtsrollen somit geschlechtstypisch aus. So bewerten Jungen aggressives Verhalten positiv, sind Opfern gegenüber weniger empathisch und fürchten weniger als Reaktion auf ihr aggressives Verhalten eine Ablehnung durch Peers (vgl. Boldizar, Perry & Perry, 1989).

Kasten 4.3.   Unterschiede in den soziale Repräsentationen von Aggression.

Schon vor über zwei Jahrzehnten bilanzierten Frodi, Macaulay und Thome (1977) nach Sichtung von experimentellen Studien zu Geschlechtsunterschieden aggressiven Verhaltens im Erwachsenenalter, dass Frauen physische Aggression als unangemessen ansehen, Wut und Ärger eher unterdrücken, Schuld- oder Angstgefühle in Verbindung mit aggressivem Verhalten entwickeln und mit Opfern mitfühlen. Diese Befunde können vor dem Hintergrund *sozialer Repräsentationen* aggressiven Verhaltens interpretiert werden (vgl. Campbell, 1999). Soziale Repräsentationen sind kognitive Schemata, die kulturell geformte und individuell interpretierte Einstellungen, Bilder und Attribuierungen von Verursachungen zum Inhalt haben. Bestimmte kognitive Strukturen organisieren soziales Verhalten, indem sie als Filtermechanismen fungieren, welche die Aufnahme, Verarbeitung und Deutung bestimmter sozialer Informationen regulieren und spezifizieren. Die Existenz von normativen Vorschriften moduliert demnach auch geschlechtsspezifische Bewertungen aggressiven Verhaltens und die sie begleitenden Erregungszustände. Während Frauen Aggressionen eher expressive Funktion im Sinne eines Verlustes an Selbstkontrolle zuschreiben, sehen Männer Aggressionen unter instrumentellen und somit macht- und kontrollorientierten Gesichtspunkten (vgl. Campbell, 1999). Eine Erweiterung dieses Forschungsansatzes vollzogen Archer und Parker (1994) sowie Tapper und Boulton (2000), die bei Grundschülern ebenfalls differenzielle soziale Repräsentationen von Aggression entdeckten.

Unterstützt wird ein geschlechtsrollenspezifisches Verhalten – und damit einhergehend die Entwicklung kognitiver Schemata und Skripts – durch Erfahrungen in der *Gleichaltrigengruppe* bzw. innerhalb von *Freundschaftsbeziehungen* (vgl. Campbell, 1999; Maccoby, 2000). Bussey und Bandura (1999) schlussfolgern, dass sich Gleichaltrige gegenseitig für geschlechtsrollenspezifisches Verhalten verstärken, bzw. Abweichungen entsprechend missbilligen und sanktionieren. Die vorwiegend gleichgeschlechtliche Gleichaltrigengruppe im Kindes- und frühen Jugendalter nimmt für Jungen und Mädchen eine unterschiedliche Funktion ein (s. Kap. 7.4): Während für Mädchen enge soziale (gleichgeschlechtliche) Beziehungen von besonderer Bedeutung sind, geht es Jungen eher um die Repräsentation von Dominanz und (physischer) Stärke in größeren, hierarchisch organisierten Gruppen. Diese unterschiedlichen Strukturen der informellen Bezugsgruppen beeinflussen die Wirksamkeit der verwendeten Aggressionsformen im Hinblick auf den Grad ihrer Zielerreichung.

Weiterhin formen geschlechtsbezogene *Sozialisations-* und *Erziehungspraktiken* der Eltern über die bekannten Lernprinzipien (positive und negative Verstärkung, Duldung, aber vor allem Lernen am Modell) ein als typisch-weiblich oder spezifisch-männlich attribuiertes Verhalten. Jungen und Mädchen wachsen demnach in spezifischen Lernumwelten auf, in denen Faktoren wirksam werden, welche typisch männliches wie typisch weibliches Verhalten formen und somit Auswirkungen auf die fortlaufende geschlechtsbezogene kognitive und Persönlichkeitsentwicklung haben (Block, 1983). Beispielsweise erlauben die Lernumwelten „Elternhaus" und „Schule" den Jungen einen größeren Freiraum und vielfältigere Erfahrungsmöglichkeiten, die Neugierde wecken, Erkundungen der Umwelt fördern und Aspekte, wie Aktivität, Unabhängigkeit und Durchsetzungsfähigkeit, verstärken. Hingegen erziehen Eltern ihre Töchter eher zu prosozialem Verhalten wie Höflichkeit, und dazu, sich um andere zu bemühen (vgl. Bussey & Bandura, 1999).

4.4.2 Geschlechtsunterschiede beim Bullying

Die Geschlechtsunterschiede im Auftreten prototypischer und unprototypischer Aggression lassen sich in ähnlicher Weise auch in den Befunden zum Bullying wiederfinden. Betrachtet man Bullying *unabhängig von seiner Form*, so überwiegen die Jungen auf der *Täter- und Opferseite* (ca. 4:1; Byrne, 1994; Lagerspetz, Björkqvist, Berts & King, 1982; Lowenstein, 1978; Olweus, 1994; O'Moore & Hillery, 1989; Siann et al., 1994; Wolke et al., 2000). Ein Überwiegen der Jungen fällt noch deutlicher aus, wenn *schulische Gewalt* erfasst wird (s. Kap. 2.3). Jungen weisen darüber hinaus Bullying in höherer Frequenz auf (Boulton & Underwood, 1992). In den meisten dieser Studien wurden jedoch nicht explizit indirekte bzw. relationale Formen des Bullying erfasst und in den Ergebnissen berücksichtigt. Aufgrund des Überwiegens der Jungen beim lange Zeit ausschließlich erfassten körperlichen und verbalen Bullying sowie bei schulischer Gewalt wurde somit die Ansicht vertreten, beim Bullying handele es sich um ein Phänomen, das vor allem – oder sogar ausschließlich – Jungen betrifft (z.B. Olweus, 1978).

Die Befunde sehen jedoch anders aus bei einer Unterscheidung zwischen *indirekten/ relationalen* (= unprototypischen) und *direkten/physischen* (= prototypischen) Formen des Bullying: Demnach erwähnen Jungen zwar häufiger offen-körperliche Formen (Bully oder Victim), Mädchen hingegen berichten häufiger von verbalen, Jungen und Mädchen zumindest gleichhäufig von indirekten/relationalen Formen des Bullying (z.B. Craig, 1998), oder Mädchen berichten sogar häufiger als Jungen von indirektem/relationalem Bullying (Bully oder Victim; z.B. Baldry & Farrington, 1999; Lowenstein, 1978; Olafsen & Viemerö, 2000; Whitney & Smith, 1993; vgl. Ahmad & Smith, 1994; Boulton et al., 1999; Olweus, 1994; 1996; Rivers & Smith, 1994; Salmivalli & Lagerspetz, 1996; Stephenson & Smith, 1989). Kasten 4.4 fasst einige ausgewählte Befunde zusammen.

Eine nahe liegende Erklärung für diese Geschlechtsunterschiede liegt in der *Struktur von Jungen- und Mädchengruppen*. Jungen halten sich im Gegensatz zu Mädchen häufiger in größeren Gruppen auf (s. Kap. 7.4); zudem lässt sich Bullying häufiger in *gleichgeschlechtlichen Dyaden* beobachten. Dadurch ist die Wahrscheinlichkeit für das Auftreten von Bullying unter Jungen erhöht.

Kasten 4.4.   Ergebnisse zu Geschlechtsunterschieden im Auftreten des Bullying unter Berücksichtigung unterschiedlicher Bullying-Formen.

Baldry und Farrington (1999) beispielsweise, die mit Hilfe des von Olweus entwickelten Bully/Victim-Questionnaire zur Ermittlung der Häufigkeit von Bullying an Schulen eine italienische Stichprobe elf- bis 14-jähriger Schüler befragten, konnten ermitteln, dass Jungen häufiger Opfer direkten Bullying wurden, während Mädchen etwas häufiger von einer indirekten Viktimisierung berichteten (vgl. Olweus, 1994; 1996; Rigby, 1997; Smith & Sharp, 1994b). Wolke et al. (2000) befragten englische Grundschüler zu ihren Bullying- und Viktimisierungserlebnissen. Bezogen auf die Gesamtstichprobe von 1639 Kindern gehören 4% zu den direkten Bullies (3% Jungen, 1% Mädchen), 10% zu den direkten Bully/Victims (7% Jungen, 3% Mädchen) und 40% zu den direkten Victims (21% Jungen, 19% Mädchen). Außerdem können 1% der Kinder als relationale Bullies (1% Jungen, 0,2 % Mädchen), 6% als relationale Bully/Victims (4% Jungen, 2% Mädchen) und 38% als relationale Victims (18% Jungen, 20% Mädchen) eingestuft werden.

Für den deutschen Sprachraum legen Scheithauer et al. (submitted; Hayer, 2001; Hayer et al., 2002; Jugert et al., 2000) Befunde vor, die sich tendenziell mit den Ergebnissen internationaler Studien decken. Um das Ausmaß des Bullying zu bestimmen, wurden 1.353 Schüler der Klassenstufen 5 bis 10 einer Kooperativen Gesamtschule aus Niedersachsen sowie 733 Jungen und Mädchen der gleichen Klassenstufen aus Bremen mit einer revidierten Version des Bully/Victim-Fragebogens von Olweus befragt. Aufgrund einer expliziten Erweiterung der Bullying-Definition um relational-aggressive (unprototypische) Ausdrucksformen offenbart sich ein Trend zur Minimierung der Geschlechtsunterschiede beim Bullying (nur in der niedersächsischen Stichprobe) und bei der Viktimisierung (in beiden Stichproben). Demnach berichten Jungen zwar häufiger von physischen Formen des Bullying und der Viktimisierung; Mädchen hingegen benutzen und erfahren zumindest gleichhäufig verbales als auch relationales Bullying. Beschränkt man sich zudem auf die *Extremgruppe* der Kinder, die häufiger relational/indirektes- als direkt-körperliches Bullying zeigen, so reduziert sich der Anteil der Jungen erheblich: Der Anteil dieser Jungen, die andere Schüler ein- bis mehrmals pro Woche viktimisieren, lag in der Studie von Jugert et al. (2000) bei 39% und bei den Mädchen bei 61%. Weitere Befunde, die die angeführten Geschlechtsunterschiede belegen, liegen für Norwegen (Olweus, 1996; 1999b), Deutschland (Hanewinkel & Knaack, 1997a; b), England (Whitney & Smith, 1993) und Malta (Borg, 1999) vor. Jedoch wird auch von gegenteiligen Befunden berichtet. Als Beispiel kann die Studie von Alsaker und Brunner (1999) angeführt werden, an der knapp 2.000 Schweizer Schüler der vierten bis neunten Klasse teilnahmen. Hier zeigte sich, dass Jungen von physischen, verbalen und indirekten Bullying-Formen häufiger betroffen sind. Jedoch wurde jede der Bullying-Formen nur jeweils über ein Item erfasst, was die Aussagekraft der Ergebnisse einschränkt.

Craig und Pepler (1997) konnten mit Hilfe von Schulbeobachtungen an Kindern mit einem durchschnittlichen Alter von 9,9 Jahren ermitteln, dass in 86% der Episoden, in denen Jungen als Bullies involviert waren, auch Jungen die Opfer darstellten. In 48% der Episoden, in denen Mädchen als Bullies involviert waren, stellten auch Mädchen die Opfer dar. Jungen richteten ihre Übergriffe mit geringerer Wahrscheinlichkeit als Mädchen gegen ein gegengeschlechtliches Kind: nur in 11% der Episoden, in denen ein Junge als Bully beteiligt war, stellte das Opfer ein Mädchen dar (gegenüber 49% der Episoden Mädchen vs. Junge). In einer Studie von Boulton und Underwood (1992) wurden über 65% der Opfer nur von Jungen, 15% nur von Mädchen und die restlichen 20% von Jungen und Mädchen viktimisiert. Von den viktimisierten Jungen wurden über 82% von Jungen, über 9% von Mädchen und über 8% sowohl von Mädchen oder Jungen viktimisiert. Von den viktimisierten Mädchen wurden über 38% von Jungen, 24% von Mädchen und 38% von Jungen und Mädchen viktimisiert. Boulton und Underwood (1992) fassen zusammen, dass Jungen in der Regel von anderen Jungen, Mädchen hingegen von Jungen und Mädchen viktimisiert werden. Es zeigt sich dabei, dass die *Erfassungsmethode* einen wesentlichen Einfluss auf die Ergebnisse hat: Mit Hilfe von Beobachtungen auf dem Schulhof kommen beispielsweise Craig und Pepler (1994, in Lampert, 1997) zu dem Ergebnis, dass Jungen und Mädchen gleich häufig in Bullying-Vorfälle verwickelt sind. Boulton (1996) verwendete Peer-Nominierungstechniken bei Acht- bis Zehnjährigen, wobei mindestens drei Nominierungen für ein Kind vorliegen mussten, um als Bully eingestuft zu werden. Seinen Ergebnissen zufolge lagen keine signifikanten Geschlechtsunterschiede in der Auswahl von Opfern durch Mädchen vor, Jungen viktimisierten allerdings signifikant häufiger Jungen als Mädchen. Somit viktimisieren Mädchen nicht ausschließlich andere Mädchen, sondern auch Jungen. Boulton vermutet, dass Mädchen gegenüber Jungen indirekte Formen des Bullying gewählt haben, ohne aber diese Annahme auf der Basis der Datenlage begründen zu können. Popp (1999) spekuliert darüber hinaus, dass Mädchen durchaus für das Initiieren gewalttätiger Handlungen unter Jungen verantwortlich sein können, geben doch Mädchen – insbesondere auf Haupt- und Realschulen – an, dass sie sich durchaus geschmeichelt fühlen, wenn sich Jungen ihretwegen schlagen.

Insgesamt erweisen sich die Befunde zu Geschlechtsunterschiede beim Bullying vor dem Hintergrund der Berücksichtigung unterschiedlicher *Bullying-Formen* als uneinheitlich. Diese inkonsistenten Ergebnissen scheinen sich im Wesentlichen auf unterschiedliche Informationsquellen und auf Altersunterschiede zurückführen zu lassen (vgl. Scheithauer, 2003). Jedoch scheinen sich folgende Trends durchzusetzen:

- Unabhängig vom Geschlecht stellen *verbale Ausdrucksformen*, wie Beschimpfen oder Hänseln, die gängigste Form des Bullying dar, was zumeist aus der Opferperspektive ermittelt wurde.
- *Jungen* treten im Allgemeinen konstant über alle Altersgruppen hinweg häufiger als Bully wie auch Bully/Victim in Erscheinung als Mädchen, wobei die Unterschiede auf der Täterseite am stärksten und auf der Seite der Victims am schwächsten oder gar ganz aufgehoben zu sein scheinen.
- Das Geschlechterverhältnis schwankt unter Einbeziehung verschiedener *Bullying-Formen* stark. Männliche Schüler bevorzugen physische Angriffe und Bedrohungen. Hingegen setzen Schülerinnen eher Gerüchte in die Welt, streuen böswilligen Klatsch und wirken auf das soziale Isolieren Dritter hin. Hier spiegelt sich die Präferenz relationaler und indirekter (unprototypischer) Bullying-Formen wider. Ein ähnliches Ergebnismuster ergibt sich für die Victims. Mädchen erfahren weitaus weniger physische, dafür aber – vor allem in höheren Jahrgängen –

häufiger relationale bzw. indirekte Viktimisierung. Während physische Viktimisierung jungentypisch ist, zeigt sich bei verbalen und relationalen/indirekten Viktimisierungsformen tendenziell eine Minimierung oder gar Auflösung der Geschlechtsdifferenzen.

- Fasst man die letztgenannten Punkte zusammen, so erscheinen die Geschlechtsunterschiede bei den *physischen Bullies* am größten. Dem gegenüber gehören Mädchen sogar häufiger als Jungen zur Gruppe der relationalen bzw. indirekten Victims.

4.5   Altersunterschiede

4.5.1   Altersunterschiede beim Bullying: Entwicklungspsychologische Befunde

Bullying äußert sich – je nach Alter – unterschiedlich. Absolut gesehen reduziert sich dabei mit zunehmendem Alter das Bullying an Schulen (Bentley & Li, 1995; Hanewinkel & Knaack, 1997a; b; Olweus, 1994; 1996; Rigby, 1997; Whitney & Smith, 1993) und prosoziales Verhalten nimmt zu. Diese Befunde aus der Bullying-Forschung gehen einher mit Ergebnissen aus der Aggressionsforschung, die im Kasten 4.5 dargestellt sind. Schüler im Grundschulalter sind darüber hinaus häufiger Opfer als Jugendliche (Boulton & Underwood, 1992; Whitney & Smith, 1993). O'Moore, Kirkham und Smith (1997) beispielsweise führten eine landesweite Erhebung zum Bullying in Irland durch, an der über 20.000 Schüler teilnahmen. Davon war knapp die Hälfte im Alter von acht bis zwölf Jahren, die andere Hälfte im Alter von elf bis 18 Jahren. Das Alter der Schüler beeinflusste unmittelbar die Häufigkeitsangaben zur *Viktimisierung*: Je älter die Schüler sind, desto weniger Viktimisierungserlebnisse werden berichtet. Dieser Effekt ist mit wenigen Ausnahmen kontinuierlich. Ein Alterseinfluss liegt ebenso beim *Bullying* vor: Unter den jüngeren Schülern lässt sich mit steigender Klassenstufe eine stetige Abnahme erkennen. In Ergänzung dazu betont Rigby (1997), dass das Ausmaß von Bullying mit zunehmendem Alter ab dem Übergang zur weiterführenden Schule, mit einer Spitze bei den 13- bis 15-jährigen Schülern, zunimmt. Danach ist eine stetige Verringerung zu erkennen, wobei dieser Trend für Mädchen früher eintritt.

Andere Studien relativieren diese Befunde und kommen – in Anlehnung an der im Kasten 4.5 dargestellten Entwicklungstheorie – zu dem Ergebnis, dass *offen-körperliche Formen* des Bullying *abnehmen*, subtilere, *indirekte Formen* jedoch *zunehmen* (z.B. Ahmad & Smith, 1994; Lampert, 1997). Ebenso scheinen *verbale Formen* des Bullying in ihrem Ausmaß *konstant* zu bleiben (Boulton & Underwood, 1992; Perry et al., 1988). Mit steigendem Alter nehmen zudem Formen der Viktimisierung mit *sexuellem Inhalt* zu (Connolly, Pepler, Craig & Taradash, 2000; Whitney & Smith, 1993; vgl. Duncan, 1998).

Kasten 4.5.	Ergebnisse zu den Altersunterschieden im Auftreten unprototypischer Formen aggressiven Verhaltens.

Die unprototypischen Formen aggressiven Verhaltens äußern sich je nach Alter bzw. Entwicklungsstand des Kindes unterschiedlich. Die Arbeitsgruppe um Kaj Björkqvist formulierte auf der Basis eigener Befunde eine *Entwicklungstheorie*, die von anderen Arbeitsgruppen in ähnlicher Weise bestätigt werden konnte. Demnach kann man – absolut gesehen (für Mädchen und Jungen) – davon ausgehen, dass sich aggressives Verhalten im frühen Kindesalter zunächst vorrangig in offener, physischer Form äußert; mit differenzierteren verbalen und sozial-kognitiven Fertigkeiten nehmen aber indirekte, verbale und sozial-manipulative Verhaltensweisen zu (Björkqvist, 1994; Björkqvist, Lagerspetz & Kaukiainen, 1992; Craig, 1998; Crick et al., 1998; Henington et al., 1998; Kaukiainen, Björkqvist, Österman & Lagerspetz, 1996; Schlossman & Cairns, 1993; Xie, 1998). Ein offen-aggressives Verhalten nimmt darüber hinaus mit zunehmendem Alter der Kinder ab (Österman et al., 1998). (Pro)soziale Fertigkeiten korrelieren mit relational- oder indirekt-aggressiven Verhaltensweisen, nicht jedoch mit offen- bzw. körperlich-aggressivem Verhalten (Kaukiainen et al., 1999). Björkqvist, Österman und Lagerspetz (1994) gehen davon aus, dass direkte Aggression mit zunehmendem Alter weniger toleriert wird und sowohl Jungen als auch Mädchen zunehmend verdeckte und indirekte Formen aggressiven Verhaltens wählen. Der Übergang von offen-körperlichen Formen aggressiven Verhaltens zu subtileren, relational, indirekt oder sozialen Formen scheint bei Mädchen besonders deutlich ab dem elften Lebensjahr, mit dem *Einsetzen der Pubertät*, vorzuliegen. Ab diesem Alter nimmt die Bedeutung gegengeschlechtlicher Beziehungen (z.B. Freundschaften und romantische Beziehungen) zu (Maccoby, 1990), so dass sich relational-aggressive Verhaltensweisen zunehmend auf die Attraktivität dem anderen Geschlecht gegenüber und auf romantische Beziehungen beziehen. Verschiedene Studien belegen, dass auch im *Erwachsenenalter* Frauen häufiger indirekte, relationale Formen aggressiven Verhaltens zeigen als Männer (Björkqvist et al., 1994; Fry & Hines, 1993). Andere Studien im Heranwachsenden- und Erwachsenenalter konnten keine eindeutigen geschlechtsspezifischen Unterschiede hinsichtlich indirekter Formen aggressiven Verhaltens feststellen (Green, Richardson & Lago, 1996; Richardson & Green, 1999).

Die Befunde zum altersspezifischen Auftreten des Bullying lassen sich wie folgt *zusammenfassen*:

- Die Bullying-Problematik ist bereits in *Kindergärten* (Alsaker et al., 2000) und an *Grundschulen* (vgl. O'Moore & Hillery, 1989) evident.
- Das Alter stellt auf Seiten der Auftretenshäufigkeit des Bullying eine gewichtige Einflussgröße dar. Mit *steigendem Alter* – zumindest von den mittleren Schulstufen an aufwärts – reduziert sich die Anzahl der *Opfer*. Für die *Täter* ist bezogen auf die gesamte Schulzeit kein eindeutiger Trend nachzuweisen. Es liegt aber die Vermutung nahe, dass bei Betrachtung aller Altersstufen von einem normalverteilten Verlauf ausgegangen werden kann. Mit anderen Worten scheint die Anzahl der Täter bis in die (unteren Klassen) der Mittelschulen anzuwachsen, um danach wieder geringer zu werden. Absolut gesehen reduziert sich – zumindest ab dem Besuch von Mittelschulen – mit zunehmendem Alter das Bullying an Schulen (Olweus, 1994; 1996; Rigby, 1997; Whitney & Smith, 1993).
- Besondere Bedeutung erlangen *Entwicklungsübergänge*, wie der Schulwechsel oder das Verlassen der Schule. Nach einem Schulwechsel lässt sich zum Beispiel häufig eine Zunahme der Bullying-Problematik feststellen. Ähnliche Aus-, aber

auch Einbrüche, sind am Ende der Schulzeit in den Abschlussklassen zu erkennen (vgl. Rigby, 1997). Hier deuten sich soziale bzw. gruppendynamische Aspekte des Bullying an.

- Von den *Bullying-Formen* ist physisches (prototypisches) Bullying am stärksten mit dem Alter assoziiert. Je älter die Schüler werden, desto weniger wählen und erfahren sie direkte, physische Ausdrucksformen. Hingegen scheinen verbale und relationale (unprototypische) Bullying-Formen mit zunehmendem Alter – zumindest in Relation zu physischen Ausdrucksweisen – an Bedeutung zu gewinnen (vgl. Lösel et al., 1999). Je älter die Kinder werden, um so subtiler und komplexer scheinen sich die Äußerungsformen darzustellen. Allerdings kommen auch mit zunehmendem Alter weitere Formen von Bullying hinzu, beispielsweise mit sexuellem Inhalt.

- Gleichzeitig ist – absolut gesehen – eine Zunahme *prosozialen Verhaltens* festzustellen.

- Zum Teil liegen aber auch *inkonsistente Befunde* hinsichtlich des Auftretens von Bullying in unterschiedlichen Altersstufen vor (Schuster, 1996). Diese Inkonsistenzen sind möglicherweise auf methodische Unterschiede zurückzuführen (z.B. Erfassungsmethode, Informationsquelle) und auf die Tatsache, dass jüngere Kinder ein anderes Verständnis von Bullying haben als ältere Kinder (s. Kasten 4.6).

Madsen und Smith (1993) fassen *Ursachen für einen Rückgang des Bullying* mit steigendem Alter zusammen (vgl. de Almeida, 1999; Smith, Madsen et al., 1999):

- Jüngere Kinder haben in ihrem Umfeld eine höhere Anzahl älterer Mitschüler, die sie viktimisieren könnten; mit steigendem Alter nimmt die Anzahl älterer Mitschüler ab. Ein Teil des Bullying scheint somit auf die *spezifische Altersbeziehung zwischen Täter und Opfer* zurückzuführen zu sein. Für jüngere Schüler bestehen potenziell mehr Möglichkeiten, viktimisiert zu werden, da sich viele ältere Schüler in einer günstigeren (weil stärkeren) Position befinden. Hierdurch lassen sich unter anderem Einbrüche der Täteranzahl und Spitzen der Opferanzahl nach Schulwechseln (z.B. von der Grundschule in die weiterführenden Schulen) erklären.

- Jüngere Kinder *wissen* noch nicht, dass man andere Kinder nicht viktimisiert.

- Jüngere Kinder verfügen noch nicht über die *sozialen Fertigkeiten* und das *Durchsetzungsvermögen*, um mit Viktimisierungen umzugehen und zukünftige Viktimisierungen zu vermeiden. Mit zunehmendem Alter weisen Schüler somit eine verminderte Vulnerabilität gegenüber Viktimisierungen auf. Ältere Schüler sind demzufolge weniger verletzbar, da sie Strategien der angemessenen Selbstbehauptung und allgemeine soziale Fertigkeiten und Fähigkeiten erwerben, die sie vor Übergriffen schützen. Zudem werden ältere Schüler „sozialisiert", entwickeln differenzierte Moralvorstellungen und verinnerlichen die Norm, sich nicht aggressiv zu verhalten. Für diese Hypothese spricht die absinkende Auftretenshäufigkeit des Bullying gegen Ende der Schulzeit.

- Owens und MacMullin (1995) kommen vor dem Hintergrund der Altersunterschiede in der Auftretenshäufigkeit unterschiedlicher Bullying-Formen zu folgendem Schluss: Schüler eignen sich im Zuge ihrer Entwicklung verbale und soziale

Fähigkeiten und Fertigkeiten an, die es ermöglichen, physische Bullying-Formen durch subtilere, *sozial angemessenere Verhaltensstrategien* zu ersetzen.

- Jüngere Kinder haben noch *ein anderes Verständnis von Bullying*, so dass sich – je nach Alter – unterschiedliche Verhaltensweisen ermitteln lassen und Kinder in Abhängigkeit von ihrem Alter unterschiedlich auf Nachfragen hinsichtlich ihres Verständnisses von Bullying antworten. Somit könnten jüngere Kinder auch vermehrt Verhaltensweisen als Bullying wahrnehmen und definieren, die eigentlich gar nicht als Bullying definiert werden (z.B. Auseinandersetzungen mit gleichstarken Kindern oder Verhaltensweisen, die lediglich einmalig auftraten), wobei ihnen eine konkrete Vorstellung von den Kriterien der Absicht, der Wiederholung und des Kräfteungleichgewichts zu fehlen scheint. Hier spiegeln sich simplifizierende, undifferenzierte kognitive Repräsentationen wider, die bestimmte Definitionsmerkmale außer Acht lassen. Höhere Viktimisierungszahlen bei jüngeren Kindern könnten somit eher *Ausdruck eines Artefaktes* als wirklicher Altersunterschiede darstellen.

Zum letztgenannten Punkt liegen eine Reihe von Ergebnissen vor, auf die wir aufgrund der Bedeutung für die Interpretation der Befunde zur Auftretenshäufigkeit des Bullying im folgenden Kapitel etwas genauer eingehen werden.

4.5.2 Altersunterschiede vor dem Hintergrund subjektiver Begriffskonzepte

Madsen und Smith (1993) ermittelten, dass innerhalb einer Altersspanne vom fünften Lebensjahr bis zum Erwachsenenalter ein sehr unterschiedliches Verständnis darüber besteht, was Bullying darstellt. Die Autoren erfragten beispielsweise: „Kannst du dir vorstellen, was Bullying ist? Kannst du Beispiele für Bullying geben?" Sie fanden heraus, dass in jüngeren Jahren noch vermehrt direkte Verhaltensweisen angegeben wurden; Sechs- bis Siebenjährige nannten größtenteils direkte Verhaltensweisen (70% der Nennungen), gefolgt von direkt-verbalen (45%) und indirekten Verhaltensweisen (15%).

Abgesehen von der grundlegenden Unterscheidungsfähigkeit von Aggression und Bullying sowie unterschiedlicher Bullying-Formen, untersuchten andere Studien, ob bestimmte Verhaltensweisen *überhaupt* von Schülern als Bullying aufgefasst werden. Stanley und Arora (1998) berichten von einer Studie, in der bestimmt werden sollte, ob *weibliche Jugendliche* den sozialen Ausschluss als Bullying-Form ansehen. Nur 20% der 105 Befragten bejahten dies, 49% verneinten und 31% gaben als Antwort „weiß nicht". In Deutschland wurden 1.265 *Jugendliche* zwischen zwölf und 18 Jahren befragt, was sie persönlich unter „Gewalt" verstünden. Ein Auszug aus den Ergebnissen verdeutlicht, dass zwar für 97,9% „jemandem mit körpereigenen Mitteln Schmerzen zuzufügen" „Gewalt" bedeutet, immerhin noch 54,7% auch bei der Äußerungsform „jemandem sein Eigentum wegzunehmen" und 40,6% bei „Gefühle anderer Menschen zu verletzen oder zu missbrauchen" zustimmen, aber nur 23 % der Befragten „jemandem mit Worten, Gesten oder Gebärden zu beschimpfen oder zu beleidigen" und lediglich 20,7% „Beziehungen zwischen Menschen, zum Beispiel

Freundschaften, Partnerschaften oder Gruppen, auseinander zu bringen" als „Gewalt" erleben (Claus & Herter, 1994).

Kasten 4.6.   Können Kinder verschiedene Bullying-Formen unterscheiden?

Smith et al. (2002) konnte in einem internationalen Vergleich von Kindern und Jugendlichen im Alter von acht und 14 Jahren aus 15 unterschiedlichen Nationen nachweisen, dass zwar ein gutes Verständnis dafür bestand, *aggressive* von *nicht-aggressiven* Szenen in Form von Darstellungen als Cartoons zu trennen, Achtjährige waren jedoch nicht so differenziert in der Lage, unterschiedliche *Bullying-Formen* zu unterscheiden, wie 14-Jährige. Es zeigten sich darüber hinaus keine Geschlechtsunterschiede in der Einschätzung der Cartoons. Die erhöhte Auftretensrate an Viktimisierungen in jüngeren Jahren, ermittelt über Selbstbeurteilungen, könnte somit dadurch bedingt sein, dass Kinder in diesem Alter nicht in der Lage sind, unterschiedliche Bullying-Formen und Aggression im Allgemeinen bzw. nicht-aggressiv intendierte, spielerische Formen des Neckens voneinander zu unterscheiden. Zu ähnlichen Befunden gelangen Smith, Madsen et al. (1999) oder Smith und Levan (1995) für Sechsjährige. Die Arbeitsgruppe konnte zudem ermitteln, dass sich in einer Clusteranalyse (14-Jährige) nicht die zu erwartenden klar getrennten Cluster ergaben. Beispielsweise formten indirekt-relationale Cartoons kein eigenständiges Cluster, sondern integrierten sich in die direkt-verbal-aggressiven Cartoons.

Schwind et al. (1997) kommen in ihrer Untersuchung an 437 *Schülern* der Klassen 7 bis 13 (Alter 12-21 Jahre) aus Bochum zu ähnlichen Schlussfolgerungen, wobei die Autoren die Begriffe Gewalt und Aggression als Synonyme verwenden: „Der Gewaltbegriff der befragten Schüler erweist sich als relativ eng gefaßt und stark an der physischer Gewalt orientiert" (S. 170). „Spaßkloppe" und unabsichtliche Auseinandersetzungen werden in der Mehrheit nicht als Gewalt eingestuft. Allerdings scheint das Verständnis von Gewalt (noch) restriktiver (enger) zu sein, als das der Lehrer und Schulleiter (s.u.), wie ein Blick auf die folgenden Daten belegt: Nur 132 (30%) der Schüler schätzen das Item „Ein Schüler sagt einem anderen Schüler etwas Gemeines" als aggressive Verhaltensweise ein und gar nur 97 (25%) der Schüler tun dies bei dem Item „Ein Schüler macht sich über einen anderen Schüler lustig". Verbale Aggressionen scheinen Bestandteil des normalen Schulalltags zu sein, ohne dass die direkt Beteiligten dies als verbale Schädigungsabsicht empfinden. Interessant ist außerdem die Erfahrung, dass bei der jüngeren Stichprobe der Klassen 1 bis 6 (und hier insbesondere in den unteren Grundschulklassen) „der Begriff ‚Gewalt' als solcher z.T. nicht geläufig war" (Schwind et al., 1997, S. 181). Auch die Forschungsgruppe Schulevaluation (1998) kommt zu dem Fazit, dass Kinder und Jugendliche im Verhältnis zu Erwachsenen ein eher enges Gewaltverständnis aufweisen, welches sich wesentlich auf physische Gewaltformen reduziert. Zudem lassen sich Geschlechtsunterschiede belegen. Mädchen subsumieren unter anderem Hänseleien unter Gleichaltrigen eher unter den Begriff Gewalt. Letztlich bedarf es weiterer Forschung, ab welchem Alter Kinder welche Verhaltensweise als intendiert schädigend und negativ ansehen und diese als Bullying einordnen.

Ähnliche Befunde, wie für Kinder und Jugendliche, werden von Schwind et al. (1997) aus ihrer Bochumer Untersuchung von den *in der Schule beschäftigten Per-*

sonengruppen berichtet (vgl. Boulton, 1997). Demzufolge stufen von 111 Schullei-
tern nur 70 (63%), von 161 Lehrern nur 101 (63%), von 21 Hausmeistern nur zwölf
(57%) und von 23 Sekretärinnen nur sieben (30%) das Item „Ein Kind beleidigt ein
anderes Kind" als „Aggression" ein. Zudem verstanden gar nur 40 (36%) der Schulleiter, 69 (43%) der Lehrer, fünf (24%) der Hausmeister sowie drei (13%) der Sekretärinnen unter dem Item „Ein Kind macht sich über ein anderes Kind lustig" ein
aggressives Verhalten. Bemerkenswert ist weiterhin, dass die nicht-pädagogisch ausgebildeten Hausmeister zu etwa einem Drittel auch Bedrohungen und Nötigungen
unter Schülern nicht als Aggression bezeichnen.

Letztlich bleibt kritisch zu hinterfragen, ob nicht ein „schleichendes Entstehen" eines
Gewöhnungseffekts (Habituation, vgl. Hanewinkel & Knaack, 1997a; b) eine unre-
flektierte Akzeptanz von Bullying bewirkt und in Folge stillschweigend feindselige
Attacken akzeptiert und als „nichts Besonderes" hingenommen werden. Viktimisiert
zu werden bedeutet in diesem Sinne „ein Stück Normalität" und ist somit „nicht
(mehr) erwähnenswert".

4.6   Der Lehrer als Bully und Victim

> *„Petra (13 Jahre) wird von ihrer ehemaligen Klassenlehrerin gemobbt: Die Lehrerin*
> *macht bei Petras Freundinnen negative Bemerkungen über ihr Äußeres und ihre Person*
> *und fragt die Freundinnen über Petra aus. Darüber hinaus weist die Lehrerin ihre Klasse*
> *an, sich nicht mehr mit Petra in der Pause abzugeben. Petras Freundinnen müssen*
> *schlechte Schulnoten befürchten, wenn sie noch weiterhin mit Petra befreundet bleiben.*
> *Das Mobbing geht schon seit 1 ½ Jahren. Als Petra noch die Klasse dieser Lehrerin be-*
> *suchte, waren die verbalen Attacken der Lehrerin so erfolgreich, daß Petra von ihren*
> *Mitschülern und ihren Mitschülerinnen gemieden und letztlich gemobbt wurde. Das*
> *Mobbing hat nach einiger Zeit aufgehört, da die Schüler fanden, daß sich die Lehrerin*
> *ungerecht Petra gegenüber verhält. Nach mehreren Gesprächen der Eltern mit der Klas-*
> *senlehrerin hat das Mobbing lediglich kurzfristig aufgehört und wurde dann wieder mas-*
> *siver. Die Eltern haben auch versucht, mit dem Direktor zu sprechen, aber die Lehrerin*
> *ist auf der Schule unter ihren Kollegen sehr beliebt. Petra hat schließlich die Klasse ge-*
> *wechselt, aber das Mobbing dauert noch an."*
>
> *Quelle: Schäfer, M. & Kulis, M. (2000). Mobbingzirkel. Online*
> *http://mobbingzirkel.emp.paed.uni-muenchen.de/secure/kollegiale_beratung/f6_fr.htm.*
> Abdruck mit freundlicher Genehmigung von Mechthild Schäfer

> *„Am schlimmsten finde ich Lehrer, die ihre Macht so ausspielen, dass sie jemanden rich-*
> *tig lächerlich machen. Wenn einer sagt: ‚Na, zu mehr hat's bei dir ja mal wieder nicht*
> *gelangt', wenn er eine Arbeit zurückgibt, oder so höhnisch grinst, da hätte ich schon mal*
> *Lust, dem eine reinzuhauen. So einer braucht sich nicht zu wundern, wenn er aus der*
> *Klasse selber Druck kriegt. Mit manchen Lehrern sind wir dauernd im Krieg. "*
>
> *Jan (14), Gymnasiast*
>
> *aus Mainberger (2001, S. 82): Jede Menge Zündstoff.*
> *Was tun gegen Mobbing und Gewalt?*
> © Deutscher Taschenbuch Verlag, München.

Bisher liegen nur wenige Studien vor, die Bullying zwischen Lehrern und Schülern systematisch untersuchen. Die Arbeitsgruppe um Volker Krumm aus Österreich (Krumm, Lamberger-Baumann & Haider, 1997) hat sich in verschiedenen Studien dieser Thematik gewidmet. Schüler wurden danach befragt, wie häufig sie sich von ihren Lehrern als ungerecht behandelt, verletzt fühlten oder von ihnen „wütend gemacht" wurden. Von den Schülern im Alter zwischen zwölf bis 14 Jahren berichteten zwischen 38% bis 51% innerhalb der vorangehenden vier Wochen mindestens einmal von solchen Vorfällen; von den Schülern im Alter zwischen 17 und 18 Jahren immerhin noch zwischen 27% bis zu 37%. Zwischen 19% und 22% der jüngeren Kinder sowie zwischen 7% und 16% der Jugendlichen berichteten von wiederholten (mind. dreimaligen) Vorfällen. Ähnliche Befunde berichtet Eslea (2002), der 612 Erwachsene retrospektiv nach ihren Schulerlebnissen befragte. Er ermittelte folgende Verhaltensweisen, die Lehrer ihren Schülern gegenüber zeigten (die Reihenfolge gibt die Auftretenshäufigkeit wieder): öffentliche Erniedrigungen und vor der Klasse lächerlich machen, herumhacken auf der schulischen Leistung, unfaire Bestrafungen, verbale Beleidigungen, körperliche Übergriffe, sexuelle Belästigungen. Bis auf das Herumhacken auf der schulischen Leistung wurden alle Verhaltensweisen als Bullying eingestuft. Es zeigten sich keine Geschlechtsunterschiede.

Olweus (1999b) berichtet von einer Erhebung im Rahmen der Bergen-Studie, bei der auch Bullying durch Lehrer erfasst wurde. Der verwendete Fragebogen umfasste sechs Items und eine Definition von Bullying durch Lehrer. Die bereits 1985 durchgeführte Studie bezog etwa 2.400 Schüler der Klassen 6 bis 9 ein. Insgesamt 40 der 2.400 Schüler (knapp 2%) berichteten, dass sie von einem (in der Minderheit der Fälle) oder von mehreren Lehrern in den fünf vorangegangenen Monaten attackiert worden waren. Ungefähr 10% der Lehrer wurden durch die Angaben der Schüler als „Bullies" klassifiziert.

Die Bedeutung dieser Befunde liegt auf der Hand. Abgesehen von der Vorbildfunktion, die Lehrer für Schüler einnehmen, die in diesen Fällen dazu führen kann, dass ein ähnliches, negatives Verhalten unter Schülern gefördert wird, lässt sich schwerlich erwarten, dass einerseits unter „viktimisierenden" Lehrern eine entsprechende Sensibilität für die Bullying-Problematik im Allgemeinen vorliegt und andererseits mit ihrer Kooperation bei der Durchführung entsprechender Maßnahmen gegen Bullying unter Schülern zu rechnen ist. Es soll jedoch nicht unerwähnt bleiben, dass auch Lehrer unter Übergriffen seitens der Schüler sowie durch Kollegen oder andere Mitglieder des Schulpersonals zu leiden haben, die man als Bullying bzw. Mobbing bezeichnen kann (s. Kasper, 1998, mit Fallbeispielen für den deutschsprachigen Raum).

Kapitel 5

Stabilität und Auswirkungen des Bullying

In diesem Kapitel beschäftigen wir uns mit der *Stabilität* von Bullying über längere Zeiträume und mit den *Auswirkungen* – also Folgen – von Bullying für die Täter und Opfer. Idealerweise werden diese Aspekte mit Hilfe von *Längsschnittstudien* untersucht, in denen *dieselben* Kinder über längere Zeiträume hinweg *wiederholt* befragt bzw. untersucht werden. Leider liegen bisher – gemessen an der Gesamtzahl aller Studien – nur wenige Längsschnittstudien zum Bullying vor; insbesondere mangelt es an Studien über längere Zeiträume (z.B. 5-10 Jahre). Dennoch liegen erste Befunde aus Kurzzeit-Längsschnittstudien vor, auf die wir im Folgenden eingehen.

5.1   Stabilität des Bullying

Olweus (1978) konnte ermitteln, dass sich der Opfer- und Täter-Status über drei Jahre als relativ *stabil* erwies; Befunde zu kürzeren Zeitabständen zwischen den Erhebungen unterstreichen dieses Ergebnis (Bond et al., 2001; Boulton & Smith, 1994). Einen weiteren wichtigen Einblick geben Kumpulainen et al. (1999) mit ihrem längsschnittlich angelegten Studiendesign. Von über 1.268 finnischen Kinder wurden zum ersten Messzeitpunkt (Alter: 8 Jahre) 9% als Bullies, 11% als Victims und 7% als Bully/Victims eingestuft. Vier Jahre später

- fanden sich geringfügig weniger Bullies (8%) und weitaus weniger Victims (5%), jedoch zugleich etwas mehr Bully/Victims (10%).
- Von den 108 Bullies im Alter von acht Jahren waren vier Jahre später 26 immer noch Bullies, 17 Bully/Victims, vier Victims und 61 nicht mehr am Bullying beteiligt.
- Von den 139 Opfern wurden nach vier Jahren 13 als Bullies, zehn als Bully/Victims, 21 als Victims und 95 als Unbeteiligte klassifiziert.
- Von den 86 Bully/Victims besaßen zum zweiten Messzeitpunkt 21 den Status „Bully", 22 den Status „Bully/Victim", sechs den Status „Victims" und 37 den Status „unbeteiligt".
- Von den ehemals zur Kontrollgruppe gehörenden 935 Schülern wurden nach vier Jahren 40 als Bullies, 81 als Bully/Victims, 36 als Victims und 778 weiterhin als unbeteiligt eingestuft.

Sourander, Helstelä, Helenius und Piha (2000) berichten Befunde zur gleichen Stichprobe mit nunmehr knapp über 500 Schülern, die sich auf einen Zeitraum von über acht Jahren (beginnend im Alter von 8 Jahren) beziehen. Sowohl Bullying als auch Viktimisierungen im Alter von 16 Jahren waren assoziiert mit einer Reihe von psychischen (emotionalen und Verhaltens-)Problemen im Alter von acht Jahren. Bullying (ca. 50% der Jungen und 25% der Mädchen) und Viktimisierungen (fast alle Jungen und ca. 50% der Mädchen) im Alter von acht Jahren erwiesen sich als stabil.

Kasten 5.1.   Stabilität von Zurückweisungen durch Gleichaltrige.

Aus Studien zur *Zurückweisung durch Gleichaltrige* weiß man, dass Kinder einen solchen Status über längere Zeiträume beibehalten (Bukowski & Newcomb, 1984; Cillessen, van Ijzendoorn, van Lieshout & Hartup, 1992; Vitaro, Tremblay & Gagnon, 1992). Nach Coie und Dodge (1983) verändert sich der Zurückgewiesenen-Status bei ca. 50% der Kinder über einen Zeitraum von fünf Jahren nicht. Daneben geht Zurückweisung mit dem Ausschluss aus Spielgruppen einher (Ladd, Price & Hart, 1990). Auch in einer neuen sozialen Umgebung (z.B. Klassen- oder Schulwechsel) erlangen zurückgewiesene Kinder schnell wieder denselben Status (Coie & Kupersmidt, 1983). Einmal zurückgewiesen, bewirken unterschiedliche Kräfte innerhalb der Gleichaltrigengruppe, dass der Status aufrechterhalten bleibt (vgl. Coie, 1990). Beispielsweise hegen Gleichaltrige über Kinder dieser Statusgruppe eine negativere Meinung. Versuche der zurückgewiesenen Kinder, sich in einem „positiven Sinne" zu verhalten, werden nicht angenommen. Kinder, über die in den ersten Schuljahren in der Gleichaltrigengruppe eine negative Meinung herrscht, weisen mit höherer Wahrscheinlichkeit auch in den folgenden Jahren psychosoziale Belastungen auf und erfahren Viktimisierungen (Hymel et al., 1990).

In diesem Kontext ermittelte Schäfer (1996) an einer Stichprobe von 392 Münchener Gymnasiasten der sechsten und achten Klassen zweier Schulen, denen der Olweus-Fragebogen vorgelegt wurde, dass sich unter Veränderung des Bezugszeitraums von den letzten zwölf Wochen auf die letzte fünf Tage für Bullying eine Korrelation von $r = .59$ und für Viktimisierung eine Korrelation von $r = .42$ ergab.

Salmivalli, Lappalainen und Lagerspetz (1998) untersuchten die Stabilität von verschiedenen Rollen, die Schüler im Bullying-Prozess einnehmen (s. Kap. 3.4), an 189 Schülern über einen Zeitraum von zwei Jahren. Insbesondere Jungen weisen demnach über einen Zweijahreszeitraum eine gewisse Stabilität beim Bullying auf, während Mädchen mit größerer Stabilität die Opfer verteidigen. Beim Vergleich der konstanten Klassenumgebung mit dem Klassenwechsel zeigte sich, dass die erstgenannte Bedingung tendenziell zu einer Verfestigung der Rollenzuschreibung bei den Bullies beiträgt. Die Rolleneinnahme des Opfers hingegen scheint bei beiden Bedingungen eine recht hohe Stabilität aufzuweisen: Laut Peer-Einschätzungen machten ehemalige Victims trotz eines Klassenwechsels abermals Opfererfahrungen. Vor allem für die regelmäßig viktimisierten Schüler scheint es schwierig zu sein, eine andere Rolle als die des Opfers einzunehmen. Selbst bei einem Wechsel in eine Klasse, die kein ehemaliger Mitschüler besucht, treten Viktimisierungen erneut auf. Gefühle der Unsicherheit, Angst, ein negatives Selbstbild und der Mangel an Kompetenzen im Bereich der sozialen Interaktionen aufgrund der ehemaligen (zum Teil traumatischen) Erfahrungen (s. Kap. 6.1) bewirken, dass ehemalige Victims trotz Klassenwechsel als geeignete Ziele der Übergriffe durch die neuen Mitschüler identifiziert werden. Daher ist es auch keine Methode der Wahl, das soziale Problem des Bullying durch einen einfachen Schul- oder Klassenwechsel des Opfers zu lösen.

Aus verschiedenen Studien ist bekannt, dass *aggressive und zurückgewiesene Kinder* einen anhaltenden, negativen Verlauf aufweisen und beispielsweise auch nach zwei bis fünf Jahren vermehrt von Zurückweisungen sowie Verhaltensproblemen berichten (s. Kasten 6.3; Bierman & Wargo, 1995; Cillessen et al., 1992; Coie & Dodge, 1983). Verstärkt wird dieser negative Verlauf durch die Tatsache, dass diese Kinder eine verzerrte soziale Wahrnehmung haben und beispielsweise ihren sozialen Status in der Gleichaltrigengruppe sowie ihre sozialen Kompetenzen überschätzen (Zakriski & Coie, 1996).

5.2   Auswirkungen des Bullying

Wie bereits dargestellt, lässt sich Bullying vor allem durch persistierende Verhaltensweisen, wie Beleidigungen und Manipulationen der sozialen Beziehungen, kennzeichnen, die in ihrer Summe belastende Erfahrungen für die Opfer darstellen (Olweus, 1991). Das folgende Fallbeispiel im Kasten 5.2 dokumentiert ein solches Erlebnis aus Sicht einer Betroffenen.

Kasten 5.2.   Fallbeispiel für wiederholtes Bullying auf der Beziehungsebene.

„Sie hatte die anderen Mädchen auf ihrer Seite und organisierte eine echte Rachekampagne. Plötzlich wollte von den Mädchen in der Schule niemand mehr neben mir sitzen. Gut, dachte ich, setze ich mich halt zu den Jungs, denn mit denen kam ich in unserer Klasse auch ganz gut klar. In gewisser Weise konnte ich Sinas Gefühle ja verstehen und habe ihr am Anfang nichts übel genommen. Ich habe gehofft, sie würde mit der Zeit darüber wegkommen und mich wenigstens nicht mehr bekämpfen, wenn ich ihr keinen Anlass dazu gab. Aber ich glaube, sie wollte mich einfach vernichten. Es war völlig egal, wie ich mich verhielt, sie hatte eine Riesenladung Hass in sich und wollte das so richtig ausleben. Die anderen Mädchen waren anscheinend sofort bereit das mitzumachen. Als Nächstes fingen sie an, mich überall unmöglich zu machen. Jetzt war ich die ,Türkenhure' – mein Freund war ja Türke – eine, die sich ,von jedem Türken begrapschen lässt'. Erkan beschimpften sie als ,Zuhälter', der mich nur ausbeuten würde, und erzählten an der Schule die wildesten Geschichten über uns. Ich kriegte das dann von anderen zu hören und wurde natürlich stinkwütend, aber wenn so was mal gesagt ist, hat man einfach keine Chance mehr, sich dagegen zu wehren. In der Schule hatten sich die Mädchen – meine früheren Freundinnen – anscheinend verabredet, mich vor der ganzen Klasse lächerlich zu machen. Jedes Mal, wenn ich mich meldete, kam irgendein spitzer Kommentar wie: ,Sollen wir das glauben? Was du nicht sagst!' Oder eine stöhnte laut, als wollte sie sagen: ,Nicht schon wieder dieses Ekel!'. Sie wechselten sich dabei geschickt ab, so dass auch die Lehrer diese Taktik nicht sofort bemerkten oder überhörten. Das ging mir so an die Nieren, dass ich mich immer mehr zwingen musste, mich überhaupt noch zu melden. Irgendwann arbeitete ich dann kaum noch mit. Das war ärgerlich, weil es ja darum ging, im letzten Halbjahr Punkte für einen möglichst guten Abschluss zu sammeln. Meine Noten wurden schlechter, aber ich konnte mich kaum auf den Unterricht konzentrieren, weil ich immer nervöser wurde und dauernd darüber nachgrübelte, wie jemand so gemein und hinterhältig sein kann. Immer öfter hatte ich Bauchschmerzen oder einen richtigen Krampf im Magen, schon morgens, wenn ich nur an die Schule dachte. So oft, wie es irgendwie ging, meldete ich mich krank und blieb zu Hause, wenigstens für einen oder zwei Tage, damit

es meiner Mutter nicht zu sehr auffiel. Sie war dann aber immer beunruhigt, wenn ich über Bauchschmerzen klagte, und wollte mich zum Arzt schleppen. Oder sie hatte Angst, ich könnte schwanger geworden sein, was für meine Eltern eine Katastrophe gewesen wäre. Sie waren ja auch mit meiner Beziehung zu Erkan nicht richtig einverstanden. Deshalb wollte ich ihnen die ganzen Hintergründe nicht erzählen. Erkan gegenüber wollte ich nicht zugeben, wie schlimm das alles für mich war, und auch nicht dauernd rumjammern. Er kriegte es trotzdem mit und meinte, ich sollte mich doch von diesen dummen Gänsen nicht so runtermachen lassen. Aber ich kam einfach nicht damit klar. Ich denke, gerade weil ich früher mit den Mädels befreundet gewesen war, hat mich das alles so getroffen. Und weil wir uns so gut kannten, wussten die anderen genau, wie sie mich am meisten verletzen konnten. Vielleicht ist es Sina ja ähnlich gegangen und sie hat mich umso mehr gehasst, weil sie mich früher gern hatte. Aber das kann ich erst heute so sehen, damals hatte ich das Gefühl, immer tiefer in einen Sumpf gezogen zu werden. Alles kam mir total ausweglos vor. Besonders schlimm war der Sportunterricht am Nachmittag. Denn da waren wir sieben Mädchen allein mit der Lehrerin. Irgendwann ging ich überhaupt nicht mehr hin. Die Lehrerin brummte mir daraufhin ‚Attestpflicht' auf, ich sollte also mit einem ärztlichen Zeugnis nachweisen, dass ich wirklich krank war, wenn ich fehlte. Das ging natürlich nicht, also musste ich doch wieder zu diesem Sportunterricht. Die Atmosphäre war grauenhaft. In der Umkleidekabine war ich allein auf der Bank, die anderen alle zusammen auf der anderen. Es war schon unmöglich, überhaupt noch mit ihnen zu reden. Ich war für sie ein ‚Unmensch', einfach nicht mehr vorhanden."

Mona (inzwischen 18 Jahre alt, über ihre Erfahrungen
gegen Ende ihrer Schulzeit in der 9. Klasse)

aus Mainberger (2001, S. 53ff.): Jede Menge Zündstoff.
Was tun gegen Mobbing und Gewalt?

© Deutscher Taschenbuch Verlag, München.

Folgen für die Victims. Die Folgen für die Opfer sind vielfältig und können kurz-, mittel- und langfristig andauern (Chesson, 1999; Gasteiger-Klicpera & Klicpera, 2001). Bei den Opfern lassen sich *Symptome*, wie Unkonzentriertheit, psychosomatische Beschwerden (z.B. Essstörungen), Leistungsabfall, Gefühle, wie Selbstmitleid, Selbstschuld, persönliche Abwertung, depressive Gefühle, Isolation, Einsamkeit, aber auch das Meiden der Schule ermitteln (vgl. Borg, 1998; Gasteiger-Klicpera & Klicpera, 2001; Kochenderfer & Ladd, 1996a; b; Smith & Sharp, 1994a). Als Folgen des Bullying lassen sich unter den Victims darüber hinaus beispielsweise erhöhte Depressionsraten und verstärkt Angstsymptome sowie Suizidgedanken (Carney, 2000; Craig, 1998; Kaltiala-Heino et al., 1999; Olweus, 1991) und verschiedene gesundheitliche Probleme (Williams, Chambers, Logan & Robinson, 1996) feststellen. In einer Studie von Bond et al. (2001) an 2.680 Schülern, die sowohl in der achten als auch neunten Jahrgangsstufe befragt wurden, erwiesen sich wiederholte Viktimisierungen nur für Mädchen, nicht aber für Jungen als prädiktiv für Angst- und depressive Symptome. Sie erfragten das Ausmaß der Viktimisierung jedoch mit Hilfe von Items, die insbesondere unprototypische und nur in geringem Umfang offenkörperliche Formen der Viktimisierung erfassten. Slee (1995) fasst zusammen, dass Opfer wiederholter und anhaltender Viktimisierungen in erhöhtem Maße an einem negativeren Selbstwertgefühl, Depression, Schulunlust und der Isolation von Gleichaltrigen leiden sowie in verstärktem Ausmaß eine externale Kontrollüberzeugung aufweisen. Eine gewisse Ängstlichkeit, Zurückgezogenheit oder depressive Verstimmung kann dabei jedoch *nicht nur als Folge* der Viktimisierung angesehen werden, sondern auch eine *Viktimisierung durch Mitschüler begünstigen* (Craig, 1998; Troy & Sroufe, 1986; s. Kap. 6.1).

Hawker und Boulton (2000) fassen in einer Metaanalyse die *Folgen von Viktimisierungen* (direkt, indirekt, relational, verbal) durch Gleichaltrige zusammen und bestätigen den Zusammenhang zwischen Viktimisierung und psychosozialen Beeinträchtigungen:

- am höchsten fielen die Effektstärken (*r*) für Depression aus (.29 bis .45, unterschiedliche vs. dieselbe Informationsquelle);
- gefolgt von den Effektstärken für Einsamkeit (.25 bis .32), soziales (.23 bis .35) und globales/generelles Selbstwertgefühl (.21 bis .39);
- geringe Effektstärken ergaben sich für Angststörungen (.14 bis .25).

Die Erfahrung des Opferwerdens kann zudem vielfältige *direkte Reaktionen* hervorrufen: Mädchen scheinen sich nach Viktimisierungen häufiger traurig und schlecht zu fühlen und zeigen hilfloses Verhalten, während sich Jungen häufiger wütend fühlen und zum „Gegenangriff" übergehen (Rigby, 1997; Salmivalli, Karhunen & Lagerspetz, 1996). Borg (1998) berichtet aus einer Studie an 6.282 maltesischen Schülern (9-14 Jahre) von ähnlichen Geschlechtsunterschieden im Hinblick auf die emotionalen Reaktionen auf Viktimisierungen: Während Jungen eher Rachegefühle hegen, neigen Mädchen eher zu Selbstmitleid. Nach Kochenderfer und Ladd (1997) schlagen Jungen im Kindergartenalter eher zurück, während Mädchen eher dazu neigen, die Situation zu verlassen und weitere Übergriffe zu vermeiden.

Sharp, Thompson und Arora (2000) können anhand einer kleinen Stichprobe von 92 Schülern (13-14 Jahre) einen positiven Zusammenhang zwischen einem allgemeinen Stressempfinden und der *zeitlichen Dauer der Viktimisierung* belegen. Auch Slee (1995) bestätigt eine ähnliche Beziehung zwischen der Dauer der Viktimisierung und einer ausgeprägteren depressiven Symptomatik (Kumulationseffekt). Nach Williams et al. (1996) erhöht sich mit zunehmender Häufigkeit der Viktimisierung auch das Risiko der Manifestation gesundheitlicher Probleme wie Schlafstörungen, Bettnässen sowie Kopf- und Bauchschmerzen (Dosiseffekt). Alsaker et al. (2000) betonen weiterführend, dass Opfer *Selbstwahrnehmungen* aufgrund wiederholter Erfahrungen zunehmend konsolidieren und spätere Erfahrungen zunehmend weniger Einfluss haben, auch wenn sich objektiv gesehen klare Veränderungen ergeben haben. Matsui, Kakuyama, Tsuzuki und Onglatco (1996) zeigen in ihrer retrospektiven Studie, an der 134 männliche japanische Studenten teilnahmen, dass die Schwere von selbstberichteten Viktimisierungen durch Peers während der Junior High School insbesondere dann zum aktuellen Selbstwert und zur Depression in Beziehung steht, wenn schon vor den Viktimisierungserlebnissen von einem niedrigen Selbstwert und depressiven Symptomen (in der Grundschule) berichtet wurde. Somit scheinen diese beiden Konstrukte des psychischen Wohlbefindens sowohl Vorläufer wie auch Auswirkungen der Viktimisierung darzustellen.

Kochenderfer-Ladd und Ladd (2001) führen bei der Bestimmung der Auswirkung von Viktimisierungen an, dass verschiedene Eigenschaften der Opfer bestimmen, ob und in welchem Ausmaß wiederholte Viktimisierungen einen negativen Effekt ausüben. Die *Ursachenzuschreibung* der Viktimisierungen durch das Opfer bestimmt, ob beispielsweise internalisierende Störungen ausgebildet werden (z.b. bei nicht-veränderbaren, internalen Attribuierungen). Graham und Juvonen (2001) unterscheiden zwischen

- *behavioral* (internal, unstabil, kontrollierbar) und
- *characterological self-blame* (internal, stabil, unkontrollierbar).

Je nachdem, welcher Attribuierungsstil zugrunde liegt, zeigen sich angepasste oder aber weniger angepasste Reaktionen (z.B. Angstsymptome, Depression) auf die Viktimisierungen, das heißt, der Attribuierungsstil fungiert als Mediator zwischen Viktimisierung und dem Ausmaß der negativen Beeinträchtigung. Zudem führen Graham und Juvonen (2001) an, dass auch die *Zuschreibungen der Gleichaltrigen*, ob ein Opfer die Viktimisierung „verdient" habe, eine wichtige Rolle spielen. Sie fassen zusammen, dass

- insbesondere präadoleszente Schüler nur im geringen Maße nachvollziehen können, dass Viktimisierungen Leiden verursachen,
- Präadoleszente nur in geringem Umfang Mitgefühl zeigen und
- wenig Ansätze erkennen lassen, Viktimisierungen aktiv zu verhindern.

Kasten 5.3. Unterschiedliche Ebenen der Viktimisierung.

Durch die *primäre Viktimisierung* während der Übergriffe erlebt das Opfer eine direkte Bedrohung seiner Unversehrtheit, einhergehend mit Angst, Schmerz und Demütigung. Reagiert das Umfeld des Opfers mit Unverständnis, Schuldvorwürfen, Bestrafung oder Desinteresse kommt es zur *sekundären Viktimisierung*, einer Verschärfung des Opferstatus durch eben diese Fehlreaktionen des sozialen Nahraums des Opfers. Diese Reaktionen prägen die Selbstdefinition des Opfers wiederum rückwirkend negativ. Das Ergebnis dieser Zuschreibungsprozesse wird *tertiäre Viktimisierung* genannt und meint die Übernahme der Etikettierungen, Stigmatisierungen, Erfahrungen und Einstellungen durch die Opfer. Es kommt zu einer Verengung der Sichtweise; Handlungsalternativen werden eingegrenzt (vgl. ausführlich Kiefl & Lamneck, 1986; Mohr, 2000).

Die Bandbreite von *mittel- und langfristigen Folgen* des Bullying erscheint ebenfalls groß zu sein: soziale Anpassungsprobleme, weniger Spaß an der Schule, schulische Leistungsprobleme, das Mitbringen von Waffen zum Selbstschutz, sozio-emotionaler Stress, Empfinden einer geringeren Attraktivität, Mutlosigkeit, verstärkte Isolation, Ablehnung, Einsamkeit, Rückzug, Vermeidung, Hilflosigkeit, ein negatives Selbstkonzept und ein geringer Selbstwert (wachsendes Bewusstsein der eigenen Wertlosigkeit/Unzulänglichkeit), Beziehungsprobleme bzw. Probleme, sexuelle oder Liebesbeziehungen zu initiieren (love-shyness), erhöhte Depressions- und soziale Angstsymptome, Ängstlichkeit sowie suizidale Gedanken (Batsche & Knoff, 1994; Bond et al., 2001; Boulton & Smith, 1994; Callaghan & Joseph, 1995; Craig, 1998; Duncan, 1999; Forero, McLellan, Rissel & Bauman, 1999; Gasteiger-Klicpera & Klicpera, 2001; Gilmartin, 1987; Kumpulainen & Räsänen, 2000; Mohr, 2000; Olweus, 1996; Sourander et al., 2000).

Einen Hinweis auf die Kausalität der Beziehung zwischen schulischen Bullying-Erfahrungen und der psychischen wie physischen Gesundheit im (jungen) Erwachsenenalter liefern Rigby und Slee (1999). *Langzeiteffekte* einer chronischen Viktimisierung manifestieren sich im Verlust des Selbstwertes und depressiven Verstimmungen im Erwachsenenalter. Zudem werden physische Beschwerden sowohl bei Jungen wie auch bei Mädchen der Abschlussklassen berichtet, wenn sie in den ersten beiden Schuljahren viktimisiert wurden. Allerdings führen Viktimisierungen in der Schulzeit nicht zwangsläufig dazu, auch im Erwachsenenalter gehäuft aggressiven Handlungen ausgesetzt zu sein, was primär auf die sich ändernden Umgebungsvariablen zurückzuführen ist. So haben die Opfer mit dem Verlassen der Schule die Chance, sich in anderen sozialen Umgebungen zu bewegen, neue Freundschaften aufzubauen und sich dem dauerhaften Drangsalieren zu entziehen. Auch in einer weiteren Studie bestätigt Rigby (1999) den negativen Einfluss der Peer-Viktimisierung für das physische und psychische Wohlbefinden. Besonderes Augenmerk muss auf die Tatsache gerichtet werden, dass es für Jungen mit negativeren Konsequenzen verbunden sein könnte, von Mädchen viktimisiert zu werden. Gleichaltrige könnten diese Jungen vor dem Hintergrund von geschlechtsspezifischen Rollenerwartungen in einem negativeren Licht sehen (Boulton, 1996).

Folgen für die Bullies. Für Bullies selbst liegt ebenso ein höheres Risiko vor, im Heranwachsenden- und Erwachsenenalter beispielsweise eine Depression oder ein negatives Selbstwertgefühl zu entwickeln (Olweus, 1996) oder im weiteren Entwicklungsverlauf delinquent zu werden (Whitney & Smith, 1993). Olweus (1991; vgl. Rigby & Slee, 1999) berichtet, dass 60% der Jungen, die in der sechsten bis neunten Jahrgangsstufe als Bully identifiziert wurden, mindestens eine Vorstrafe im Alter von 24 Jahren aufwiesen; 35 bis 40% wiesen sogar drei oder mehr Vorstrafen auf (gegenüber lediglich 10% der Kinder aus der Kontrollgruppe). Zudem konnten Andershed, Kerr und Stattin (2001) in Schweden in einer Befragung von 2.915 14-jährigen Schülern ermitteln, dass Bullying (Täterperspektive) in der Schule verknüpft war mit gewalttätigem Verhalten und Waffenbesitz außerhalb der Schule.

Das aggressive Verhalten der Bullies führt unter Umständen dazu, dass sie von Gleichaltrigen *Ablehnung* erfahren bzw. von Gleichaltrigen weniger gemocht werden. Andere Bullies weisen allerdings eine *gewisse Popularität* im Kreise aggressiver Gleichaltriger oder generell in der Gleichaltrigengruppe auf (Cairns et al., 1988). Im Zusammenhang mit Bullying konnten Huttunen et al. (1996) ermitteln, dass Kinder, die andere Kinder viktimisieren, die Gesellschaft anderer Bullies oder von Kindern suchen, die ihr Verhalten unterstützen. So bilden sich Gruppen, die sich in ihren Verhaltensweisen gegenseitig weiter verstärken. Es liegt nahe anzunehmen, dass es sich bei den nicht zurückgewiesenen Kindern um reine Bullies handelt, während Bully/Victims mit hoher Wahrscheinlichkeit unter Zurückweisungen zu leiden haben. Weiterhin bestätigt Borg (1998) geschlechtstypische Reaktionen auf die vollzogenen Bullying-Übergriffen bei den Tätern: Unter den Bullies sind es mehr Mädchen und jüngere Schüler, denen die Attacken Leid tun, sowie gehäuft ältere Schüler, die nach den Bullying-Episoden beispielsweise Gleichgültigkeit zeigen.

In einer Studie von Conolly et al. (2000) wiesen Jugendliche der fünften bis achten Klassenstufe, deren Gleichaltrigenbeziehungen durch Bullying gekennzeichnet waren, auch vermehrt Probleme in intimen, romantischen Beziehungen auf. Bullies hatten bereits zu einem frühen Zeitpunkt Verabredungen, was sich nicht nur durch eine frühere körperliche Reifung erklären ließ. Die Beziehungen zum Partner wurden als weniger emotional und unterstützend gekennzeichnet. Darüber hinaus berichteten sie im Gegensatz zu Nicht-Bullies vermehrt von körperlicher und sozialer Aggression in ihrer Partnerschaft.

Kasten 5.4.   Depression und Suizid: Folge für Bullies *und* Victims?

Aus verschiedenen Studien und Fallbeschreibungen ist in den letzten Jahren berichtet worden, dass Opfer wiederholter Viktimisierungen durch Mitschüler neben Depression und Suizidgedanken sogar Suizidversuche bzw. Suizid begehen (Carney, 2000; Marr & Field, 2001; Spears, 2002), ein Befund, der zuweilen auch mit dem Begriff *Bullycide* bezeichnet wird. Bei näherer Betrachtung der Ergebnisse sind jedoch ergänzend mindestens zwei Aspekte anzuführen. Die Befunde legen nahe, dass die Bedingungen, die das Risiko für einen Schüler erhöhen, viktimisiert zu werden, auch Risikobedingungen für Suizid bzw. Suizidversuche darstellen. Das heißt, dass die anhaltenden Viktimisierungen weniger als *direkte Ursache* für die Suizidversuche bzw. für den begangenen Suizid anzusehen sind, vielmehr liegen *gemeinsame Risikobedingungen* zugrunde, wobei die Viktimisierungen deren negative Wirkung verstärken. Auf der anderen Seite implizieren diese Befunde die Möglichkeit, die bekannten Risikobedingungen für Viktimisierungen frühzeitig durch präventive Maßnahmen anzugehen. Die Studien verdeutlichen zudem, dass nicht nur Victims ein erhöhtes Depressions- und Suizidrisiko aufweisen, sondern vielmehr auch Bullies und insbesondere Bully/Victims (Kaltiala-Heino et al., 1999). Unter Kontrolle der Depressionssymptome zeigten sich Suizidgedanken am ausgeprägtesten bei den Bullies. Somit sind Präventionen und Interventionen bei Bullying an Schulen nicht nur auf die Opfer, sondern auch auf die Täter auszurichten.

In der Studie von Wolke et al. (2000) an 1.982 Kindern im Alter von sechs bis neun Jahren wiesen alle Kinder, die in direktes Bullying verwickelt waren, erhöhte Symptomwerte (Hyperaktivität, Störungen des Sozialverhaltens, Probleme mit Gleichaltrigen) sowie ein vermindertes prosoziales Verhalten auf. Ähnliche Befunde lagen im Zusammenhang mit relationalem Bullying, für Bully/Victims und für Victims vor. Relationale Bullies wiesen zwar im geringsten Maße Verhaltensprobleme, aber im höchsten Maße ein vermindertes prosoziales Verhalten auf. Die meisten Verhaltensprobleme ergaben sich für die Bully/Victims und für Kinder, die sowohl direktes als auch relationales Bullying aufwiesen. Befunden von Salmon, James, Cassidy und Javaloyes (2000) zufolge stellt Bullying oftmals ein Grund für die Inanspruchnahme jugendpsychiatrischer Hilfeinrichtungen dar. Victims wiesen in über 70% der Fälle eine Depression auf. Täter und Bully/Victims hingegen wurden häufiger mit einer Störung des Sozialverhaltens, teilweise mit komorbiden hyperkinetischen Störungen, vorstellig.

Zusammenfassend handelt es sich beim Bullying vor dem Hintergrund der angeführten Befunde – sowohl für Victims als auch für Bullies – um ein *klinisch relevantes Phänomen* mit ausgeprägten einhergehenden bzw. folgenden psychischen und Gesundheitsproblemen sowie psychosozialen Belastungen. Geschlechtsunterschiede erweisen sich als differenzierter, wenn verschiedene Formen unterschieden werden (z.B. körperliches, verbales und relationales Bullying), wobei zuweilen uneinheitliche Befunde vorliegen. Zudem lässt sich nicht genau trennen, in welchem Umfang die angeführten Bedingungen als Folge von Bullying auftreten, mit Bullying einhergehen oder aber das Risiko für Bullying erhöhen, also bereits *vor* dem Auftreten des Bullying aufgetreten sind (s. Kap. 6). Tabelle 5.1 fasst die hier angeführten Befunde zusammen.

Tabelle 5.1.   Kurz- und langfristige Folgen bzw. einhergehende Bedingungen von Bullying.

Bullies	Victims
• negatives Selbstwertgefühl • Ablehnung durch Peers • Beziehungsprobleme • Depression • Suizidgedanken und -versuche • aggressiv-dissoziales Verhalten • Delinquenz • Störung des Sozialverhaltens • Hyperaktivität • vermindertes prosoziales Verhalten	• Gefühle der Unkontrollierbarkeit, Hilflosigkeit • negatives Selbstwertgefühl • externale Kontrollüberzeugung • Gefühle des Selbstmitleids sowie Selbstbeschuldigungen • persönliche Abwertungen • Isolation/Einsamkeitsgefühle • Angstsymptome • Gefühle der Traurigkeit • Depression • Beziehungsprobleme • Suizidgedanken und -versuche • psychosomatische Beschwerden (z.B. Schlafstörungen, Kopf-, Bauchschmerzen) • Bettnässen • gestörtes Essverhalten • Leistungsabfall in der Schule • Meiden der Schule

Kapitel 6

Risikoerhöhende Bedingungen des Bullying

Die Ursachen für das Bullying unter Schülern lassen sich nicht in einzelnen Bedingungen auffinden. Vielmehr weisen Studien daraufhin, dass *eine Vielzahl unterschiedlicher Bedingungen* vorliegen, die das Risiko erhöhen, Opfer von Bullying zu werden oder andere Kinder zu viktimisieren. In der Regel handelt es sich bei diesen Bedingungen nicht um *hinreichende* und *notwendige Bedingungen*, so dass man von *„Ursachen"* sprechen könnte, vielmehr handelt es sich um Bedingungen, deren Auftreten das *Risiko* für Bullying mehr oder weniger *erhöht* – aber nicht automatisch, immer und ausschließlich zu Bullying führt. Somit sprechen wir im Folgenden nicht von Ursachen, sondern von *risikoerhöhenden Bedingungen* (vgl. Scheithauer & Petermann, 1999; Scheithauer, Niebank & Petermann, 2000).

Unter risikoerhöhenden Bedingungen lassen sich jene auf Seiten *des Kindes* (*Vulnerabilität*) sowie *umgebungsbezogene* unterscheiden. Risikofaktoren in der Umgebung des Kindes umfassen sowohl sozioökonomische Faktoren und familiäre Belastungen als auch Faktoren innerhalb des sozialen Umfeldes. Diese Risikofaktoren sind nicht immer unmittelbar mit Bullying verknüpft, vielmehr muss in vielen Fällen eine Vulnerabilität vorausgesetzt sein. Die Vulnerabilität umschreibt, wie stark die Entwicklung eines Kindes ungünstig beeinflusst werden kann. Im Verlauf der Entwicklung wirken sich Vulnerabilitäten auf das Kind aus und gefährden eine positive Anpassung an Entwicklungsanforderungen bzw. unterstützen eine abweichende Entwicklung. So ist beispielsweise für Kinder mit einem sehr ruhigen Temperament, die sehr schüchtern sind und zudem durch ihre Eltern übermäßig stark behütet werden, das Risiko für Viktimisierungen durch Gleichaltrige erhöht.

Streng genommen müssen Bedingungen, die als risikoerhöhend bezeichnet werden, nachgewiesener Maßen (z.B. in Längsschnittstudien) *vor* dem Auftreten des Bullying in Erscheinung getreten sein, um als risikoerhöhende Bedingung zu gelten. Die meisten Studien zum Bullying jedoch können zum derzeitigen Stand der Forschung diesen Nachweis nicht erbringen, da sie nicht längsschnittlich angelegt waren. Im Falle von Querschnittstudien ist nicht klar, ob die ermittelten Bedingungen

- das *Risiko* für Bullying *erhöhen*,
- sie *mit Bullying einhergehen* oder sogar
- als *Folge des Bullying* anzusehen sind.

Dieser Umstand ist für die Interpretation der in diesem Kapitel angeführten Befunde zu berücksichtigen. Somit sind auch die Überschneidungen in Studien zu risikoerhöhenden Bedingungen und Folgen von Bullying zu erklären.

Bisher liegen nur wenige systematische Studien zu risikoerhöhenden Bedingungen
des Bullying vor (vgl. Wolke & Stanford, 1999). Am komplexen Entstehungs-, Auf-
rechterhaltungs- und Verlaufsprozess des Bullying sind aber vielfältige biopsychosoziale Bedingungen über verschiedene *Wechselwirkungsprozesse* verantwortlich. Dabei lassen sich vor dem Hintergrund der bisher durchgeführten Studien unterscheiden:

- *individuelle, personenbezogene Bedingungen* auf Seiten der Beteiligten (z.B.
  Täter, Opfer),
- *außerschulische Bedingungen*, zum Beispiel auf Seiten der *Familie* und
- *Bedingungen im schulischen Umfeld*.

Aufgrund der großen Überschneidungen zwischen Aggression und Bullying (s. Kap.
2.1) überrascht es nicht, dass verschiedene der hier angeführten risikoerhöhenden
Bedingungen (für Bullies und Bully/Victims) auch generell im Zusammenhang mit
einem aggressiv-dissozialen Verhalten im Kindes- und Jugendalter diskutiert werden
(Scheithauer & Petermann, 2002).

6.1   Personenbezogene risikoerhöhende Bedingungen

Risikoerhöhende Bedingungen für den Victim-Status. Es liegen unterschiedliche
Befunde zum Zusammenhang zwischen *Äußerlichkeiten*, wie körperlichen Eigenschaften, und anderen Auffälligkeiten bei Kindern und Viktimisierungen vor. Während Olweus (1978) keine Hinweise dafür fand, dass Bullying-Opfer sich beispielsweise äußerlich von anderen Kindern unterschieden (so genannte *deviance hypothe-
sis*), gelangen beispielsweise Lagerspetz et al. (1982) zu anderen Befunden: Unter
den Opfern befanden sich häufiger

- körperlich schwache Kinder,
- übergewichtige Kinder oder
- Kinder mit anderen äußerlichen Beeinträchtigungen (z.B. Seh-, Sprechbeein-
  trächtigungen).

Auch in anderen Studien konnte ermittelt werden, dass unter den Bullying-Opfern
Kinder überrepräsentiert sind, die beispielsweise Sonderschulen besuchen, andere
unterstützende Schulangebote wahrnehmen oder durch äußere Beeinträchtigungen,
wie Behinderungen oder Sprachstörungen, auffallen (Mooney & Smith, 1995; zusammenfassend Byrne, 1994). In einem Review betont Smith (2002a), dass Kinder
mit Behinderungen oder Kinder, die besondere Bildungseinrichtungen besuchen
(z.B. Sonderschulen), ein zwei- bis dreifach erhöhtes Risiko aufweisen, viktimisiert
zu werden. Smith (2002a) bietet folgende Erklärungsansätze für diesen Befund an:

- Bestimmte äußerliche Kennzeichen lassen diese Kinder bei ihren Gleichaltrigen
  als „offensichtliche" Opfer erscheinen.
- Diese Kinder sind schlecht in die Gleichaltrigengruppe integriert und kommen
  somit weniger in den Genuss der Schutzfunktion, die Peers und/oder gute Freunde vor Viktimisierungen bieten.

Kasten 6.1.   Sind populäre Kinder nett und zurückgewiesene aggressiv?

Eine Vielzahl von Studien ging bisher davon aus, dass *Popularität* unter den Gleichaltrigen verknüpft ist, mit der Fähigkeit, sich in seinem Verhalten an die Gruppe anzupassen, der aktiven Teilnahme an Gruppenaktivitäten, mit prosozialem Verhalten, konstruktiver Führung und Sinn für Humor. *Zurückweisungen durch die Gleichaltrigengruppe* hingegen wurden grundsätzlich assoziiert mit einer erhöhten Rate an störenden Verhaltensweisen, erhöhter Aufmerksamkeitssuche, verbaler, körperlicher oder relationaler Aggression oder aber Zurückgezogenheit oder Unterwürfigkeit, unreifen Formen des Spielens sowie einem niedrigen Grad an prosozialem Verhalten (Bierman, 1987; Carlson, Lahey & Neeper, 1984; Coie & Dodge, 1988; Coie, Dodge & Coppotelli, 1982; Hawker & Boulton, 2000; Hymel & Rubin, 1985; Kupersmidt, Coie & Dodge, 1990; Newcomb, Bukowski & Pattee, 1993; Ollendick, Weist, Borden & Greene, 1992; Parker & Asher, 1987; Rudolph & Asher, 2000; Schwartz, Dodge & Coie, 1993). Dissoziale, aggressive Kinder können jedoch auch eine hohe Popularität besitzen. Entgegen der grundlegenden Annahme, dass aggressive Kinder abgelehnt und nette, freundliche Kinder gemocht werden, konnten beispielsweise Adler und Adler (1998, in Rodkin, Farmer, Pearl & Van Acker, 2000) für populäre Jungen in der Grundschule folgende Eigenschaften auffinden:

- athletische, sportliche Fertigkeiten;
- „coolness" (z.B. modische Schuhe, Kleidung, Haarschnitte, im Trend liegende Umgangsformen und Verhaltensweisen, Art, sich zu kleiden – z.B. das T-Shirt nicht in die Hose stecken);
- „Stärke" (z.B. Anführer-Typ, „lautes Organ", körperlich einschüchternd, andere lächerlich machen, viele Schularreste und Suspensionen vom Unterricht);
- „savoire faire" (interpersonale Fertigkeiten, erfolgreich Dritte „ausnutzen");
- moderate bis schlechte Schulleistungen.

Jungen, die „nett", freundlich oder sensibel waren oder die gute Schulleistungen aufwiesen, wurden als „feminin" oder „schwul" eingestuft und erfreuten sich nicht großer Popularität.

Im Gegensatz zu den Bullies weisen Opfer des Weiteren eine Reihe von *internalisierenden Auffälligkeiten* auf. So erweisen sie sich als ängstlich, empfindsam, zurückgezogen, unterwürfig, physisch schwach und schüchtern. Sie leiden unter Passivität, Einsamkeit und haben Schwierigkeiten, sich in angemessener Weise selbst zu behaupten (Olweus, 1996; Rigby, 1997). Weitere typische Merkmale von Victims sind ein geringes Selbstwertgefühl und eine internale Kontrollüberzeugung. Dies wiederum weist auf beeinträchtigte *Bewältigungsfertigkeiten* hin. So haben Victims Schwierigkeiten, ihre wahren Emotionen zum Ausdruck zu bringen (z.B. im Gesichtsausdruck), sie reagieren nicht auf das viktimisierende Verhalten, sondern verändern die Bedeutung der Situation, so dass die Situation weniger bedrohlich erscheint. Andere Studien kommen zu dem Befund, dass Provokationen und Viktimisierungen gerade dann weitergehen, wenn das Opfer Zeichen von Schmerz und Verletzung zeigt (TMR Network Project, 1999c). Viktimisierte Kinder weisen zudem eine Reihe von weiteren *Kompetenzdefiziten* auf, so zum Beispiel in den Bereichen Freundlichkeit, Kooperationsfähigkeit, prosoziale Fertigkeiten und Sinn für Humor. Diese gehen in Längsschnittstudien mit anhaltenden Viktimisierungen durch Gleichaltrige einher (Egan & Perry, 1998; Gasteiger-Klicpera & Klicpera, 2001). Studien belegen zudem, dass Kinder, die eine Pharmakotherapie zur Behandlung der Aufmerksamkeitsdefizit-/Hyperaktivitätsstörung durchlaufen, ein höheres Risiko für Viktimisierungen aufweisen (Unnever & Cornell, 2003).

Bei der Suche nach den Bedingungen, die Viktimisierungen durch Gleichaltrige vorausgehen, kann zwischen *proximalen* und *distalen Faktoren* (s. Scheithauer et al., 2000) differenziert werden (vgl. Ladd & Kochenderfer-Ladd, 1998). Zu den empirisch häufiger untersuchten proximalen Faktoren zählen *Verhaltensweisen der viktimisierten Kinder ihren Gleichaltrigen* gegenüber. Bei den viktimisierten Kindern lassen sich

- einerseits – wie bereits angeführt – Verhaltensweisen auffinden, die dem internalisierenden Verhaltensspektrum zuzuordnen sind (z.B. weinerlich, ängstlich, unterwürfig),
- andererseits Verhaltensweisen, die dem externalisierenden Verhaltensspektrum zuzuordnen sind (z.B. aggressiv, impulsiv).

Aufgrund dieser Verhaltensweisen schließen Victims nur wenige bis keine Freundschaften; vielmehr werden sie von den Gleichaltrigen einfach vernachlässigt oder gar aktiv zurückgewiesen. Zudem erleben Victims die *Schule als einen unsicheren Ort*, an dem sie sich unwohl, niedergeschlagen und unglücklich fühlen. In einer eigenen Studie (Scheithauer et al., submitted) konnten wir bestätigen, dass Opfer des Bullying weniger gut angepasst erscheinen und häufiger von ihren Mitschülern abgelehnt werden als Nicht-Opfer.

Die Eigenschaften der Victims können wie folgt *zusammengefasst* werden (Baldry & Farrington, 1998; Lösel et al., 1999; Perry, Hodges & Egan, 2001; Schwartz, Proctor & Chien, 2001; Wolke & Stanford, 1999): Opfer weisen negative interpersonelle und Problemlösefertigkeiten auf, ein negatives Selbstkonzept, niedriges Selbstwertgefühl. Sie sind nur in geringem Maße populär, weisen wenige Freunde auf, sind ängstlich, leicht aus der Ruhe zu bringen, wirken körperlich schwach und psychisch vulnerabel. Sie weisen einen niedrigen sozialen Status auf, zeigen depressive wie auch psychosomatische Symptome und werden zuweilen zurückgewiesen.

Risikoerhöhende Bedingungen für den Bully-Status. Nach Olweus (1996) charakterisiert den typischen Bully primär ein *aggressives Verhaltensmuster*, das in Kombination mit körperlicher Stärke auftritt. Generell lässt sich feststellen, dass Bullying im schulischem Umfeld deutlich mit einem aggressiv-dissozialen Verhalten korrespondiert (Lösel et al., 1999). Regelmäßiges Bullying kann somit – gegenüber gelegentlichen Vorfällen – Ausdruck eines zugrunde liegenden *antisozialen Persönlichkeitsmusters* sein (Olweus, 1991; vgl. Lösel et al., 1999). So weisen persistente Bullies nach Lösel et al. (1999) erhöhte Werte in den Aggressions- und Delinquenzskalen des Youth Self-Report auf. Das Ausmaß der Aggression im Kontext der Schule korreliert zudem deutlich mit dem außerhalb der Schule gezeigten aggressiv-dissozialen Verhalten. Sourander et al. (2000) befragten in einer Studie 500 Schüler und deren Eltern wiederholt über einen Zeitraum von acht Jahren zu *emotionalen und Verhaltensproblemen*. Das Geschlecht (männlich) und eine depressive Symptomatik (Selbstberichte) waren mit der späteren Täterschaft assoziiert. Ähnliches galt für eine ganze Bandbreite an psychischen Auffälligkeiten, vor allem externalisierender Art und für ein geringes Niveau an sozialen Kompetenzen. In einer Studie von Unnver und Cornell (2003) an 1.315 Schülern fielen Schüler, die eine Pharmakotherapie zur Behandlung der Aufmerksamkeitsdefizit-/Hyperaktivitätsstörung durchliefen, dann als Bullies auf, wenn sie zugleich eine niedrige Selbstkontrolle aufwiesen.

Bullies weisen eine positive, *instrumentelle Einstellung* zu Gewalt auf, vor allem, was die Effektivität von Gewalt anbelangt. Im Hinblick auf weitere individuelle Charakteristika werden eine geringe Kooperationsbereitschaft, *wenig Empathie* mit den Opfern und ein starkes Bedürfnis nach Macht und Kontrolle genannt (vgl. Olweus, 1996; Rigby, 1997). Auch die *Einstellung zum Bullying* an sich verrät, dass eine bedeutende Anzahl von Jugendlichen, nicht aber die Mehrheit, mit der Täterschaft positive Aspekte verbinden wie Bewunderung, die Hoffnung, nicht selbst Opfer zu werden, eine bestimmte Stärke und das Gefühl, besser als andere zu sein (Rigby, 1997). Zudem treten Geschlechtsunterschiede in jeder Altersstufe bei der Beurteilung der Opfer auf, da Mädchen den viktimisierten Schülern gegenüber eher Unterstützung und Sympathie entgegenbringen.

Ebenso wenig scheinen Mitschüler Bullies generell *abzulehnen*. Huttunen et al. (1996) bestätigen anhand der verschiedenen Rollen der Mitglieder eines sozialen Netzwerkes, dass Bullies, indirekte Helfer der Bullies (Reinforcers) und direkte, aktive Helfer der Bullies (Assistants) untereinander Freundeskreise bilden.

Die Eigenschaften der Bullies können wie folgt *zusammengefasst* werden (Baldry & Farrington, 1998; Lösel et al., 1999; Perry et al., 2001; Schwartz et al., 2001; Wolke & Stanford, 1999): Bullies sind in der Regel etwas älter als ihre Opfer. Bullies weisen ein idealisiertes Selbstbild auf (z.B. sehen sie sich als dominant, tapfer, erfolgreich an und berichten von einem hohen Selbstwertgefühl). Sie weisen wenig Unsicherheiten, wenig Ängstlichkeit, eine durchschnittliche, zuweilen auch hohe Popularität auf, sind selbstzufrieden und erweisen sich oftmals als körperlich überlegen. Daneben zeigen Bullies in geringem Maße prosoziale Verhaltensweisen und Empathie.

Risikoerhöhende Bedingungen für den Bully/Victim-Status. Zahlreiche Arbeiten jüngeren Datums (z.B. Austin & Joseph, 1996; Bowers, Smith & Binney, 1994; Kumpulainen et al., 1998; 1999; Mynard & Joseph, 1997; Nansel et al., 2001; Olafsen & Viemerö, 2000; Pellegrini et al., 1999; Schäfer, 1996; Wolke et al., 2000; 2001) schlussfolgern, dass die Bully/Victims als eine eigenständige Gruppe anzusehen sind, die nicht nur quantitativ, sondern auch durch bestimmte Merkmale und besondere psychosoziale Anpassungsprobleme (inklusive psychopathologischer Symptome) von reinen Bullies und reinen Victims abzugrenzen sind.

Nach Wolke und Stanford (1999) sowie Pellegrini (1998) interpretieren Bully/-Victims bzw. aggressive Opfer mehrdeutige Situationsreize gehäuft in feindseliger Weise. Sie zeigen ein geringes Maß an Selbstkontrolle, sind leicht aus der Ruhe zu bringen und gelten als hyperaktiv sowie impulsiv. Außerdem werden Schüler dieser Gruppe von Gleichaltrigen generell als unbeliebt eingestuft und zumeist abgelehnt.

Im Gegensatz zum proaktiv aggressiven, kalkuliert handelnden Bully, charakterisiert den Bully/Victim besonders sein reaktiv aggressives, unkontrolliertes und auch ängstliches Verhalten (vgl. Olweus, 1996, für provozierende Opfer sowie Schwartz et al., 1997, für aggressive Opfer). Insgesamt betrachtet scheint der Bully/Victim-Status mit besonders starken psychosozialen Belastungen verknüpft zu sein (vgl. Andreou, 2000; Austin & Joseph, 1996; Kumpulainen et al., 1999; Pellegrini et al., 1999; Schäfer, 1996; Wolke et al., 2001). Diese Befunde unterstreichen zusammengenommen, dass Bully/Victims eine Hoch-Risiko-Gruppe mit mannigfaltigen Anpassungsproblemen darstellen, die sowohl Symptome des externalisierenden als auch internalisierenden Verhaltensspektrums aufweisen.

In verschiedenen Studien zum Bullying und zur Viktimisierung durch aggressives Verhalten wurde unter den viktimisierten Kindern zwischen

- *nicht-aggressiven* (oder *passiven*) und
- *aggressiven* (oder *provozierenden* bzw. *Bully/Victims*)

unterschieden (Bowers et al., 1994; Olweus, 1978; Pellegrini, 1998; Perry, Perry & Weiss, 1989; Schwartz et al., 1997). Allerdings herrscht Unklarheit darüber, inwiefern die Konzepte *Bully/Victim* und *aggressiv-zurückgewiesen* übereinstimmen oder aber sich unterscheiden (vgl. Schwartz, 2000). Nach French (1988), Pellegrini (1998) sowie Schwartz et al. (1997) unterscheidet nicht-aggressive von aggressiven Victims folgende Merkmale:

- *Aggressiv-viktimisierte Kinder* (2 bis 10% der Schulkinder): Neigung zu Überreaktion, negative Selbstkontrolle, negative emotionale Zustände (z.B. Ärger, Reizbarkeit), externalisierende Verhaltensweisen (z.B. Aggression, Ruhelosigkeit), feindselige Interaktionsmuster; werden zurückgewiesen und sind unpopulär.
- *Nicht-aggressiv-(passiv-)viktimisierte Kinder* (ca. 10% der Schulkinder): Internalisierende Verhaltensweisen (z.B. Ängstlichkeit, Zurückgezogenheit); sind körperlich schwach, wenig populär, nur in geringem Maße soziale Interaktionen initiierend. Darüber hinaus scheinen passiv-viktimisierte Kinder das attackierende Verhalten der Angreifer durch Anzeichen von Distress oder durch das Hinnehmen und Erfüllen von Forderungen zu verstärken (Perry, Williard & Perry, 1990; vgl. Ladd & Kochenderfer-Ladd, 1998).

Schwartz et al. (1997) sehen weiterhin eine Verbindung zwischen den reinen Tätern („nonvictimized aggressors") und organisierten, zielgerichteten, instrumentell-aggressiven Verhaltensweisen (das Erreichen von Dominanz und Status steht im Vordergrund) sowie von Täter-Opfern und emotional dysregulierten, heißblütigen, leicht aus der Ruhe zu bringenden, reaktiv aggressiv handelnden Verhaltensweisen (hier spielen Emotionen wie Rache und Ärger eine besondere Bedeutung). Während Täter-Opfer über negative Eigenerfahrung (Missbrauch oder Ablehnung durch die Eltern) feindselige Attribuierungsstile entfalten und aufgrund dieser kognitiven Verzerrungen schnell in Ärger und Aufruhr in zweideutigen Konfliktinteraktionen mit Peers geraten (was zur Aggression, Ablehnung und Viktimisierung führt), erleben die reinen Täter weniger personale Viktimisierungen im Elternhaus. Vielmehr sind sie aggressiven Rollenmodellen ausgesetzt, die im Sinne des Modelllernens aggressives Verhalten als positiv zum Erreichen von Zielen bewerten.

Die Eigenschaften der Bully/Victims können wie folgt *zusammengefasst* werden (Baldry & Farrington, 1998; Lösel et al., 1999; Perry et al., 2001; Schwartz et al., 2001; Wolke & Stanford, 1999): Bully/Victims unterscheiden sich gegenüber den ausschließlich viktimisierten und ausschließlich andere Kinder viktimisierenden Kindern hinsichtlich ihrer geringen sozialen Akzeptanz, wenigen bzw. keinen Freundschaften und einem negativen Selbstwertgefühl, Angst und Depression (Andreou, 2000; Austin & Joseph, 1996; Mynard & Joseph, 1997; Olweus, 2001). Sie werden als impulsiv, hyperaktiv, höchst überreagierend und irritabel gekennzeichnet. Sie weisen Lese- und Schreibprobleme, vielfältige psychische Probleme internalisierender als auch externalisierender Art, die geringste Popularität und ein gering ausgeprägtes prosoziales Verhalten auf, werden oft zurückgewiesen und abgelehnt. Pellegrini (1998) fasst zusammen, dass diese Kinder ihre Umwelt als feindselig erleben und sie wenig Vertrauen haben. Sie weisen demnach eine verzerrte sozial-kognitive Informationsverarbeitung auf. Jungen überwiegen, es werden allerdings selten in den Studien Bully/Victims vor dem Hintergrund unprototypischer Bullying-Formen berücksichtigt.

6.2 Bullies: Sozial-kompetent oder sozial-defizitär?

Eine zurzeit geführte Kontroverse bezieht sich auf die Fragestellung, ob Bullies ihr Verhalten aufgrund von *sozialen Defiziten* zeigen oder ob ihr Vorgehen als *kühl, zielorientiert und kalkulierend* (dominant, statusorientiert, machiavellistisch manipulierend in interpersonalen Situationen) einzustufen ist. Machiavellismus beschreibt dabei die Ansicht, dass Personen in interpersonalen Situationen manipulierbar sind (Sutton & Keogh, 2000). Anders ausgedrückt: Kompensieren Bullies ihr negatives Selbstbild bzw. ihr geringes Selbstbewusstsein mit unangemessenen Bewältigungsstrategien oder geht ihr aggressives Verhalten vielmehr mit einem durchschnittlichen oder gar erhöhten Selbstwert einher? Bemerken Bullies das Leiden ihrer Opfer überhaupt nicht oder verstehen sie die Gefühle anderer Kinder durchaus, aber ohne diese zu teilen und empathisch zu reagieren?

Im Rahmen der aktuellen *Theory-of-Mind-Forschung* (Theory of Mind = Fähigkeit, Annahmen darüber machen zu können, was andere Personen denken, wollen oder fühlen; Petermann, Niebank & Scheithauer, 2003) führten Sutton, Smith und Swettenham (1999) eine Studie durch, bei der es um die kognitiven Fähigkeiten im Sinne eines Verständnisses von Kognitionen und Gefühlen anderer ging, jedoch nicht um das emotionale Nachempfinden. In diesem Sinne trennt beispielsweise Hoffman (1977) für die Beschreibung des Begriffs *Empathie* zwischen der *kognitiven Komponente*, sich der Gefühle des Gegenübers bewusst zu sein (*Perspektivenübernahme*), und der *emotionalen Handlungsebene*, der stellvertretenden affektiven Reaktion auf die Gefühle eines Gegenüber (*stellvertretender Affekt*). Um nunmehr herauszufinden, wie gut Bullies in der Lage sind, die Kognitionen und Emotionen anderer zu erkennen, wurde 193 Kindern im Alter von sieben bis zehn Jahren Kurzgeschichten vorgelesen und diese anschließend interviewt. Als Gruppe erzielten die Bullies sowohl bei den Kognitionen und Emotionen wie auch beim Gesamtscore höhere Werte als jede andere Gruppe. Signifikante Unterschiede bestanden beispielsweise beim Gesamtscore im Vergleich zu den Victims und den Mitläufern (Followers = Assistenten und Verstärker; s. Kap. 3.4). Insgesamt bestätigen die Ergebnisse, dass Bullies durchaus bestimmte Fähigkeiten besitzen, die sie als gekonnte Manipulatoren prädestinieren. Der Mangel an Empathie bzw. das Nicht-Teilen-Wollen von Gefühlen anderer bedeutet nicht, dass Bullies als „stumpfe Hohlköpfe" anzusehen sind, denen es an sozialen Fähigkeiten und Fertigkeiten mangelt und die ausschließlich zu pathologisieren sind (Rigby, 1997). So scheinen Bullies zuweilen eine bessere *Perspektivenübernahme* zu zeigen als ihre Mitläufer oder die Opfer. In diesem Sinne ist es unbedingt erforderlich zu unterscheiden zwischen der Fähigkeit, verschiedene Emotionen bei anderen aufgrund von interpersonalen Hinweisreizen zu diskriminieren, den Standpunkt eines anderen einzunehmen (*Perspektivenübernahme*) und die Emotionen eines anderen zu teilen, nachzuvollziehen bzw. mitzuerleben (*Empathie*; s.o.). Voraussetzung für Empathie sind aber verschiedene kognitive Fähigkeiten, wie eine differenzierte Wahrnehmung und Interpretation der Situation inklusive der beteiligten Personen, der Wechsel der Perspektive und ein Vorwegnehmen der Konsequenzen für den anderen. Empathie baut demnach auf Perspektivenübernahme auf und besitzt im Gegensatz zum „bloßen" kognitiven Akt des Perspektivenwechsels eine affektive Komponente.

Eine Reihe weiterer Ergebnisse unterstreicht die These, dass es sich bei Bullies durchaus um Kinder handeln kann, die keine psychosozialen oder psychischen Beeinträchtigungen aufweisen, sondern unter Umständen ihr Verhalten zielorientiert zum Erreichen eigener Ziele einsetzen und in die Gleichaltrigengruppe integriert sind. In einer Studie von Wolke et al. (2000) erwiesen sich die relationalen Bullies als die Gruppe mit den *wenigsten Verhaltensproblemen* und zugleich mit den niedrigsten Werten auf der Skala *Prosoziales Verhalten*. Salmivalli, Kaukiainen, Kaistaniemi und Lagerspetz (1999) fassen Befunde zum *Selbstwertgefühl* bei Bullies zusammen. Selbstwertgefühl kann definiert werden als die globale, evaluative Sicht einer Person von sich selbst. Das Selbstwertgefühl kann in angepasster (angemessener) oder aber fehlangepasster (unangemessener) Weise als besonders hoch eingeschätzt werden. Ein hohes, angepasstes (angemessenes) Selbstwertgefühl ist zu verstehen als das Gefühl einer Person, sich selbst zu akzeptieren, ohne es ständig laut auszusprechen oder nach Bestätigung zu suchen. Ein hohes, fehlangepasstes (unangemessenes) Selbstwertgefühl bezieht sich auf eine narzisstische, selbsterhöhende Sichtweise: Trotz einer eher niedrigen Wahrnehmung des Selbstwertes, baut die Person ein „künstliches Bild" auf und versieht dieses Bild mit Verteidigungsstrategien, die sie davon abhalten, irgend etwas an sich herankommen zu lassen, was dieses Bild anzweifelt. Nun wird von einigen Forschern behauptet, dass Bullies ein negatives Selbstwertgefühl aufweisen und Bullying als Kompensation der negativen Gefühle angesehen werden kann (vgl. Arsenio & Lemerise, 2001). Diese Position geht mit der Ansicht einher, dass ein niedriges Selbstwertgefühl zu aggressivem Verhalten führt. Inzwischen liegen aber Ergebnisse vor, die belegen, dass aggressives Verhalten als Konsequenz eines hohen Selbstwertgefühls auftreten und Aggression mit selbsterhöhenden Tendenzen, Dominanz und narzisstischen Zügen verknüpft sein kann. Diese Befunde bestätigen die Position anderer Forscher, der zufolge Bullies in psychometrischen Messungen ein durchschnittliches bis erhöhtes Selbstwertgefühl aufweisen (vgl. Arsenio & Lemerise, 2001). In einer Studie konnten Salmivalli et al. (1999) in diesem Zusammenhang folgende Befunde ermitteln:

- Zwar berichteten Mädchen selbst von einem niedrigeren Selbstwertgefühl, Peer-Berichte konnten diese Tendenz nicht bestätigen. Jungen hingegen neigten dazu, ihr Selbstwertgefühl und sich selbst in ihrer Sicht zu überschätzen (vgl. Xie, Mahoney & Cairns, 1999).

- Bullies wiesen weder ein besonders hohes, noch besonders niedriges Selbstwertgefühl auf; jedoch unterschied sie von den Nicht-Bullies ein defensives Geltungsbedürfnis bzw. Selbstüberhöhung (defensive egotism).

Somit scheinen Bullies „eine vergleichsweise positive Meinung von sich selbst" (Olweus, 1996, S. 44) zu haben.

Kasten 6.2.   Soziale Intelligenz und indirekte Aggression.

Eine Studie der Arbeitsgruppe um Kaukiainen (Kaukiainen et al., 1999) aus der Aggressionsforschung betont die empirische Beziehung zwischen sozialer Intelligenz, Empathie und drei Formen aggressiven Verhaltens unter Berücksichtigung entwicklungspsychologischer Aspekte. In Peer-Beurteilungen zeigen sich bei 526 teilnehmenden finnischen Schülern aus drei Altersgruppen (10, 12 und 14 Jahre) signifikante positive Korrelationen zwischen indirekter Aggression und sozialer Intelligenz in allen Altersgruppen. Dasselbe gilt nur in der Tendenz für verbale Aggressionsformen. Empathie hingegen korreliert signifikant negativ mit allen Aggressionsformen mit einer Ausnahme: Zwischen Empathie und indirekten Aggressionsformen der zwölfjährigen Schüler existiert lediglich ein schwach ausgeprägter Zusammenhang, der in die oben genannte Richtung weist. Somit belegt die Studie, dass die Anwendung von indirekten Aggressionsformen soziale Intelligenz, nicht aber Empathie, voraussetzt. Während physische Aggression vor allem körperliche Kraft und Stärke, verbale Aggression verbale Fähigkeiten verlangt, „funktionieren" indirekte Formen der Aggression nur dann (bzw. insbesondere dann), wenn der Täter über ein angemessenes Verständnis hinsichtlich interpersoneller Beziehungen und etwaiger Schädigungsmöglichkeiten verfügt. Die berechenbare Übernahme der Perspektive allein reicht demzufolge aus, um sich in einer bestimmten Art und Weise „wirksam" aggressiv zu verhalten. Björkqvist et al. (2000) argumentieren, dass Empathie aggressives Verhalten für alle Ausdrucksformen reduziert, soziale Intelligenz (= Analyse des sozialen Verhaltens anderer, Erkennen der eigenen Motive und kognitiven Fallen sowie die Umsetzung der Bedürfnisse in Verhaltensweisen, zwecks Erreichung der erwünschten Ziele) indessen eine Voraussetzung für alle Typen von Konfliktverhalten darstellt.

Vaillancourt et al. (2002) untersuchten den Status in der Peer-Gruppe bei Bullies und deren psychosozialen Status in einer Studie an 554 Schüler der sechsten bis zehnten Klasse. Sie konnten klar trennen zwischen Bullies mit hohem und niedrigen Status innerhalb der Gleichaltrigengruppe. Bullies mit hohem Status fühlten sich gut und berichteten von einem hohen Selbstwert.

Dem gegenüber verteidigen Crick and Dodge (1999) im Rahmen ihres Modells der *sozial-kognitiven Informationsverarbeitung* (= vor dem Hintergrund gemachter Erfahrungen, kognitiver Schemata und Persönlichkeitsmerkmalen die nach einem bestimmten Schema verlaufenden Wahrnehmungs- und Reaktionsmuster in sozialen Situationen) den empirischen Befund, dass aggressives Verhalten – und damit auch Bullying – mit Beeinträchtigungen in der sozialen Informationsverarbeitung und der *mangelnden Fähigkeit zur Rollenübernahme* verknüpft ist.

Kasten 6.3.   Zum Zusammenhang von aggressivem Verhalten und Zurückweisungen durch Gleichaltrige.

Bierman und Wargo (1995; vgl. Arnold et al., 1999; Bierman, 1986) fassen von ihnen überprüfte und weitgehend belegte Modellannahmen über das Zusammenwirken von *aggressivem Verhalten* und *Zurückweisungen durch die Gleichaltrigengruppe* zusammen:

- Zurückweisungen durch Gleichaltrige weisen eine hohe prädiktive Stärke für einen negativen Entwicklungsverlauf auf, da sie einen Marker für Defizite in verschiedenen Regulationsfertigkeiten darstellen.
- Aggressiv-zurückgewiesene unterscheiden sich von aggressiv-nicht-zurückgewiesenen Kindern in ihren sozialen Fertigkeiten: Nicht-zurückgewiesene Kinder haben aufgrund ausgeprägterer prosozialer Fertigkeiten die Möglichkeit, Zurückweisungen zu verhindern.
- Zurückweisungen durch Gleichaltrige führen dazu, dass diese Kinder verstärkt aus sozialen Interaktionsprozessen ausgeschlossen werden und sie in Folge weiterer Viktimisierungen ausgesetzt sind („Teufelskreis").

Der zweite Punkt wird durch die Tatsache belegt, dass nicht alle aggressiven Kinder viktimisiert oder zurückgewiesen werden, sondern vielmehr Kinder zu unterscheiden sind, die sich in Konfliktsituationen effektiv oder aber nicht-effektiv verhalten (Perry, Perry & Kennedy, 1992). Andere Befunde sprechen ebenso dafür, dass nicht nur ein aggressives Verhalten, sondern ein nicht vorhandenes prosoziales Verhalten mit der Zurückweisung durch Gleichaltrige einhergeht (Denham, McKinley, Couchard & Holt, 1990; Volling, MacKinnon-Lewis, Rabiner & Baradaran, 1993). Hinzu kommt, dass aggressiv-zurückgewiesene Kinder im Vergleich zu nicht-aggressiv-zurückgewiesenen Kindern ihre sozialen Fertigkeiten, Kompetenzen und ihr Selbstwertgefühl überschätzen und das Ausmaß, in dem sie durch Gleichaltrige abgelehnt werden, unterschätzen (vgl. Ladd, 1999).

Aufgrund dieser kontroversen Diskussion bleibt abschließend die Forderung festzuhalten, dass zukünftige Forschung zwischen Bullies mit *Defiziten in der sozial-kognitiven Informationsverarbeitung* und *kühl kalkulierenden Bullies* (mit machiavellistischen Eigenschaften) zu unterscheiden hat. So ist beispielsweise die Hypothese zu überprüfen, ob sich reine Bullies, die ihr Verhalten „proaktiv" und gezielt einsetzen von Bullies unterscheiden, die ihr Verhalten reaktiv zeigen (s. Kasten 6.4).

Kasten 6.4.   Bullies: Proaktiv- oder reaktiv-aggressiv?

Im Gegensatz zur übergreifenden Aggressionsforschung wurde die *motivationspsychologische Perspektive* trotz klinischer Relevanz bislang bei der Analyse des Bullying weitgehend vernachlässigt. So bilanzieren Vitiello und Stoff (1997) nach einer Literaturdurchsicht, dass *offene, feindselige, reaktive, affektive Formen aggressiven Verhaltens* mit körperlichen Angriffen, emotionalen Reaktionen und impulsivem Verhalten in Verbindung stehen. Sie sind konzeptionell von *instrumentellen, proaktiven, verdeckten, kontrollierten, räuberischen Ausdrucksformen* abzugrenzen, wobei sich diese Ausdrucksqualitäten hinsichtlich ihrer konkreten Offenbarungen in der Regel erheblich überschneiden. Für eine Differenzierung plädieren auch Crick und Dodge (1996), da beide Aggressionsformen in ihren Ursprüngen Unterschiede aufweisen. Reaktive Formen des Bullying und der Aggression können beispielsweise in Folge von Viktimisierungen auftreten. Ein solches Verhaltensmuster würde sich mit dem der Bully/Victims decken. Camodeca, Goossens und Terwogt (2002) konnten ermitteln, dass Bullies und Bully/Victims sowohl proaktive als auch reaktive Aggression zeigten, während Victims lediglich zu reaktiv-aggressivem Verhalten neigten.

6.3   Risikoerhöhende Bedingungen innerhalb der Familie

Risikoerhöhende Bedingungen für den Bully-Status. Empirische Befunde weisen daraufhin, dass Bullying als ein intergenerationales Problem anzusehen ist. Demnach haben einige Kinder, die andere Kinder in der Schule viktimisieren, selbst *im häuslichen Umfeld Viktimisierungen* unterschiedlicher Art erfahren (vgl. Batsche & Knoff, 1994; Shields & Cicchetti, 2001). Bullies kommen in diesem Sinne aus Familien, in denen die Eltern autoritäre, körperliche Disziplinierungsmaßnahmen wählen, feindselig und zurückweisend wirken, inkonsistente Erziehungsmaßnahmen aufweisen, wenig die Aktivitäten ihrer Kinder beaufsichtigen, negative Problemlösefertigkeiten aufweisen und ihren Kindern lehren, auf Provokationen direkt zu reagieren (z.B. „Wehre dich!"; vgl. Wolke & Stanford, 1999). Gleichfalls werden dem Kind bzw. Jugendlichen aggressive und dissoziale Verhaltensweisen vorgelebt und diese gebilligt (Smith & Myron-Wilson, 1998). Wird aggressives Verhalten nicht unterbunden und sanktioniert, besteht ein erhöhtes Risiko, im weiteren Entwicklungsverlauf aggressives Verhalten zwecks Zielerreichung zu instrumentalisieren, delinquent oder selbst depressiv verstimmt zu werden (Olweus, 1996). Bullies berichten von *negativen Beziehungen* zu ihren Eltern, wenig emotionaler Unterstützung und einem fehlenden familiären Zusammenhalt (Batsche & Knoff, 1994; Bowers et al., 1994; Duncan, 1999). In diesem Sinne treten misshandelte Kinder häufiger als Bullies – aber auch als Opfer von Bullying – in Erscheinung als nicht-viktimisierte Kinder (Shields & Cicchetti, 2001). Sowohl Bullies als auch Victims berichten von Bullying-Vorfällen mit Geschwistern (Duncan, 1999).

Es zeigen sich aber auch *Geschlechtsunterschiede* auf Seiten der Täter. Mädchen, die andere Kinder viktimisieren oder selbst Viktimisierungserfahrungen in der Schule machen, berichten in stärkerem Maße von negativen familiären Beziehungen als männliche Bullies (Rigby, 1997; Smith & Myron-Wilson, 1998). Jungen, die von negativen familiären Beziehungen berichten, weisen hingegen ausschließlich ein erhöhtes Risiko für den Bully-Status auf (Rigby, 1997).

Die familiären risikoerhöhenden Bedingungen für den Bully-Status können wie folgt *zusammengefasst* werden (Baldry & Farrington, 1998; Lösel et al., 1999; Smith &

Myron-Wilson, 1998; Wolke & Stanford, 1999): Generell lässt sich ein negatives familiäres Funktionsniveau ermitteln. Die Eltern von Bullies weisen ein negatives Erziehungsverhalten auf (autoritär, wenig Unterstützung, bestrafend, z.B. körperlich, verbal); die Familie sondert sich von der Gemeinde eher ab. Zudem verhalten sich die Eltern untereinander aggressiv, familiäre Gewalt ist zu beobachten. Die Familien weisen in geringerem Maße einen Zusammenhalt auf, oftmals handelt es sich um alleinerziehende Elternteile. Zuhause fühlen sich Bullies zurückgewiesen und alleingelassen, sie haben nur wenig das Gefühl der Kontrolle über familiäre Angelegenheiten. Bullies haben später mit höherer Wahrscheinlichkeit ebenfalls Kinder, die als Bullies auffallen (vgl. Oliver, Oaks & Hoover, 1994). In der Schule haben diese Kinder dennoch ein Bedürfnis nach Aufnahme durch die Gruppe (dies gilt insbesondere für Mädchen, während bei Jungen das Bedürfnis, Macht zu zeigen, ausgeprägter ist). Das Verhältnis zu den Geschwistern ist durch Rivalität und Streitigkeiten gekennzeichnet.

Risikoerhöhende Bedingungen für den Victim-Status. In Bezug auf die Familie werden Opfer eher mit einem *restriktiven* und *überbehütenden elterlichen* (in der Regel mütterlichen) *Erziehungsstil* konfrontiert, welcher die Entwicklung einer eigenen Durchsetzungsfähigkeit nicht erlaubt. Anstatt aktiv Dinge auszuprobieren und zu erkunden, hat sich das Kind bzw. der Jugendliche unterzuordnen. Weiterhin gelten die Väter der Opfer als distanziert, negativistisch und „kalt", was sie als ungeeignete Rollenmodelle erscheinen lässt (Smith & Myron-Wilson, 1998). Die familiären risikoerhöhenden Bedingungen für den Victim-Status können wie folgt *zusammengefasst* werden (Baldry & Farrington, 1998; Lösel et al., 1999; Smith & Myron-Wilson, 1998; Wolke & Stanford, 1999): Die Opfer von Bullying weisen eine Vielzahl familiärer Risikobedingungen auf, so zum Beispiel (über)kontrollierende und restriktive Eltern, einen geringeren familiären Zusammenhalt, körperliche Misshandlungen durch die Eltern (Duncan, 1999). Hinzu kommt ein überkontrollierender Erziehungsstil der Eltern, „zuviel" Unterstützung und Einmischung in die kindlichen Angelegenheiten.

Risikoerhöhende Bedingungen für den Bully/Victim-Status. Bully/Victims beschreiben den Erziehungsstil ihrer Eltern als inkonsequent und zum Teil physisch misshandelnd. Erfahrungen mit Gewalt als Opfer oder Beobachter sind für Bully/Victims daher nicht unüblich. Eheliche Konflikte und eine Vernachlässigung der Aufsicht ihrer Kinder scheinen ebenfalls typisch für die Familien von Bully/Victims zu sein (Smith & Myron-Wilson, 1998). Auch Schwartz et al. (1997) betonen die erheblichen familiären Belastungen der aggressiven Opfer, die unter anderem durch aggressive elterliche Erziehungsstrategien, mütterliche Feindseligkeit und restriktive Erziehungsmuster gekennzeichnet sind. Die familiären risikoerhöhenden Bedingungen für den Bully/Victim-Status können wie folgt *zusammengefasst* werden (Baldry & Farrington, 1998; Bowers et al., 1992; Lösel et al., 1999; Schwartz et al., 1997; Smith & Myron-Wilson, 1998; Wolke & Stanford, 1999): Nur wenige Ergebnisse liegen für diese Gruppe von Kindern vor. Im Vergleich zu Kindern aus den anderen Gruppen, berichten Bully/Victims in stärkerem Ausmaß von negativen Beziehungen zu ihren Eltern, inkonsistenten Erziehungsmaßnahmen, wenig Beaufsichtigung und wenig elterlicher Wärme sowie vermehrten Gewalterfahrungen.

6.4 Strukturelle risikoerhöhende Bedingungen und Bedingungen im Schulumfeld

„Das Schlimmste, was mir in der Schule passiert ist, war die Geschichte in der 6. Klasse mit dem Schulbus. Dieses Busfahren war oft der reinste Terror, denn in dem Gedränge gab es fast jeden Tag Rangeleien und Kämpfe. Wenn bestimmte Schüler mitgefahren sind, war die Stimmung dann total aggressiv. Ein paar von den Großen haben sich immer die besten Plätze gesichert und die Kleinen schikaniert. Als ich meinen Sitzplatz einmal nicht aufgeben wollte, hat mich eine Gruppe von Neuntklässlern mit den Schnüren von meinem Anorak an den Haltestangen festgebunden. Das hab ich erst gemerkt, als ich aussteigen wollte. Ich kam nicht los, der Bus fuhr weiter, die Typen standen draußen und haben sich kaputtgelacht. Ich musste weiterfahren, zurücklaufen und kam erst eine halbe Stunde später in der Schule an. Ich hab dann in der Schule erzählt, was passiert ist, sie wurden auch bestraft, aber ich hab mich den Rest des Jahres nicht mehr getraut, mit dem Bus zu fahren".

Christian (13)

aus Mainberger (2001, S. 16): Jede Menge Zündstoff. Was tun gegen Mobbing und Gewalt?
© Deutscher Taschenbuch Verlag, München.

Ein empirisch gut abgesicherter Befund zum Bullying bestätigt, dass zwischen Schulen (auch innerhalb einer Schule, zwischen verschiedenen Klassen) erhebliche Unterschiede hinsichtlich des Ausmaßes an Bullying vorzufinden sind (vgl. Rigby, 1997). Demzufolge stellt jede einzelne Schule als gesellschaftlich etablierte Institution einen individuellen zentralen Lebensbereich dar und umfasst Bedingungen, die Bullying begünstigen können. In verschiedenen Studien wurde folglich untersucht, ob bestimmte strukturelle Faktoren im schulischen Umfeld Bullying begünstigen. Zu diesen Faktoren gehören beispielsweise die *Klassengröße* und *Zusammensetzung der Klasse*, die *Gestaltung der Schulhöfe* und andere Orte, an denen es zu unbeobachteten Übergriffen kommen kann, wie beispielsweise im angeführten Fallbeispiel die Fahrt mit dem Schulbus oder generell der *tägliche Schulweg*. Zudem ist es von Bedeutung, *ob* und *auf welche Weise* im Schulumfeld – aber auch im häuslichen Umfeld – *auf Bullying reagiert wird*.

Klassengröße/Zusammensetzung der Klasse. Nach Hanewinkel und Knaack (1997a; b), O'Moore et al. (1997), Scheithauer et al. (submitted) sowie Whitney und Smith (1993) hat die *durchschnittliche Klassengröße* keinen Einfluss auf das Ausmaß von Bullying und Viktimisierung. Allerdings berichten Kinder aus kleineren Klassen von einer stärkeren Unterstützung durch die Lehrer und von intensiveren Peer-Beziehungen (Boyesen & Bru, 1999). Viktimisierungen scheinen jedoch häufiger in *Klassen mit Jungenüberhang* aufzutreten (Scheithauer et al., submitted). Byrne (1994) untersuchte an irischen Schulen das Problem des Bullying mit Hilfe von verschiedenen Methoden wie Lehrereinschätzungen, Peer-Ratings sowie Schülerfragebögen. Zu dieser Stichprobe gehörten sowohl reine Mädchen- wie Jungenschulen als auch koedukative Schulen (Grundschulen und weiterführende Schulen). Die Schule,

mit der geringsten Anzahl an Bullies und Victims (insgesamt 7,5%) war eine reine
Jungenschule (Grundschule).

Schulspezifische Bedingungen. Meier (1997) unterscheidet zwischen drei Bereichen, die sich auf gewaltförmige Verhaltensweisen unter Schülern auswirken:

- *Strukturell-organisatorische Rahmenbedingungen*, wie zum Beispiel Schulgröße,
  Schulform, Schulstandort, Räumlichkeiten, aber auch spezifische Merkmale von
  Schülergruppe und des Lehrerkollegiums,
- *Aspekte der Lernkultur*, wie zum Beispiel curriculare Strukturen und die vorherrschende didaktisch-methodische Qualität sowie
- *Kennzeichen des Schulklimas* als Faktoren der schulischen Umwelt (z.B. Erwar-
  tungsmuster, Interaktionsstile, Beziehungsstrukturen) und Marker der schulspezifischen Atmosphäre mit einem hohen Maß an Gestaltungs- und Identifikationspotenzial („Wir-Gefühl").

Verschiedene Studien belegen, dass der *Schultyp* mit dem Ausmaß an Bullying-Vorfällen assoziiert ist: So fassen Spiel und Atria (2002) für Österreich zusammen, dass
das Ausmaß an Bullying mit steigendem akademischen Grad der jeweils untersuchten Schulen sank und am geringsten an Gymnasien, am ausgeprägtesten hingegen an
Sonder- und Hauptschulen sowie berufsbildenden Schulen war. Ein weiteres Beispiel
stellt die Untersuchung von Rivers und Soutter (1996) dar, die Bullying-Vorkomm-
nisse in einer englischen Waldorf-Schule thematisierte. Interviews und informelle
Beobachtungen auf dem Schulhof belegen das im Allgemeinen relativ niedrige Niveau von Bullying und Viktimisierung. Bemerkenswert ist vor allem die Abwesenheit von direkten physischen Attacken sowie die zumeist wenig frequentierten Übergriffe in Form von indirekten Ausdrucksweisen oder das Geben von Spitznamen.
Rivers und Soutter (1996) führen das auf die situationale Spezifität des *Schulethos*
zurück. Basisprinzipien der Waldorfschulen, wie Gemeinschaftssinn, Gruppenorien-
tierung, menschliche Beziehungen, Humanität, Wärme, Vermittlung moralischer
Werte, Gleichheit und der Verzicht auf Wettbewerb, scheinen multiple Wirkungen
zu erzielen, die unter anderem nicht mit aggressivem Verhalten kompatibel sind.

Orte in der Schule. Es bestehen mehr Möglichkeiten, Aggression auf dem *Schulhof*
als im Klassenraum zu beobachten und zu erfahren, wie Craig, Pepler und Atlas
(2000) mit Hilfe von Beobachtungen an 34 aggressiven und nicht-aggressiven Kindern innerhalb einer Stichprobe von 185 Kindern (1. bis 6. Jahrgangsstufe) ermittelt
haben: Diese ereigneten sich in ihrer Studie auf dem Schulhof ungefähr doppelt so
häufig. Während direkte Formen des Bullying eher auf dem Schulhof auftraten, be-
obachteten sie indirekte Formen eher im *Klassenraum* (vgl. Rivers & Smith, 1994).
Kinder mit gering ausgeprägtem aggressiven Verhalten viktimisierten andere Kinder
mit höherer Wahrscheinlichkeit auf dem Schulhof, während aggressive Kinder dies
auch im Klassenzimmer taten.

Smith und Shu (2000) berichten von den Ergebnissen einer Befragung mit einer
adaptierten Version des Bully/Victim-Questionnaire nach Olweus, an der 2.308

Schüler von 19 englischen Schulen (5 Grundschulen und 14 weiterführende Schulen) teilnahmen. Von den Victims gaben

- 65% an, regelmäßig auf dem Schulhof angegriffen zu werden,
- gefolgt vom Klassenraum (61%),
- und Korridoren oder Gängen (37%).

Weniger riskante Plätze waren – laut Angaben der Opfer –
- die Toiletten (11%),
- die Umkleideräume (10%),
- Aufenthaltsräume (9%),
- die Turnhalle (6%) oder
- Plätze hinter dem Schulgebäude (5%).

Reaktionen auf Bullying. Die Art und Weise, in der *Opfer* auf Viktimisierungen reagieren, scheint sich sowohl auf die Folgen für die Opfer als auch auf das Risiko, weitere Viktimisierungen zu erfahren, auszuwirken. Mädchen und Jungen reagieren unterschiedlich auf Bullying-Vorfälle: Während *weibliche Opfer* eher mit Hilflosigkeit (z.B. nicht in der Lage sein, etwas zu sagen oder zu tun, den Tränen nahe, rennt fort) und Unbekümmertheit (z.B. bleibt ruhig, nimmt Bullying nicht ernst) reagierten, zeigten *männliche Opfer* eher aggressives Verhalten (z.B. körperlich, verbal gegenüber den Tätern oder aber anderen Kindern, versucht andere auf seine Seite zu ziehen) oder Unbekümmertheit als Reaktion auf Bullying (Salmivalli, Karhunen & Lagerspetz, 1996). Das *Berichten von Viktimisierungserlebnissen* steht in einem Zusammenhang mit der Viktimisierungsform: So berichten indirekt-viktimisierte Schüler Erwachsenen weitaus weniger von diesen negativen Erfahrungen als Opfer anderer Viktimisierungsformen (Rivers & Smith, 1994).

Hanewinkel und Knaack (1997a; b) betonen, dass *Bullies* in der Regel kein Interesse daran haben, Erwachsenen über ihr Handeln zu informieren. *Victims* hingegen vertrauen sich ebenfalls ihren Lehrern oder Eltern nur selten an. Hierfür scheinen verschiedene Gründe verantwortlich zu sein:
- Mangel an Vertrauen in die Entschlossenheit der Lehrkräfte und ihren Möglichkeiten, das Bullying effektiv zu beenden;
- Furcht, dass ihrer Offenbarung weitere Übergriffe folgen;
- Verletzung des Selbstwertgefühls bei der Bekanntmachung, wiederholt Opfer geworden zu sein;
- fehlende Differenzierung zwischen dem „Petzen" auf der einen Seite und dem notwendigen Informieren Erwachsener beim Auftreten (grob) fehlangepassten Verhaltens auf der anderen Seite;
- Adaptation an die Gegebenheiten bzw. ein sich einschleichender Gewöhnungsprozess, bei dem die alltäglichen Viktimisierungserfahrungen als nichts Ungewöhnliches aufgefasst und somit nicht mehr als belastend erlebt werden. Opfer übernehmen die an sie gerichteten Verhaltens- und Rollenerwartungen und integrieren sie in ihr (negatives) Selbstbild.

Smith und Shu (2000) befragten mehr als 2.000 Schüler nach ihren *emotionalen Reaktionen* auf Bullying:

- Während 39% der *Bullies* angaben, dass die Opfer es verdient hätten (eher ältere als jüngere Schüler), fühlten sich 27% schlecht damit (in der Tendenz mehr Mädchen) und 20% fürchteten sich, von den Lehrern oder Eltern zurechtgewiesen zu werden. Außerdem fühlten 20% „nichts", 14% bedauerten die Übergriffe bzw. fühlten Mitleid (statistisch signifikant mehr Mädchen), 13% berichteten davon, Spaß gehabt zu haben (in der Tendenz mehr Jungen), 10% fühlten sich großartig (in der Tendenz mehr Jungen) und 8% ängstigten sich vor der Rache der Opfer.
- Von den *Opfern* berichteten 66%, mit Ignoranz auf die Übergriffe reagiert zu haben (statistisch signifikant mehr ältere Opfer). 26% der Opfer verlangten von den Tätern, mit dem Bullying aufzuhören und jeweils 23% holten sich Hilfe bei Erwachsenen oder schlugen zurück (statistisch signifikant mehr männliche Opfer). Ferner gaben 18% der Opfer an, zu weinen (statistisch signifikant mehr weibliche und jüngere Opfer), 17% Freunde zu Hilfe zu holen (statistisch signifikant mehr weibliche Opfer) und 10% wegzurennen (statistisch signifikant mehr jüngere Opfer).
- Die *Zuschauer* (insgesamt 66%) schilderten, dass sie versucht haben, nicht mit hineingezogen zu werden (47%; eher ältere Schüler), dass sie von den Bullies verlangten, damit aufzuhören (34%), sie einen Erwachsenen ansprachen, damit das Bullying gestoppt wird (18%; statistisch signifikant mehr Mädchen und eher jüngere Schüler), sie zwar nicht mitgemacht, aber mit Freude zugesehen haben (11%; statistisch signifikant mehr Jungen), sie selbst viktimisiert wurden (10%), sie sich am Bullying beteiligt haben (4%), von anderen gezwungen wurden, mitzumachen (3%) oder mit dem Bullying begonnen haben (2%).

Wird einem Opfer *Unverantwortlichkeit* für die Viktimisierung zugeschrieben, so besteht größere Bereitschaft, zu *helfen* und sich dem Opfer gegenüber prosozial zu verhalten. In einer Studie von Graham und Juvonen (2001) gaben jedoch ca. 50% der Schüler an, dass sie der Meinung sind, dass die Opfer für ihre Viktimisierung selbst in irgendeiner Form verantwortlich seien.

Sullivan (1998) skizziert anhand eigener Beobachtungen den sich wechselseitig bedingenden Zusammenhang zwischen Bullying und sozialer Isolation anhand eines Fallbeispiels, in dem eine mangelnde Unterstützung des Opfers durch Lehrer und Mitschüler das Risiko für weitere Viktimisierungen erhöht:

- Eine Schülerin wird in unterschiedlichem Ausmaß von der ganzen Peer-Gruppe viktimisiert und stellt das Ende der „Hackordnung" dar (Sündenbockfunktion);
- kein Mitschüler leistet ihr Hilfe oder unterstützt sie;
- die Lehrer intervenieren ebenso wenig oder bemerken die Übergriffe gar nicht;
- die dominanten Schüler haben die Macht und Kontrolle über die Geschehnisse;
- die viktimisierte Schülerin kann sich nicht wehren; sie bekommt kein Mitgefühl von Seiten ihrer Lehrer;
- die Übergriffe wiederholen sich in ähnlicher Weise;
- die Schülerin zieht sich immer mehr zurück und versucht, sich „unsichtbar zu machen", sich der Situation zu entziehen (soziale Isolation).

Insgesamt fällt auf, dass einige der angeführten risikoerhöhenden Bedingungen – insbesondere die personenbezogenen – in anderen Studien als „Folgen" des Bullying angeführt werden. Es lässt sich zum derzeitigen Stand der Forschung nicht eindeutig beurteilen, in welchem Umfang einige der angeführten Bedingungen Bullying vorausgehen (Risikobedingungen), mit Bullying einhergehen (Korrelate) oder als Folge des Bullying auftreten (s. Kap. 5.2). Um eine eindeutige Zuordnung vornehmen zu können, müssen weitere Befunde aus Längsschnittstudien abgewartet werden. Dennoch können die hier angeführten Bedingungen zugrunde gelegt werden, um potenzielle *Hoch-Risiko-Kinder* bzw. *betroffene Kinder* zu *identifizieren*.

6.5 Risikomildernde Bedingungen

Nicht alle Kinder mit den angeführten risikoerhöhenden Bedingungen werden zum Bully, Victim oder Bully/Victim. Vielmehr wirken bestimmte Bedingungen dem Effekt risikoerhöhender Bedingungen auf unterschiedliche Art und Weise entgegen (Scheithauer & Petermann, 1999; Scheithauer et al., 2000). Allerdings lassen sich generell weitaus weniger Studien zu risikomildernden Bedingungen auffinden als zu risikoerhöhenden, was insbesondere auf Studien zu risikomildernden Bedingungen des Bullying zutrifft.

Tabelle 6.1. Risikomildernde Bedingungen gegenüber Viktimisierungen (nach Katz et al., 2001), in der Reihenfolge ihrer Bedeutung für Jungen und Mädchen.

Mädchen	Jungen
• keine oder nur geringe Gewalterfahrungen durch Erwachsene • Eltern setzen positive Erziehungsverhaltensweisen ein • fühlen sich nicht „unter Druck gesetzt", Drogen auszuprobieren • würden keine Gewalt einsetzen, um ihre Ziele zu erreichen • Eltern setzen sie nicht übermäßig unter Druck, gute Schulleistungen zu erbringen • Anti-Bullying-Bestimmungen an der Schule (s. Kap. 10.2.2) • haben jemanden, mit dem sie sprechen können, wenn sie etwas bewegt • Familie erweist sich nicht als überbehütend	• keine oder nur geringe Gewalterfahrungen durch Erwachsene • Eltern setzen positive Erziehungsverhaltensweisen ein • fühlen sich nicht „unter Druck gesetzt", Drogen auszuprobieren • Eltern setzen sie nicht übermäßig unter Druck, gute Schulleistungen zu erbringen • starke Involviertheit des Vaters • haben jemanden, mit dem sie sprechen können, wenn sie etwas bewegt • starker familiärer Zusammenhalt • Glauben, dass es große Möglichkeiten für sie gibt (Zuversicht in Zukunft) • Anti-Bullying-Bestimmungen an der Schule (s. Kap. 10.2.2)

Katz, Buchanan und Bream (2001) befragten über 7.000 Schüler im Alter von 13 bis 18 Jahren in Großbritannien. Sie konnten mit Hilfe regressionsanalytischer Verfahren einige Eigenschaften der Schüler ermitteln, die das *Risiko für Viktimisierungen milderten* (s. Tab. 6.1). Pellegrini et al. (1999) ermittelten zudem, dass *Freundschaften* von protektivem Wert sind. Dies gilt allerdings nicht, wenn Freunde ebenfalls den Status eines Bully einnehmen.

Neben diesen, im Zusammenhang mit Bullying untersuchten risikomildernden Bedingungen lassen sich eine Reihe von allgemeinen, *unspezifischen risikomildernden Bedingungen* anführen, wie zum Beispiel (s. Scheithauer & Petermann, 1999; Scheithauer et al., 2000):

- ein positives Sozialverhalten,
- ein positives Selbstwertgefühl und Selbstwirksamkeitsüberzeugungen,
- ein aktives Bewältigungsverhalten,
- soziale Unterstützung, beispielsweise durch Gleichaltrige,
- positive Freundschaftsbeziehungen,
- ein offenes, unterstützendes Erziehungsklima innerhalb der Familie,
- familiärer Zusammenhalt oder
- Modelle positiven Bewältigungsverhaltens.

In weiteren Studien gilt es zu klären, welche Wechselwirkungsprozesse zwischen risikoerhöhenden und -mildernden Bedingungen sich im Falle der betroffenen Kinder (Bullies, Victims, Bully/Victims) ermitteln lassen, um das Risiko für Viktimisierungen besser einschätzen zu können.

Kapitel 7

Bullying: Eine entwicklungs-
psychologische Perspektive

Es ist vorteilhaft, die Auswirkungen von Bullying für Kinder und Jugendliche im Kontext ihrer psychosozialen, kognitiven und emotionalen Entwicklung zu diskutieren. Einerseits stellen das *schulische Umfeld* und die *Gleichaltrigengruppe* wichtige entwicklungspsychologische Rahmenbedingungen dar, innerhalb derer die angepasste kindliche Entwicklung eingebettet ist. Wie wir bereits dargestellt haben, erweist sich die Gleichaltrigengruppe im späten Kindes- und im Jugendalter als besonders bedeutend; so zählt der Aufbau und das Führen zunächst gleichgeschlechtlicher Freundschafts- und Peer-Beziehungen, später auch der Kontakt zu gegengeschlechtlichen Peers, eine wesentliche *Entwicklungsaufgabe* im späten Kindes- und im Jugendalter dar. Es überrascht nicht, dass bestimmte Merkmale innerhalb der Gleichaltrigenbeziehungen, wie zum Beispiel Zurückweisungen, eine geringe Popularität oder wiederholte Viktimisierungen zu diesem Entwicklungszeitpunkt besondere negative Auswirkungen auf den Entwicklungsverlauf haben können. Hierbei spielt auch die spezielle *Struktur von Jungen- und Mädchengruppen* eine wichtige Rolle. Diese Aspekte leiten über zu *Modellen*, die den Zusammenhang zwischen *Problemen in der Peer-Gruppe*, wie zum Beispiel Zurückweisungen oder wiederholte Viktimisierungen, und einem *fehlangepassten Verhalten* bzw. psychosozialen und psychischen Beeinträchtigungen beschreiben.

7.1   Kontext „Schule"

Die Schule wird in erster Linie als ein staatlich organisiertes System zur Vermittlung der als relevant erachteten Kulturtechniken und Werthaltungen verstanden. Kollektiv veranstaltete Lehr- und Lernprozesse lassen eine Fülle von komplexen Erfahrungen zu. Eine herausragende Rolle spielt dabei die Messung und Bewertung von Leistungen und die damit verbundene institutionell geregelte Zuweisung von sozialen Chancen für den späteren Lebenslauf. Unmittelbar damit verbunden sind Vergleichsprozesse zwischen den Schülern, die sich nicht nur auf die schulischen Leistungen beschränken. Zudem verkörpert aber die Schule jene Sozialisationsinstanz, die neben der intellektuellen Entwicklung auch die gesamte Persönlichkeit der Schüler in fundamentaler Weise beeinflusst und herausbilden soll (Pekrun, 1983). Die Persönlichkeitsentwicklung findet in der Schule und innerhalb der an die Schule gebundenen Gleichaltrigenbeziehungen statt und kennzeichnet den Prozess des individuellen und interaktiven Erwerbs sowie der Organisation von Kompetenzen, Eigenschaften, Einstellungen und des Selbstkonzeptes. Letztlich stellt die Schule – insbesondere mit

zunehmender Klassenstufe – einen Ort dar, in dem Kinder und Jugendliche einen
Großteil ihrer Zeit – wenn nicht sogar die meiste Zeit des Tages – verbringen.

Der verpflichtende Gang zur Schule verbindet zwei Lebenswelten:

- Einerseits werden wichtige Kulturtechniken, Wissen, Erkenntnis, Einsicht und
  die Fähigkeit zu begründetem Urteil vermittelt, also der Erwerb von Kenntnissen,
  Fähigkeiten und Fertigkeiten zum Erwerb von Qualifikationen, aber auch die
  Herausbildung von Werthaltungen sichergestellt.
- Andererseits repräsentiert die Schule eine wichtige Sozialisationsinstanz, die soziale Erfahrungsräume bereitstellt, in denen Peer-Gruppen-Orientierungen verstärkt Bedeutung erlangen.

In der Schule werden angemessene wie unangemessene, bekannte wie neue Konflikt-
lösungsstrategien beobachtet, ausprobiert, verinnerlicht und weitergegeben. So werden beispielsweise zwischen den Schülern

- beständige soziale Beziehungen aufgebaut,
- Kooperationen eingegangen,
- Grenzen ausgelotet,
- Rollen ausgehandelt,
- Identitätsentwürfe erprobt,
- kommunikative Erfahrungen gesammelt und
- entsprechende Kompetenzen entwickelt.

Eine besondere Rolle spielt hierbei die Klasse als „kollektive Zwangsgruppierung",
der man sich nicht entziehen kann. Positionskämpfe um Ansehen und günstige Stel-
lungen in der sozialen Hierarchie gelten insbesondere in neu gegründeten Klassen-
verbänden als konstituierend. Nahezu alle Schüler machen während ihrer Schullaufbahn aktive oder passive Erfahrungen mit körperlichen Übergriffen, Hänseleien, Beleidigungen, dem Verbreiten von Gerüchten, dem Ausschluss aus Gruppen und ähnlichen feindseligen Verhaltensweisen. Folglich sind Schüler durchaus auch mit dem
zum Schulalltag dazugehörenden Problem des Bullying vertraut. Für ein potenzielles
Opfer ist es daher unmöglich, „aus dem Felde" zu gehen, es sei denn, es „schwänzt"
oder wechselt die Schule. Es lässt sich festhalten, dass Bullying ein Stück der alltäglichen Schulrealität widerspiegelt. Die Struktur der Schule ermöglicht den Aufbau
dauerhafter Interaktionen auf der Grundlage ungleicher Kräfteverhältnisse und somit
auch Episoden des Bullying. Klare (formelle wie informelle) hierarchische Strukturen und eingeschränkte soziale Kontrolle (z.B. während der Pausen) stellen demzufolge geeignete Rahmenbedingungen für das soziale Gruppenphänomen Bullying dar
(Schäfer, 1996).

7.2   Bedeutung der Peer-Gruppe für die Entwicklung von Kindern und Jugendlichen

Während der Schulzeit gewinnen Kontakte zu Gleichaltrigen (Peers) zunehmend an Bedeutung (Oerter & Dreher, 1995). Peer-Gruppen bezeichnen einen in der Regel nicht-formalisierten, spontanen, selbst gestifteten Zusammenschluss von annähernd Gleichaltrigen (Krappmann & Oswald, 1995). In erster Linie erweitern die sozialen Kontakte zu Gleichaltrigen den Erfahrungshorizont der Kinder und Jugendlichen. Sie interagieren zumeist über einen längeren Zeitraum, bauen emotionale Beziehungen zueinander auf und regeln ihr soziales Miteinander inklusive der auftretenden Konflikte weitgehend selbst. Zudem bietet der Kontakt zu Gleichaltrigen Erfahrungen an, die durch die andersartige Struktur der Interaktionen mit Eltern oder anderen erwachsenen Bezugspersonen nicht abverlangt werden. Peers als nunmehr zentrale Bezugsgruppen Gleichaltriger bzw. Gleichgesinnter spielen demnach bei sozialen Vergleichsprozessen, der Bestimmung des Stellenwertes in der sozialen Hierarchie, dem Erkennen der eigenen Kompetenzen und der bewussten Aufarbeitung der Biographie eine gewichtige Rolle. Mit zunehmendem Alter nimmt die Gleichaltrigengruppe zudem eine wichtige Funktion im Bereich der sozialen Unterstützung ein, eine Funktion, die zuvor noch verstärkt die Familie und Eltern wahrgenommen haben (Furman, 1989).

Bei der Betrachtung von *Erfahrungen innerhalb der Gleichaltrigengruppe* sind unterschiedliche Ebenen zu unterscheiden (Rubin, Bukowski & Parker, 1998):
- Individuen bringen persönliche Eigenschaften, Erfahrungen, ein bestimmtes Repertoire an sozialen Fertigkeiten (oder Defiziten) und Einstellungen mit in soziale Austauschprozesse, die beispielsweise ihre Wahrnehmung sozialer Phänomene beeinflussen.
- Interaktionen mit anderen Kindern und Jugendlichen variieren in Form und Funktion über die Zeit und in Abhängigkeit von Eigenschaften des Interaktionspartners.
- Viele Interaktionen sind eingebettet in länger anhaltende Beziehungen zwischen zwei Personen, die unterschiedliche Formen und Intensität einnehmen können (z.B. enge Freundschaft vs. Klassenkamerad) und beeinflusst sind von bisher verlaufenden und eventuell zukünftig erwarteten Interaktionen.
- Beziehungen zwischen zwei Personen sind eingebunden in größere Gruppen oder in Netzwerke von Beziehungen mit mehr oder weniger eng definierten Grenzen (z.B. Clique, Team, Klassenverband).

Scheithauer (2003) fasst wesentliche Entwicklungsschritte vom Kindes- bis ins Jugendalter zusammen, die im Zusammenhang mit der Gleichaltrigengruppe durchlaufen werden. Mit dem Eintritt ins Schulalter werden wichtige sozio-emotionale Fertigkeiten im Zusammenhang mit der Gleichaltrigengruppe herausgebildet. Durch den Schuleintritt erweitert sich der potenzielle Kreis Gleichaltriger, hinzu kommen vermehrt außerschulische und Freizeitaktivitäten. Die Gleichaltrigengruppe wird zunehmend nach Geschlechtszugehörigkeit bestimmt und hinsichtlich Popularität organisiert. Freundschaften nehmen zunehmend eine andere Qualität ein (von der Kindheit bis zur frühen Adoleszenz gewinnen diese z.B. an Loyalität, Nähe und Vertrauen, insbesondere unter Mädchen; vgl. Phillipsen, 1999). Ab der mittleren Kindheit verfestigt sich die Einschätzung, dass Freundschaften affektive Bindungen darstellen, mit Kontinuität über Zeit, Raum und Ereignissen hinweg.

Bis zum elften Lebensjahr nimmt die Anzahl enger Freunde zu, danach nimmt sie wieder ab. Nach dem siebten Lebensjahr nehmen Freundschaften und Verbindungen zu gegengeschlechtlichen Gleichaltrigen ab. Zunehmend entwickelt sich ein Gefühl der Perspektivenübernahme in Gleichaltrigenbeziehungen. Kinder beginnen, ein Verständnis dafür zu entwickeln, dass sich beide Parteien in einer Beziehung koordinieren und ihre Bedürfnisse und Handlungen aufeinander abstimmen müssen. Damit einher geht ein zunehmendes Verständnis für feindselige Absichten Dritter und eine Zunahme personenorientierten aggressiven Verhaltens (z.B., dass anderen Kindern feindselige Absichten zugeschrieben werden; vgl. Hartup, 1974). Ab der mittleren Kindheit bringen Kinder aufgrund zunehmender sozialer Vergleichsprozesse vermehrt implizite und explizite Zweifel über ihre soziale Position und Akzeptanz unter Gleichaltrigen zum Ausdruck. Hinzu kommen zunehmend Ausschlussprozesse in sich bildenden Gruppen. Die Kinder versuchen, sich „in einem guten Licht" darzustellen, um ihren sozialen Status zu erhalten und sich gegen Zurückweisungen durch Gleichaltrige zu stärken. „Tratschen" gewinnt zur Erhaltung der Gruppenstrukturen an Bedeutung (vgl. Parker & Gottman, 1989).

Mit dem Einsetzen der Pubertät entwickeln sich verstärkt Cliquen (zumeist gleichgeschlechtliche Gruppen). Dem gegenüber stehen Gruppen von Gleichaltrigen (z.B. „Einzelgänger", „Beliebte"), die durch die ähnlichen Eigenschaften der Mitglieder, ihre Verhaltensweisen und ihre Aktivitäten bestimmt werden (vgl. Cairns & Cairns, 1994). In verschiedenen Studien konnte die Homogenität unter den Cliquen-Mitgliedern hinsichtlich Problemverhaltensweisen und schulischem Leistungsniveau nachgewiesen werden, wobei bidirektionale Mechanismen diese Homogenität bedingen: durch Selektion, also die Attraktivität gegenüber Gleichaltrigen aufgrund von Ähnlichkeiten, und Konformität, also dem Einfluss, der von den Gleichaltrigen ausgeht, sich in bestimmter Weise zu verhalten (Henrich et al., 2000). Im Übergang vom Kindes- zum Jugendalter verbringen Kinder zunehmend Zeit ohne Aufsicht der Eltern und Lehrer mit Gleichaltrigen und Freunden. Die mit Gleichaltrigen verbrachte Zeit übersteigt die Zeitspanne, die mit Eltern und Geschwistern verbracht wird, die Kohäsion zwischen Eltern und Kind nimmt ab. Aspekte, wie die eigene Beliebtheit und Popularität unter Gleichaltrigen, nehmen immer stärker eine bedeutende Funktion ein (Fuligni, Eccles, Barber & Clements, 2001).

Im Jugendalter hält der Trend an, verstärkt Zeit in der Gleichaltrigengruppe zu verbringen. Abgesehen von der Schule halten sich Jugendliche ungefähr ein Drittel ihrer Zeit unter Gleichaltrigen auf. Diese Beziehungen werden – im Vergleich zur Kindheit – in geringerem Umfang von Erwachsenen angeleitet bzw. begleitet. Zunehmend kommt es auch zur Integration von gegengeschlechtlichen Gleichaltrigen. Die Empfänglichkeit für Einflüsse durch Gleichaltrige erreicht um das 12. bis 13. Lebensjahr ihren Höhepunkt und nimmt anschließend wieder ab (Berndt, 1979; Steinberg & Silverberg, 1986). Jugendliche weisen in der Anzahl weniger Freundschaften auf als noch im Kindesalter, dennoch nehmen die Kontakte zu Gleichaltrigen und Freunden, beispielsweise als Quelle der Unterstützung, eine gleichbedeutende oder sogar stärkere Funktion ein als der Austausch mit den Eltern. Daneben kennzeichnen sich Freundschaften durch zunehmende Intensität und Selbstöffnung aus.

In Anlehnung an Mohr (2000) erfüllen Peer-Gruppen diverse soziale und psychische Funktionen. Zusammenfassend können Peer-Gruppen

- zur Orientierung und Stabilisierung beitragen,
- Geborgenheit gewähren,
- das Gefühl der Anerkennung und Zusammengehörigkeit vermitteln,
- das Erlernen von Handlungsstrukturen und sozialen Spielregeln ermöglichen,
- das Ausprobieren neuer sozialer Verhaltensweisen anbieten,
- zur Identitätsfindung beitragen und
- neue Sinnbezüge liefern.

Weiterhin kommt der Peer-Gruppe ein verstärkter Einfluss in der kindlichen Sozialisation zu. Die dauerhaften Kontakte zu Gleichaltrigen formen Einstellungen und Verhalten aktiv über Gruppennormen, Gruppendruck, soziale Sanktionen und soziale Verstärkung. Zudem werden Vergleichsmaßstäbe für das eigene prosoziale – im Sinne eines unterstützenden Netzwerkes – und dissoziale Verhalten – im Sinne eines devianzbegünstigenden Umfeldes – dargeboten. Peers – und insbesondere gute Freunde – gelten als eine Hauptquelle von Freude, Vergnügen und persönlicher Anerkennung. Kinder und Jugendliche dienen untereinander als emotionale Stützen. Sie stellen somit eine wichtige Quelle des sozialen Austausches dar, die für eine angepasste psychosoziale Entwicklung unabdingbar sind (vgl. Williams & Gilmour, 1994). Demgegenüber geht eine Verwehrung dieser Erfahrungen mit einem erhöhten Risiko der Fehlanpassung einher. Weiterhin beeinflussen Peer-Viktimisierungen die Entwicklungschancen der Kinder und Jugendlichen nachhaltig negativ (Bond et al., 2001; Boulton & Smith, 1994; Callaghan & Joseph, 1995; Craig, 1998; Duncan, 1999; Forero et al., 1999; Gasteiger-Klicpera & Klicpera, 2001; Gilmartin, 1987; Kumpulainen & Räsänen, 2000; Mohr, 2000; Olweus, 1996; Sourander et al., 2000).

7.3 Entwicklungsaufgaben im Rahmen von Gleichaltrigenbeziehungen

Nach Havighurst (1982) stellen *Entwicklungsaufgaben* (developmental tasks) Anforderungen dar, die sich in bestimmten Lebensperioden stellen. Sie ergeben sich beispielsweise aus der psychosozialen Entwicklung bzw. körperlichen Reifung, aus kulturellen, gesellschaftlichen Erwartungen oder aber persönlichen Zielsetzungen. Die erfolgreiche Bewältigung begründet eine angepasste Entwicklung und erhöht die Wahrscheinlichkeit dafür, dass zukünftige Entwicklungsaufgaben ebenfalls erfolgreich bewältigt werden. Schwierigkeiten beim Bewältigen von Entwicklungsaufgaben hingegen erhöhen die Wahrscheinlichkeit für eine fehlangepasste Entwicklung.

In Tabelle 7.1 sind wesentliche Entwicklungsthematiken bzw. -aufgaben des frühen und mittleren Schulalters sowie der Adoleszenz zusammengefasst.

Tabelle 7.1. Wichtige Entwicklungsthematiken und -aufgaben des frühen/mittleren Schulalters und der Adoleszenz (nach Oerter & Dreher, 1995).

Altersperiode	Entwicklungsthematiken/-aufgaben
Schulübergang und frühes Schulalter (5-7 Jahre)	• Geschlechtsrollenidentifikation • einfache moralische Unterscheidungen treffen • konkrete Operationen (kognitive Entwicklung) • Spiel in Gruppen
mittleres Schulalter (6-12 Jahre)	• soziale Kooperation • Selbstbewusstsein (z.B. fleißig, tüchtig) • Erwerb der Kulturtechniken (Lesen, Schreiben, Rechnen) • Spielen und Arbeiten im Team • Formen von Freundschaften
Adoleszenz (13-17 Jahre)	• körperliche Reifung • formale Operationen (kognitive Entwicklung) • Gemeinschaft mit Gleichaltrigen • sexuelle Beziehungen

Das Bewältigen bestimmter Entwicklungsaufgaben im Kindes- und Jugendalter ist dabei wesentlich an die Peer-Gruppe gebunden. Vom frühen Kindesalter an erweist sich die Interaktion mit anderen Kindern demzufolge als ein wesentlicher Faktor innerhalb der kindlichen Welt (Asher & Coie, 1990; Hartup, 1970; 1983; Ladd, 1999). Das Formen enger, vorwiegend gleichgeschlechtlicher Freundschaften innerhalb der Gleichaltrigengruppe stellt eine wichtige zu bewältigende Entwicklungsaufgabe im Grundschulalter dar (vgl. Parker, Rubin, Price & De Rosier, 1995; Scheithauer, 2003). Im mittleren Grundschulalter stabilisieren sich individuelle Unterschiede hinsichtlich sozial-kompetentem Verhalten gegenüber Gleichaltrigen, das sich als prädiktiv gegenüber einem angepassten oder fehlangepassten Verhalten im Jugendalter erweist (vgl. Howes & Phillipsen, 1998). Darüber hinaus lassen sich in *der Auseinandersetzung mit Gleichaltrigen altersspezifische Entwicklungsaufgaben* kennzeichnen (Hartup, 1980; Sroufe, Egeland & Carlson, 1999; s. Tab. 7.2).

Tabelle 7.2. Altersspezifische Entwicklungsaufgaben im Rahmen der Gleichaltrigenbeziehungen (aus Scheithauer, 2003, nach Sroufe et al., 1999).

Vorschulalter: Positiver Austausch mit Gleichaltrigen
Im Vorschulalter müssen spezifische Spiel- und Interaktionspartner gewählt werden. Zudem gilt es, Interaktionen zu anderen Kindern aufrechtzuerhalten. Dies beinhaltet z.B. die Bewältigung von möglichen Konflikten im Rahmen der Interaktionen oder das Empfinden von Vergnügen am interaktiven Austausch. Somit verkörpert die Teilnahme an Gruppenaktivitäten eine bedeutsame Aufgabe.

Mittleres Kindesalter: Investitionen in die Gleichaltrigengruppe
Im mittleren Kindesalter gilt es, loyale Freundschaften zu knüpfen. Damit einher geht das Aufrechterhalten von Beziehungen, beispielsweise über das Bewältigen von Beziehungskonflikten und dem Zeigen von Toleranz gegenüber einer Reihe von emotionalen Erfahrungen. Das Knüpfen enger Beziehungen ist verbunden mit einer Selbst-Erhöhung. Zur Aufrechterhaltung des Funktionsniveaus in stabilen, organisierten Gruppen gilt es, an Gruppennormen festzuhalten und die vornehmlich gleichgeschlechtlichen Verbindungen aufrechtzuerhalten. Zudem müssen Freundschaften und das Funktionsniveau der Gruppe koordiniert werden.
Jugendalter: Integration des Selbst und der Gleichaltrigenbeziehungen
Im Jugendalter stellt das Formen intimer/intensiver Beziehungen eine wichtige Entwicklungsaufgabe dar. Dies geschieht beispielsweise über Selbstöffnung in gleichgeschlechtlichen Beziehungen, dem Formen gegengeschlechtlicher Beziehungen und schließlich über das Eingehen sexueller Beziehungen. Um Bindungen in Beziehungen eingehen zu können, gilt es sich selbst zu öffnen und eine Identität zu entwickeln. Das „Funktionieren" in Beziehungsnetzwerken setzt das Beherrschen multipler Regelsysteme, das Aufbauen flexibler Beziehungen und die Koordination multipler gleich- und gegengeschlechtlicher Beziehungen voraus.

Im Rahmen sozialer Interaktionen mit Gleichaltrigen lernen Kinder soziale Fertigkeiten, wie zum Beispiel das Aufeinander-Abstimmen des Spielens oder das Knüpfen emotionaler Bindungen (vgl. Hartup, 1983). Zusammengenommen repräsentiert der Aufbau von Peer-Beziehungen für Kinder und Jugendliche eine wichtige Entwicklungsaufgabe. Themen der Isolation und Ausgrenzung als Zeichen einer missglückten Integration verhindern wertvolle und notwendige Erfahrungen. Vor dem Hintergrund dieser Entwicklungsaufgaben könnten Formen des Neckens, die sich auf die Beziehungsebene beziehen, eine wichtige Funktion innerhalb der sozialen Entwicklung von Mädchen einnehmen (s. Kasten 7.1).

Kasten 7.1.   Die Bedeutung unprototypischer Aggression für die soziale Entwicklung von Mädchen.

Christina (2001) geht davon aus, dass relationale Aggression für die normative soziale Entwicklung von Mädchen eine besondere Rolle einnimmt: Mit Hilfe relationaler Aggression gelingt es Mädchen, die für sie wichtigen, intensiven Beziehungen zu gleichaltrigen Mädchen zu entwickeln und aufrechtzuerhalten. Zwar erweist sich in der Studie von Christina unter Viert- und Fünft- sowie Achtklässlerinnen relationale Aggression als Prädiktor für Zurückweisungen durch Gleichaltrige, gleichzeitig jedoch auch für freundschaftliche Beziehungen zu anderen Mädchen. Handlungen, wie zum Beispiel „über Dritte Lästern", treten in der Regel in Freundschaftsbeziehungen auf, Ausschluss einer dritten Person erfolgt oftmals, um eine andere Freundschaft zu „stärken". Lästern über Dritte im positiven Sinne erwies sich als Prädiktor für Akzeptanz unter Gleichaltrigen sowie intensive Freundschaften. Somit unterscheidet Christina (2001) zwischen positiven und negativen Formen des Lästerns, ähnlich der Abgrenzung von Necken (im freundschaftlichen Sinn) und Bullying (im negativen Sinn; s. Kap. 2.2). Unprototypische Formen der Aggression nehmen somit vor dem Hintergrund der Bewältigung altersspezifischer Entwicklungsaufgaben insbesondere für Mädchen eine besondere Funktion ein.

Letztlich ist zu erwähnen, dass Bullying insbesondere mit negativen Folgen für die Betroffenen bei *Entwicklungsübergängen* (Transitionen) in neue Umgebungen (z.B. Einschulung, Schulwechsel, Wechsel der Schulform) verknüpft sein kann (vgl. Ladd & Price, 1987; Whitney & Smith, 1993). Ebensolche Entwicklungsübergänge sind mit einer gewissen Unsicherheit aufgrund der unbekannten Situation verknüpft, können somit Stress auslösen und bieten einen Raum für die Bildung neuer Freundschaften, Feindschaften, Positionskämpfe und das Aushandeln von Macht, Stärke und Dominanz. Craig, Pepler, Connolly und Henderson (2001) bringen das Ausmaß an Viktimisierungen in einen Zusammenhang mit dem Einsetzen der *Pubertät*. Zu diesem Zeitpunkt findet ein Wechsel von gleich- zu gegengeschlechtlichen Viktimisierungen statt. Bei einer verfrühten Reifung sind Jugendliche sowohl von gleich- als auch gegengeschlechtlichen Viktimisierungen betroffen. Da Mädchen zudem früher als Jungen reifen, weisen sie ein besonders hohes Risiko für sexuelle Viktimisierungen (sexual harassment) auf.

7.4   Strukturen von Jungen- und Mädchengruppen

Vor allem im Kindesalter setzen sich Peer-Gruppen *geschlechtshomogen* (zumeist zudem aus Schüler derselben Schule) zusammen (vgl. Maccoby, 1986; 1990). Auch in der Adoleszenz verschwindet das Phänomen der Trennung der Geschlechter nicht vollständig, obwohl immer mehr gemischtgeschlechtliche Gruppen gebildet werden. Zunehmend werden jedoch auch romantische Beziehungen zum anderen Geschlecht geknüpft.

Thorne (1986) beschreibt Gleichaltrigengruppen im Grundschulalter wie folgt: Jungen interagieren in größeren, eher altersheterogenen Gruppen, deren Aktivitäten mit Vorlieben aus Tobspielen und physischem Kräftemessen bestehen. Zentral sind ferner organisierte sportliche Wettkämpfe, wobei zu beachten bleibt, dass der Konkurrenz- und Wettbewerbsgedanke auch im alltäglichen Umgang erkennbar ist. Gruppen aus Jungen sind hierarchisch strukturiert, was durch den häufigen Gebrauch von direkten Kommandos, Beleidigungen und Herausforderungen dokumentiert wird. Hingegen sehen die Erfahrungen der Mädchen in der mittleren Kindheit qualitativ anders aus. Sie bewegen sich eher in nicht-öffentlichen Räumen und bilden kleinere, vornehmlich dyadische Beziehungen. Das Spielverhalten basiert vornehmlich auf Kooperation. Außerdem teilen und bewahren Mädchen eher Geheimnisse und andere Intimitäten mit ihren Freundinnen, was auf intensive wie exklusive Freundschaftsbeziehungen hinweist. Widersprüche werden meist indirekt geäußert. Stehen für Jungen in gleichgeschlechtlichen Freundschaften Aspekte des gemeinsamen Erlebens und Handelns im Vordergrund, haben für Mädchen emotionale Komponenten, gegenseitiges Vertrauen und Offenheit herausragende Bedeutung. Jungengruppen erweisen sich in starkem Maße als rüde und wettbewerborientiert, während sich Mädchen- im Vergleich zu Jungengruppen in stärkerem Maße durch kooperatives Verhalten kennzeichnen lassen (Goodwin, 1998; Hoyenga & Hoyenga, 1993; Maccoby, 1988; 1990). Jungen weisen in ihrer sozialen Gruppe – zumindest vor der Adoleszenz – mehr Gleichaltrige auf als Mädchen, die eher zu wenigen, aber intensiven Freundschaften zu anderen Mädchen neigen (Buhrmester & Furman, 1987; Buhrmester & Prager, 1995; Maccob, 2000; Waldrop & Halverson, 1975; vgl. Henrich et al., 2000). Der Unterschied zwischen Jungen und Mädchen in der Größe der Gleichaltrigengruppe gleicht sich jedoch im Jugendalter zunehmend an (Black, 2000).

Kasten 7.2.   Die Bedeutung von Tobspielen.

Eine Vielzahl an Studien belegt, dass Jungen gegenüber Mädchen eine bestimmte Form des Spielens bevorzugen, die so genannten Tobspiele mit Körperkontakt (rough-and-tumble-play; Boulton, 1996; Maccoby, 1986; 1990; Oswald, 1997). Aus den Tobspielen können – sofern sie eskalieren – weitere Interaktionen resultieren, die augenscheinlich den Charakter aggressiven Verhaltens aufweisen. Ein Großteil der Studienergebnisse lässt sich deshalb auf Fehleinschätzungen der Beobachter zurückführen, die das Spielverhalten von Jungen fälschlicherweise als „aggressiv" oder „gewalttätig" einstufen, obwohl es sich um Tobspiele handelt (vgl. Schäfer & Smith, 1996, für Fehleinschätzungen durch Lehrer). Während Kinder sehr gut zwischen realem und gespieltem Kämpfen unterscheiden können (Boulton, 1993), scheinen sich Erwachsene eher auf die Ähnlichkeiten als auf die Unterschiede im Verhalten zu konzentrieren (vgl. Goldstein, 1992; Martin & Fabes, 2001):

- Gesichtsausdruck (z.B. Lachen vs. Grimassieren, Zähnefletschen),
- Folge des Verhaltens (Verletzungen vs. keine Verletzungen, Zusammenbleiben der „Kontrahenten") und
- Häufigkeit (reale Aggression tritt seltener auf) sowie zeitliches Andauern (reale Aggression verläuft kürzer als gespielte Aggression).

Bisher herrscht noch Uneinigkeit darüber, ob Tobspiele lediglich die Wahrscheinlichkeit aggressiven Verhaltens erhöhen, oder aber, ob es sich um ein für die soziale und emotionale Entwicklung förderliches Verhalten handelt (z.B., um sich ein Verständnis für Kompromisse, Gleichheit und Unterschiedlichkeit und Wechselseitigkeit in Interaktionen zu verschaffen; vgl. Goldstein, 1992). Pellegrini (1995) konnte in einer Studie an Kindergarten- und Schulkindern aus der zweiten und vierten Klasse zeigen, dass sich ein Zusammenhang zwischen dem Ausmaß kooperativen Spielverhaltens in einem Jahr und der Nominierung durch Gleichaltrige im folgenden Jahr ergab: Während sich für Mädchen ein positiver Zusammenhang ergab (hohes Ausmaß kooperativen Spielens = positive Nominierungen), wurden Jungen mit kooperativem Spielverhalten am negativsten nominiert. Zu ähnlichen Befunden gelangt Boulton (1999) und schlussfolgert, dass kooperativ spielende Jungen negativ nominiert und sogar viktimisiert werden, da sie sich nicht der maskulinen Geschlechtsrolle gemäß verhalten.

Die *Form aggressiven Verhaltens* – und damit auch die *Form von Bullying* – scheint somit für Jungen und Mädchen vor dem Hintergrund ihrer psychosozialen Entwicklung unterschiedliche Funktionen einzunehmen (vgl. Björkqvist et al., 2000; Block, 1983; Crick et al., 1996; Galen & Underwood, 1997):

- *Offen-aggressive Verhaltensweisen* stehen in einem Zusammenhang mit den Zielen, die für *Jungen in ihrer Gleichaltrigengruppe* von Bedeutung sind, insbesondere hinsichtlich ihrer Dominanz innerhalb der Gruppe.
- *Relational-aggressive Verhaltensweisen* hingegen nehmen innerhalb der psychosozialen Entwicklung von *Mädchen* einen besonderen Stellenwert ein, indem sie die sozialen Beziehungen innerhalb ihrer Gleichaltrigengruppe betreffen.

Insgesamt kann festgehalten werden, dass die soziale Organisation von Peer-Gruppen nach geschlechtsspezifischen Vorlieben erfolgt (vgl. Campbell, 1999; Maccoby, 2000). Es bleibt zu beachten, dass die weitgehende Trennung der Geschlechter mit differenzierten sozialen Umwelten zusammenhängt. Aufgrund der unterschiedlichen internen Strukturen bietet die geschlechtsbezogene Organisation von Peer-Gruppen verschiedene Angriffspunkte für absichtliche Schädigungshandlungen an.

7.5   Zum Zusammenhang von Peer-Beziehungen, fehlangepasstem Verhalten und psychosozialen Beeinträchtigungen

Die Art und Weise, in der ein Kind durch die Gleichaltrigen eingeschätzt wird, kann – wie die bisher angeführten Studienergebnisse deutlich veranschaulichen – somit einen bedeutenden Prädiktor für eine spätere angepasste oder fehlangepasste Entwicklung darstellen (Parker & Asher, 1987). Insbesondere im mittleren Kindes- und Jugendalter messen Kinder dem „Dazugehören" in der gleichgeschlechtlichen Gleichaltrigengruppe einen hohen Wert bei, sie bemühen sich, nicht von anderen ausgeschlossen zu werden (Gottman & Mettetal, 1986).

Für die Betrachtung des *Zusammenhangs von Gleichaltrigenbeziehungen und psychischen Beeinträchtigungen* lassen sich drei Modellvorstellungen unterscheiden (Parker & Asher, 1987; Parker et al., 1995; Rubin et al., 1998; Rudolph & Asher, 2000; vgl. Ladd, 1999; Williams & Gilmour, 1994):
- *Einfaches Incidental-Modell:* Probleme mit Gleichaltrigen werden als Ausdruck zugrunde liegender Dispositionen, wie pathogener Prozesse (z.B. konstitutionelle Faktoren, Verhaltensstörungen) oder aversiver Umgebungsbedingungen (z.B. negatives elterliches Erziehungsverhalten, Misshandlungen) angesehen. Problemverhaltensweisen des Kindes führen dazu, dass es in der Gleichaltrigengruppe abgelehnt wird. Die Beziehungen des Kindes zur Gleichaltrigengruppe stellen somit einen Indikator dar, anhand dessen der psychische Status, Entwicklungsverzögerungen oder -abweichungen „abgelesen" werden können.
- *Einfaches Kausal-Modell:* Schwierigkeiten in der Gleichaltrigengruppe und Schwierigkeiten, effektive und positive Beziehungen zu Gleichaltrigen aufzubauen, führen nach diesem Modell zu Fehlanpassungen. Negative Erfahrungen in der Gleichaltrigengruppe unterbrechen die Bewältigung altersangemessener Entwicklungsaufgaben und das Erlangen altersrelevanter sozialer Fertigkeiten.
- *Interaktionale/transaktionale Modelle:* Diese Modelle basieren nicht einfach auf „Haupt-Effekt-Wirkungen", sondern postulieren – in Anlehnung an interaktionale Entwicklungsmodelle (s. Petermann et al., 2003; Abb. 7.1) – komplexe Interaktionen zwischen Kind und Gleichaltrigengruppe. So berücksichtigen die ersten beiden Modelle nicht den Einfluss der Eigenschaften des Kindes auf die Zurückweisung bzw. die Zurückweisung durch die Gleichaltrigen in ihrer Auswirkung auf die Eigenschaften des Kindes. Interaktionale Modelle postulieren dynamische, interaktive Prozesse zwischen den Variablen, die sie umfassen. Eigenschaften des

Kindes und seiner Umwelt verändern sich und beeinflussen sich gegenseitig über die Zeit.

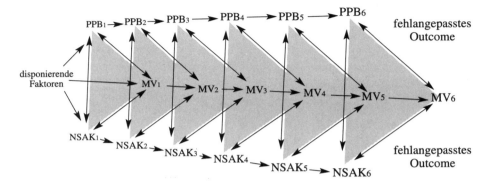

Abbildung 7.1.   Transaktionsmodell zum Zusammenhang von Gleichaltrigenbeziehungen und psychischen Störungen (nach Parker et al., 1995, S. 129).

> **Legende.** Biopsychosoziale Faktoren und frühe Erfahrungen begründen disponierende Faktoren, die zu einem maladaptiven Verhalten (MV) führen können, das sich wiederum als nicht vorteilhaft beim Knüpfen von Beziehungen zu Gleichaltrigen erweist. MV beeinflusst auch die Selbstwahrnehmung und sozialen Attribuierungen (negative Selbst-Andere-Kognitionen = NSAK). MV führt darüber hinaus zu Problemen hinsichtlich der Peer-Beziehungen (PPB). Diese Ebenen stehen in komplexen Wechselwirkungsprozessen und können im Entwicklungsverlauf zu einer Fehlanpassung, wie zum Beispiel psychischen Störungen, führen. Aus Petermann et al. (2003). Entwicklungswissenschaft. © Springer Verlag, Berlin (im Druck).

Studien, denen ein interaktionales Modell zugrunde liegt, benötigen komplexe statistische Auswertungsverfahren, wie zum Beispiel Strukturgleichungsmodelle. So liegen auch bisher lediglich wenige Studien auf der Basis interaktionaler Modelle vor. Eine Ausnahme stellt die Studie von Terry et al. (1992, in Parker et al., 1995) dar. Terry et al. ermittelten, dass sich das Verhalten des Kindes und seine Beziehungen zu Gleichaltrigen über die Zeit *bidirektional* beeinflussen: Die Gleichaltrigengruppe verstärkt das Verhalten des Kindes, welches wiederum den sozialen Status des Kindes beeinflusst. Mit Hilfe eines solchen Modells können die dargestellten Wechselwirkungen zwischen risikoerhöhenden Bedingungen, Bullying und den Folgen von Bullying adäquat zueinander in Beziehung gesetzt werden.

Kapitel 8

Erfassung des Bullying

Nachdem wir die Auftretenshäufigkeit, Erscheinungsformen, Folgen und Risikobedingungen von Bullying behandelt und einen Einblick in die entwicklungspsychologischen Grundlagen der Bedeutung der Peer-Gruppe gegeben haben, wenden wir uns
nun der Erfassung von Bullying unter Schülern zu. Neben den jeweiligen Vor- und
Nachteilen *unterschiedlicher Erfassungsmethoden* und deren altersspezifischen Einsatz, gehen wir auf die Auswahl *geeigneter Informationsquellen* ein.

8.1   Methoden und Verfahren zur Erfassung von Bullying

Zur Erfassung von Bullying unter Schülern sind in den letzten Jahren unterschiedli-
che Verfahren entwickelt worden, die jeweils Vor- und Nachteile aufweisen. Nach-
folgend werden ausgewählte Verfahren vorgestellt, die grob folgenden *Erfassungs-
methoden* zugeordnet werden können:
- *Fragebogen* (Selbstberichte);
- *Interviews* und
- *bildgetragene Erfassungsstrategien bei jungen Kindern*;
- *Peer-Nominierungen* und *Peer-Ratings*;
- *Beobachtungen*;
- *Lehrer-* bzw. *Elternberichte*.

Die jeweiligen Vor- und Nachteile werden diskutiert. Dabei beziehen wir auch Erkenntnisse aus der *Aggressionsforschung* allgemein mit ein, da bisher noch zu wenige vergleichende Studien speziell zum Einsatz der Methoden zur Erfassung von
Bullying vorliegen. Die Verfahren eignen sich, um das Ausmaß an Bullying auf der
Täter- und Opferseite zu ermitteln sowie bestimmte Gruppen („reine" Bullies, Victims; Bully/Victims) und das Ausmaß an Bullying nach unterschiedlichen Formen
(verbal, physisch, indirekt/relational) zu unterscheiden. Um beispielsweise verschiedene Rollenzuschreibungen vorzunehmen, wie sie die Arbeitsgruppe um Christina
Salmivalli ermittelt hat (s. Kap. 3.4), sind andere, hier nicht näher dargestellte Verfahren heranzuziehen (s. Darstellung in Salmivalli et al., 1996b).

Fragebogen (Selbstberichte). Der Gebrauch von Fragebögen zur Erfassung der eigenen Erfahrungen (Täter- und Opferseite) mit Bullying, die von den Schülern selbst
schriftlich zu beantworten sind, stellt die verbreitetste Methode dar. Neben Verfahren
von Rigby (1997), Arora und Thompson (1987) sowie der Neuentwicklung einer
multidimensionalen Peer-Viktimisierungsskala (Mynard & Joseph, 2000) ist der

Bully/Victim-Questionnaire von Olweus (Olweus, 1989; 1991) in seinen unterschiedlichen Versionen und Übersetzungen der wohl bekannteste und weltweit am häufigsten eingesetzte standardisierte Fragebogen zur Erfassung der Häufigkeit des
Bullying (TMR Network Project, 1999a), der in Kasten 8.1 näher beschrieben wird.

Kasten 8.1.   Der Bully/Victim-Questionnaire nach Olweus.

Olweus legte erstmals 1989 einen Schülerfragebogen zur Erfassung des Bullying ab der
fünften Klasse vor (Bully/Victim-Questionnaire), den er in einer revidierten Version 1997
um einige Items veränderte, um auch explizit indirekte Formen des Bullying und der
Viktimisierung zu erfassen. Dabei werden die Schüler gefragt, ob sie innerhalb des letzten Halbjahres Täter oder Opfer aggressiven Verhaltens wurden. Die Schüler können die
Häufigkeit des Verhaltens auf einer fünfstufigen Skala einschätzen („nicht vorgekom-
men" bis „mehrmals in der Woche"). Neben den insgesamt sechs Items besteht weiterhin
die Möglichkeit, andere Formen des Bullying zu benennen. Je nach Häufigkeit des Verhaltens können „harte" und „weiche" Bullies bzw. Victims unterschieden werden. Hierdurch lassen sich gelegentliche, spielerische oder entwicklungsbedingte Äußerungsformen aggressiven Verhaltens von persistenten Opfer- und Täterschaften abgrenzen (vgl.
Lösel et al., 1999). Weiterhin werden analog zur Aggressionsforschung unterschiedliche
Formen des Bullying/der Viktimisierung unterschieden:

*   offen-körperlich, physisch (prototypisch),
*   verbal und
*   relational, indirekt, sozial bzw. psychisch (unprototypisch).

Neben den Fragen zur Auftretenshäufigkeit von Bullying aus der Täter- und Opferperspektive werden

*   Fragen *zum Umgang mit den Vorfällen* (sowohl der eigene Umgang, als auch Reaktio-
    nen der Eltern und Lehrer) sowie
*   verschiedene Fragen zur *schulischen Situation* (z.B. Klassengröße) und
*   zum *„Wohlfühlen" in der Schule* (z.B. „Wie findest Du Pausen?") gestellt.

In der Regel wird am Anfang des Fragebogens eine altersgemäße Definition gegeben,
was unter dem Begriff Bullying zu verstehen ist. Zusätzlich geben einige Autoren Verhaltensweisen vor, die *nicht* unter Bullying subsumiert werden, da die Gefahr besteht,
dass vor allem jüngere Kinder Situationen als Bullying missinterpretieren, in denen kein
Ungleichgewicht des Kräfteverhältnisses festzustellen ist (Smith & Levan, 1995; s. Kap.
4.5.2). Die Definition aus der Version von 1997 lautet beispielsweise:

„Wir sagen, daß ein Schüler gemobbt wird, wenn ein anderer Schüler oder eine Gruppe
von Schülern:

*   häßliche und unangenehme Dinge zu ihm sagen, sich über ihn lustig machen oder ihn
    in verletzender Weise beschimpfen,
*   ihn mit Absicht nicht beachten, ihn aus ihrem Freundeskreis ausschließen oder ihn bei
    nichts mitmachen lassen,
*   ihn schlagen, treten, herum schubsen oder bedrohen,
*   Lügen oder Gerüchte über ihn verbreiten oder gemeine Bemerkungen über ihn schrei-
    ben und versuchen, ihn bei den Mitschülern unbeliebt zu machen, und ähnliche Dinge.

Diese Dinge können häufig vorkommen und *es ist für den Schüler, der gemobbt wird
schwierig, sich zu verteidigen.* Mobben heißt auch, wenn ein Schüler immer wieder in

gemeiner und verletzender Weise gehänselt wird. Aber wir nennen es *nicht mobben*, wenn ein Schüler in freundschaftlicher Weise geneckt wird, oder wenn zwei fast gleich starke Schüler miteinander streiten und kämpfen."

Konsequenterweise liegen Versionen vor, die auf Grundschüler sowie ältere Schüler zugeschnitten sind. Besondere Beachtung verlangt bei der Konstruktion der Instrumente das Niveau des Sprach- und Begriffsverständnisses der Zielgruppe. In diesem Zusammenhang präsentieren Hamby und Finkelhor (2001, S. 7) eine Faustregel, die für alle Fragebögen, in denen Viktimisierungserlebnisse – unabhängig von der Form der Viktimisierung – direkt von den betroffenen Kindern und Jugendlichen erfragt werden, gelten soll: „At a minimum, questionnaires should require less than an eigth-grade reading level for adolescents and parents and less than a fifth-grade reading level for middle school students". Daneben wandelten einige Forschergruppen die Anzahl und den Inhalt der Fragen ab (z.B. in der Sheffield-Version von Whitney & Smith, 1993, oder in der italienischen Fassung von Genta, Menesini, Fonzi, Costabile & Smith, 1996). Ein Überblick über verschiedene, sprachlich adaptierte Versionen kann im Internet dem TMR Network Project (1999a) entnommen werden. Deutsche Adaptationen wurden beispielsweise von Hanewinkel und Knaack (1997a; b), Scheithauer et al. (submitted; Hayer, 2001; Hayer et al., 2002; Jugert et al., 2000), Atria und Spiel (2002) sowie Lösel et al. (1997) verwendet, teilweise in modifizierter Form.

Einen abgewandelten Ansatz zur Erfassung der Häufigkeit von Bullying-Episoden wählen Arora und Thompson (1987). Mit ihrem Fragebogen *Life in School* wird auf die Vorgabe einer Bullying-Definition zugunsten eines von Schülern selbst konstruierten Begriffsverständnisses verzichtet. Dabei haben die Befragten a priori anzugeben, welche „Interaktionen" sie unter Bullying einordnen. Erst in einem nachfolgenden Schritt kommt es zur Bestimmung der Auftretensraten jener Verhaltensweisen, die von der Mehrheit als Bullying definiert worden war. Hawker und Boulton (submitted) entwickelten die *Self-Rated Experiences of Victimization Scale (SEVS)* zur Erfassung von Viktimisierungen durch Gleichaltrige, die auch Items zur Erfassung der indirekten und relationalen Viktimisierung enthält. Die Schüler geben die Häufigkeit der Viktimisierung auf einer Drei-Punkte-Skala („nicht häufig" bis „häufig") an. Für den deutschen Sprachraum liegt zudem der *SMOB-Fragebogen* von Kasper (2001) vor, der sowohl Items zum Bullying von Schülern aber auch Items zu Übergriffen von Lehrern beinhaltet. Allerdings liegt unseres Wissens bisher keine befriedigende Überprüfung der Gütekriterien vor. Kasten 8.2 stellt exemplarisch ausgewählte Items dieser Erhebungsinstrumente vor.

Die *Vorteile* von Fragebogen zur Erfassung von Bullying sind vielfältig. Von einer großen, wohldefinierten und mitunter repräsentativen Schülerstichprobe erhält man kostengünstig in kurzer Zeit Informationen über das Ausmaß des Bullying. Die garantierte Anonymität trägt dazu bei, ehrliche Antworten in Bezug auf eine sensitive Thematik zu erhalten. Aus der Dunkelfeldforschung liegen Belege für eine hinreichende Gültigkeit von Selbstberichten vor, solange die Bedingung der Anonymität gewahrt bleibt. Die Schüler selbst eignen sich als bestmögliche Informationsquelle (vgl. Rigby, 1997). So sind Betroffene unter den gegebenen sozialen, kulturellen und ortsspezifischen Bedingungen und unter Berücksichtigung alters- und subkulturspezifischen Stilisierungen am ehesten mit dem relevanten Sach- und Handlungswissen (deklaratives und prozedurales Wissen) ausgestattet. Die Authentizität ihrer Aussagen (vgl. Dettenborn & Lautsch, 1993) wird durch die Tatsache unterstrichen, dass Episoden von Bullying zumeist in Abwesenheit von Erwachsenen stattfinden. So können Viktimisierungen erfasst werden, von denen auch Gleichaltrige nichts erfahren haben (z.B. alleinige Konfrontation des Opfers mit dem Täter). Zudem können sie Angaben machen, die in angemessener Weise die vorherrschende Bullying-Problematik an einer Schule aus Schülersicht quantitativ abbilden und eine Argumentationsbasis für nachfolgende Präventions- und Interventionsmaßnahmen bilden (vgl. Rigby, 1997). Insbesondere ab dem Übergang zum Jugendalter scheinen Selbstberichte die Methode der Wahl zu sein.

Kasten 8.2.   Ausgewählte Items zur Erfassung von Bullying unter Schülern (aus Sicht der Opfer).

Bully/Victim Questionnaire (Olweus; revidierte Version von 1997)
- Ich wurde häßlich beschimpft, man hat sich über mich lustig gemacht und ich wurde in gemeiner Weise gehänselt
- Andere Schüler haben mich absichtlich nicht mitmachen lassen, mich aus ihrem Freundeskreis ausgeschlossen, mich absichtlich nicht beachtet
- Ich wurde geschlagen, getreten, herum geschubst oder bedroht

SMOB-Fragebogen (Kasper, 2001)
- Mitschüler unterbrechen mich ständig, wenn ich etwas sagen will
- Ich werde am Telefon belästigt
- Andere machen mir gegenüber abwertende Blicke oder Bewegungen
- Ich werde von anderen wie Luft behandelt
- Ich muss andere bedienen, ihre Hausaufgaben machen usw.
- Mitschüler sprechen hinter meinem Rücken schlecht über mich
- Ein Mitschüler droht mir mit körperlicher Gewalt

Die Anwendung von Fragebögen bringt jedoch auch eine Reihe von *Nachteilen* mit sich. Aus Gründen der begrenzten kognitiven Verarbeitungskapazität der Beteiligten kann kein Fragebogen alle potenziell relevanten Informationen erfassen. Vorwiegend bei jüngeren Schülern stellt sich das Problem der Aufmerksamkeits- und Konzentrationsfokussierung sowie der Erinnerungs- und Zuordnungsfähigkeit. Daher kann dieser Forschungsansatz eher als „oberflächlich" eingestuft werden, da eine begrenzte Anzahl von Fragen im Multiple-Choice-Format eine tiefergehende, individuell orientierte Analyse verhindert. Spezifische Informationen, beispielsweise zu risikoerhöhenden Bedingungen oder zu interaktiven Prozessen, können somit nicht differenziert erhoben werden (TMR Network Project, 1999a). Weiterhin tragen erhebliche Unterschiede bezüglich der Konstruktion, Durchführung und Auswertung zu heterogenen Ergebnissen bei.

Perry et al. (1988) geben zu bedenken, dass Opfer dazu neigen könnten, stärker von Viktimisierungen durch Gleichaltrige zu berichten, als es tatsächlich der Fall war. Schuster (1997; 1999a; b) spricht in diesem Zusammenhang von *sensitiven Schülern* (bei positiver Selbst- aber negativer Fremdidentifikation als Opfer von Bullying). Möglich ist auch, dass Jungen in Selbstbeurteilungen in geringerem Maße von direkten und indirekten Viktimisierungen durch Mädchen berichten, da sich Jungen selbst lieber als „stark" ansehen (Boulton, 1996). Insbesondere im Zusammenhang mit externalisierenden Verhaltensstörungen weisen Selbstberichte jedoch zuweilen eine fragwürdige Validität auf (vgl. Kupersmidt & Patterson, 1991). In Selbstbeschreibungen hinsichtlich aggressiven Verhaltens oder Bullying (Täterperspektive) lassen sich Antworttendenzen ermitteln, denen zufolge negative Eigenschaften im geringeren Ausmaß beschrieben werden (vgl. Patterson, Cohn & Kao, 1989; Patterson, Kupersmidt & Griesler, 1990) bzw. auf direkte Fragen im Sinne der sozialen Erwünschtheit geantwortet wird (vgl. Austin & Joseph, 1996). Die mit Aggression und Bullying einhergehende verzerrte sozial-kognitive Informationsverarbeitung korrespondiert mit einer verzerrten Selbsteinschätzung; aufgrund fehlender sozialer Fertigkeiten wird eigenes aggressives Verhalten unter Umständen nicht wahrgenommen (vgl. Österman et al., 1994). Zudem überschätzten sich Personen hinsichtlich ihrer prosozialen Fertigkeiten (*self-serving attribution bias*; Arkin, Cooper & Koldiz, 1980; Salmivalli et al., 1996).

Erfassungsstrategien bei jungen Kindern. Es sind zudem eine Reihe von Verfahren zur Erfassung von Bullying bei jungen Kindern (z.B. Kindergarten, Grundschule) entwickelt worden. Insbesondere im Vorschulalter und frühen Kindesalter müssen altersgerechte Verfahren eingesetzt werden, die Rücksicht nehmen auf die Auffassungsgabe und auf das kognitive Entwicklungsniveau der Kinder. Hierfür sind verschiedene, insbesondere *bildgetragene, semi-projektive Verfahren* entwickelt worden. Hierzu zählt etwa *The Cartoons Task* (Smith et al., 2002; TMR Network Project, 2001). Es handelt sich um 25 Cartoons, die unterschiedliche Situationen illustrieren, von denen einige Bullying beschreiben (s. Abb. 8.1). Das Verfahren lässt zudem die Erfassung unterschiedlicher Formen von Bullying zu.

Ähnlich den Fragestellungen im Olweus-Fragebogen legen Smith und Levan (1995) ein *Multiple-Choice-Verfahren* für jüngere Kinder (ab dem 5. Lebensjahr) zum Bullying vor, das altersentsprechend mit Smileys und Fragen nach Freizeitinteressen des Kindes aufgelockert ist. Dieses Verfahren enthält ebenfalls Items zu indirekten Formen des Bullying, wie zum Beispiel „gemeine Geschichten über jemanden erzählen" oder „jemanden nie mitspielen lassen".

Um Missverständnissen vorzubeugen und gegebenenfalls Probleme zu klären, können vor allem bei jüngeren Kindern *Interviews* herangezogen werden. Interviews ermöglichen zudem abseits der Vorlage von standardisierten Fragen tiefergehende Analysen in das komplexe Wissen, Handeln und Interagieren der Beteiligten. Subjektive Sichtweisen und individuelle Versionen von Geschehnissen können ebenso hinterfragt werden wie inkonsistente Antwortmuster. Dem gegenüber stehen die praktischen Nachteile eines hohen Personal- und Zeitaufwandes sowie das Problem, ein vertrauenswürdiges, nicht-suggestives Setting zu etablieren. Strukturierte Interviews bieten sich demzufolge zwar bei jüngeren Kindern an, allerdings weisen diese eine hohe Suggestibilität auf und verwechseln Bullying oftmals mit Aggression (Alsaker & Valkanover, 2001). Alsaker et al. (2000) entwickelten ein *bildgetragenes*

Interview für Kindergartenkinder, in dem auch eine Situation zum indirekten Plagen vorgelegt wird.

3. Martin starts a fight with Akhtar, who is smaller.

10. Jim forgot his pen so Kirk lends him one of his.

14. Kerry has a bad leg and must use a stick to walk.
Kathy says nasty things to her about it.

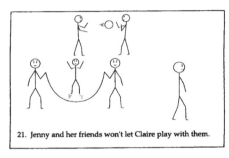

21. Jenny and her friends won't let Claire play with them.

Abbildung 8.1.   Beispiel-Cartoons zur Erfassung von Bullying, Aggression und anderen Situationen (aus Smith et al., 2002, S. 1123). [Abdruck mit freundlicher Genehmigung der Society for Research in Child Development, Ann Arbor, USA, sowie von Peter K. Smith, University of London, England].

Peer-Nominierungsverfahren und Peer-Ratings. Gleichermaßen populär wie Fragebogenuntersuchungen sind in der Bullying-Forschung Peer-Nominierungsverfahren. Der antwortende Schüler hat aus einer Anzahl von Namen (z.B. alle Namen der Mitschüler einer Klasse) diejenigen (z.B. beschränkt auf drei Schüler desselben Geschlechts oder aber geschlechtsgemischt) auszuwählen, die am besten auf die eingangs bestimmten Charakteristiken zutreffen. Nominierungsverfahren werden insbesondere zur Erfassung relationaler oder indirekter Formen aggressiven Verhaltens im Schul- oder Kindergartenkontext eingesetzt (s. Kasten 8.3). Es können zudem Verfahren auf der Basis von *Selbst-, Peer-* und *Lehrernominierungen* unterschieden werden.

Williams und Gilmour (1994) unterscheiden generell zwischen *Peer-Nominierungs-* und *Peer-Rating-Verfahren* (vgl. Chan & Mpofu, 2001; Newcomb et al., 1993; Pellegrini, 2001). Mit Hilfe von Peer-Nominierungen wird der Grad erfasst, in dem ein Kind in die Gleichaltrigengruppe integriert ist. Somit kann man insbesondere jene Kinder identifizieren, die durch Gleichaltrige *zurückgewiesen* werden. Der Status in der Gleichaltrigengruppe wird über positive und negative Nominierungen durch Gleichaltrige gebildet, in der Regel in schulischen Settings. Zu den häufigsten Methoden gehört die Frage nach drei Klassenkameraden, die ein Schüler besonders mag sowie drei Klassenkameraden, die er nicht mag. Die Nennungen werden aufsummiert und (unter Annahme einer kontinuierlichen Normalverteilung) nach Standardisierung verwendet, um eine *soziometrische Kategorienzuordnung* vorzunehmen. Ein standardisierter Wert zur Beurteilung des sozialen Status wird gebildet, indem vom Wert der positiven Einschätzungen der Wert der negativen Einschätzungen subtrahiert wird. Der Wert der sozialen Wirkung wird durch das Aufsummieren der Werte positiver und negativer Einschätzungen ermittelt. Auf der Basis dieser Werte können nun die sozialen Präferenzkategorien (populär, zurückgewiesen, vernachlässigt, durchschnittlich und kontrovers; „andere" als Restkategorie) gebildet werden. Mit Hilfe von *Peer-Rating-Verfahren* schätzen Kinder auf einer Likert-Skala (z.B. 1 bis 5) ein, wie häufig/intensiv sie ihre Zeit mit *jedem* der Mitschüler verbringen. Eine Auswertung kann auf dieselbe Weise wie bei den Peer-Nominierungsverfahren erfolgen. Der Vorteil dieser Vorgehensweise liegt darin, dass Informationen über *alle* Kinder in einer Klasse erhalten werden, nicht nur über die Nominierten.

Kasten 8.3.   Peer-Nominierungsverfahren zur Erfassung prototypischer und unprototypischer Aggression.

Zu den häufig verwendeten Peer-Nominierungs-Verfahren zur Erfassung *unprototypischer und prototypischer Formen* der Aggression zählen die Instrumente der Arbeitsgruppen um Crick (die in unterschiedlichen Versionen, für unterschiedliche Informationsquellen und Altersgruppen vorliegen und deren Items Grundlage für verschiedene weitere Verfahren darstellten) und der Arbeitsgruppe um Björkqvist. Die Arbeitsgruppe um Björkqvist entwickelte die *Direct Indirect Aggression Scale (DIAS)*, die inzwischen in unterschiedlichen Sprachen vorliegt (Björkqvist, Lagerspetz & Österman, 1992; Björkqvist & Österman, 1998). Den Kindern werden Bilder aller Kinder aus der Klasse präsentiert. Sie sollen nun anhand der Items einschätzen, was die Kinder üblicherweise tun, wenn sie böse auf ein anderes Kind sind, wobei sich die gleichgeschlechtlichen Angaben als reliabler erweisen. Sie können eine Einschätzung auf einer Vier-Punkte-Skala („überhaupt nicht" bis „sehr") oder Fünf-Punkte-Skala („überhaupt nicht" bis „sehr oft"; Kaukiainen et al., 1999) vornehmen. Das *Nominierungsverfahren von Crick et al.* (z.B. Crick, 1997; Crick & Werner, 1998) umfasst ebenfalls Items zur Erfassung prototypischer und unprototypischer Aggression. Verschiedene Versionen des Verfahrens weisen bis zu sieben (z.B. Crick & Grotpeter, 1995), sechs (Lehrerversion; Crick, Casas & Mosher, 1997) oder lediglich vier (z.B. Crick, 1995; Crick & Grotpeter, 1995) bzw. drei Items (Lehrerversion; Crick, Casas & Ku, 1999) zur Erfassung relationaler Aggression auf. Das Verfahren erfasst zudem offen-aggressives (5 Items) und prosoziales Verhalten (4 Items). Die Schüler einer Klasse sollen anhand der Skalen drei Schüler auswählen, die am besten auf die Beschreibung in den Items passen. Die Anzahl der Nominierungen, die ein Kind auf jedem Item erhält, werden aufsummiert und standardisiert, anschließend zu den Subskalen zusammengefasst. Schließlich können die Kinder unterschiedlichen Gruppen zugeordnet werden (z.B. die Kinder, die 1 oder ½ Standardabweichung über dem Gruppenmittelwert auf der Skala „relationale Aggression" liegen = relational-aggressive Kinder). Eine weitergehende Darstellung von Verfahren zur Erfassung unprototypischer Aggression kann Scheithauer (2003) entnommen werden.

Soziometrische Peer-Nominierungstechniken gehen – je nachdem, ob sie sich auf gleich- oder auch gegengeschlechtliche Einschätzungen beziehen – mit einer unterschiedlichen Validität einher (Daniels-Beirness, 1989; Hayden-Thompson, Rubin & Hymel, 1987). Diesem Umstand ist jedoch bisher wenig Aufmerksamkeit geschenkt worden (Frederickson & Furnham, 1998), obwohl sich die Mehrzahl bestehender Studien auf Stichproben von Kindern im Alter von acht bis zwölf Jahren bezieht und Studienergebnisse klar belegen, dass sich Kinder in diesem Alter in der Regel in gleichgeschlechtlichen Gruppen bewegen. Somit stellt sich die Frage, inwiefern sich unterschiedliche Befunde ergeben, wenn Nominierungen innerhalb *gleichgeschlechtlicher* (z.B. Newcomb & Bukowski, 1984) oder aber *gemischter Gleichaltrigengruppen* (z.B. Coie & Dodge, 1983) erhoben wurden. Hayden-Thompson et al. (1987) konnten nachweisen, dass in soziometrischen Messungen gegengeschlechtliche Kinder negativer eingeschätzt wurden als gleichgeschlechtliche Kinder, so dass die Autoren von einem „sex bias" sprechen. Somit muss diskutiert werden, ob grundsätzlich nur gleich-, gegen- oder gemischtgeschlechtliche Nominierungen erhoben werden sollten (vgl. Campbell, Sapochnik & Muncer, 1997).

Aus der Bullying-Forschung lassen sich als Beispiele die Instrumente von Austin und Joseph (1996) sowie Boulton und Smith (1994) nennen. Ähnlich der Fragebogenmethodologie unterscheiden sich Peer-Nominierungsverfahren danach, welche Bullying-Formen mit welcher Anzahl an Items erfasst und welche Altersstufen untersucht werden. Nach Abgabe aller Nominierungen erfolgt die Berechnung über Addition für jeden Schüler.

Peer-Nominierungs- und Peer-Rating-Techniken weisen einige *Vorteile* auf. Der Grad der Zuverlässigkeit erscheint relativ hoch, da die erhaltenen Informationen für jeden Schüler gemittelt und im Verhältnis zu Bezugsgrößen interpretiert werden können. Zudem sichert die Befragung mehrerer Schüler die Zuverlässigkeit. Diese Aggregation vermindert demzufolge den Einfluss individueller Verzerrungen und erhöht somit die statistische Reliabilität (Perry et al., 1988). Gleichaltrige scheinen generell bessere Informanten zur Identifikation von Kindern mit anhaltenden psychosozialen Schwierigkeiten und Verhaltensauffälligkeiten zu sein als beispielsweise die Eltern der Kinder (Lyons, Serbin & Marchessault, 1988; vgl. Döpfner, Lehmkuhl, Petermann & Scheithauer, 2002), zumindest ab dem Schulalter (Moskowitz, Schwartzman & Ledingham, 1985). Obwohl auch im Kindesalter Lehrerberichte zuverlässig das Ausmaß aggressiven Verhaltens wiederzugeben scheinen, nehmen mit zunehmendem Alter die Gleichaltrigen eine wichtige Rolle in der Ermittlung dieser Verhaltensweisen ein. Mit Hilfe von Peer-Nominierungsverfahren sind Formen interpersonaler Aggression erfassbar, die auf der Basis von Selbstberichten oder Verhaltensbeobachtungen oftmals unberücksichtigt bleiben (vgl. Björkqvist, Lagerspetz & Kaukiainen, 1992; Huesmann, Eron, Guerra & Crawshaw, 1994). Somit kommt diesen Verfahren zur Erfassung unprototypischer Formen von Bullying eine besondere Funktion zu. Die Befragung von Gleichaltrigen weist weitere Vorteile auf. Gleichaltrige interagieren miteinander auf gleichberechtigtem Niveau, das heißt, sie weisen ein besseres Verständnis für die in der Gruppe bestehenden sozialen Normen und Regeln auf (vgl. Newcomb et al., 1993; Realmuto, August, Sieler & Pessoa-Brandao, 1997), so dass sie besser über die Qualität eines Verhaltens urteilen können (z.B., ob es sich um aggressive, schädigende Verhaltensweisen handelt). Zudem beobachten Gleichaltrige häufiger als Lehrer oder Eltern selten auftretende Verhaltensweisen (vgl. Perry et al., 1988).

Dennoch lassen sich auch einige *Nachteile* anführen. Obgleich dieses empirische Vorgehen in der Regel eine schnelle und unkomplizierte Anwendung auf Klassenebene verspricht, erscheint der daraus resultierende Informationsgehalt begrenzt. Die bislang verwendeten Instrumente erfassen weder Emotionen noch Bedingungs- oder Kontextvariablen des Bullying. Ein weiterer Nachteil dieser Methode besteht in der ungewollten Vergabe von Etiketten, die einer Person anhaften und zu Diskriminierungen und Stigmatisierungen mit negativen Auswirkungen führen. Dieser Effekt wird vor allem durch informelle Gespräche in Gang gesetzt, die Schüler nach den eigentlichen Nominierungen vollziehen. Ein weiterer Nachteil ist in der Tatsache zu sehen, dass sich Zuweisungen durch Gleichaltrige als andauernd erweisen können, obwohl sich das reale Verhalten eines Kindes längst verändert hat (Hymel et al., 1990). Darüber hinaus besteht die Tendenz, eher die Meinung der Gruppe, als die eigene, individuelle Einschätzung wiederzugeben (*reputation-bias*; Coie, Dodge & Kupersmidt, 1990).

Die Einschätzung der Gleichaltrigen wird von einer Reihe von Faktoren beeinflusst, so zum Beispiel dem eigenen Verhalten oder dem eigenen Status bei den Gleichaltrigen (Hymel, 1986; Younger & Boyko, 1987). Außerdem begrenzt die Vorgehensweise die Anzahl und die Möglichkeiten der Nominierungen. Im Gegensatz zu Fragebogenerhebungen basieren Peer-Nominierungen darüber hinaus auf relativen bzw. vergleichenden Einschätzungen. Hier stellt sich wiederum das Problem der kognitiven Überforderung jüngerer Schüler. Die Verwendung von Peer-Nominierungsverfahren erweist sich als besonders günstig bis zum Jugendalter. Doch mit dem Übergang zur weiterführenden Schule verändern sich die Strukturen innerhalb der Gruppe der Schüler, die sich nicht mehr nur auf ein und dieselbe Schulklasse beschränken, vielmehr werden vermehrt Kontakte klassenübergreifend aufgenommen. Rooster-Techniken, also die Vorlage von Rastern mit Bildern aller Kinder aus einer *einzelnen* Schulklasse, erweisen sich somit als lückenhaft (MacDonald, D'Amico & O'Laughlin, 2000). Zudem gibt Xie (1998) zu bedenken, dass Peer-Nominierungen zur Erfassung verdeckter, indirekter Verhaltensweisen wenig geeignet erscheinen: Ein Kind, das effektiv indirekte Aggressionen einsetzt, wird nicht durch Gleichaltrige zu identifizieren sein. Vielmehr könnten unter Umständen mit Hilfe von Peer-Nominierungen jene Kinder im stärkeren Maße identifiziert werden, die nicht die Kompetenzen aufweisen, sich „erfolgreich" indirekt-aggressiv zu verhalten.

Beobachtungsverfahren. Phelps, Gill und Kmett (1999) legen ein Kategoriensystem mit Beurteilung von videographierten Verhaltenssequenzen von 20-minütigen Spielzeiten vor. McNeilly-Choque, Hart, Robinson, Nelson & Olsen (1996) führen ebenfalls ein Beobachtungsschema ein, mit dessen Hilfe auch unterschiedliche Formen von Bullying auf dem Schulhof erfasst werden können. Innerhalb von Fünf-Sekunden-Einheiten kodieren Beobachter die auftretenden Verhaltensweisen (körperliches Bullying, psychisches Bullying, instrumentelle Aggression oder relationale Aggression sowie weitere Verhaltensweisen, z.B. im Bereich „sozialer Rückzug"). Zudem existiert ein Kategoriensystem zur Erfassung von Verhaltensweisen (prosoziales Verhalten, Spielverhalten, Tobspiele, aggressives Verhalten etc.), mit dessen Hilfe auch das Ausmaß an Viktimisierungen ermittelt werden kann (TMR Network Project, 1999b). Besonders bekannt sind die Studien der Arbeitsgruppe um Debra Pepler (z.B. Atlas & Pepler, 1998; Craig & Pepler, 1997), die verschiedene Kodiersysteme und Beobachtungstechniken (z.B. videogestützt oder mit Hilfe von Mikrofonen) entwickelt und erfolgreich zur Beobachtung von Bullying eingesetzt haben.

Beobachtungsverfahren weisen eine Reihe von *Vorteilen* auf. Die Strategie der systematischen, methodisch kontrollierten Verhaltensbeobachtung in naturalistischen Settings ermöglicht die Beantwortung weiterführender Fragestellungen wie zum Beispiel die Erforschung des Zusammenhangs zwischen sozialem Status und tatsächlichem Verhalten oder die Interaktionsprozesse der Beteiligten (vgl. O'Connell, Pepler & Craig, 1999) sowie die Art und Weise, in der sich Täter, Opfer und Zuschauer in der Zeit zueinander verhalten, in der keine Bullying-Episoden beobachtbar sind. Interaktionen können als kontinuierliche, dynamische Prozesse aufeinander bezogener Verhaltensweisen analysiert werden. Dabei ist zu beachten, dass der Schulhof der Ort ist, wo Schüler unterschiedlichen Alters und Geschlechts oftmals unbeaufsichtigt aufeinander treffen und ausgesprochen häufig kontinuierliche aggressive Verhaltensweisen passieren. Die Registrierung von (versteckten oder subtilen) verbalen und relationalen Bullying-Formen erfordert besonderes Geschick. Ein Rückgriff auf Video- sowie Tonaufnahmen stellt eine gewinnbringende Alternative dar, gerade im Hinblick auf die Beobachtung von verschiedenen Rollen, um Hinweise darauf zu sammeln, was von den jeweiligen Schülern überhaupt unter Bullying verstanden und wie auf bestimmte Verhaltensweisen reagiert wird.

Ein *Nachteil* der Beobachtungsmethode liegt neben den praktischen Gesichtspunkten auf der Hand. So können Verhaltensweisen falsch verstanden werden, vor allem da Bullying per Definition nach wiederholten Übergriffen auf der Basis eines ungleichen Kräfteverhältnisses verlangt, was eine akkurate Beobachtung schwierig erscheinen lässt. Hinzu kommt, dass zwar jüngere Kinder noch über ausgiebige Spielzeiten mit Gleichaltrigen verfügen, die Beobachtungen zulassen, mit steigendem Alter nehmen jedoch diese Spielzeiten, und damit die Beobachtungsmöglichkeiten, ab (Pepler & Craig, 1995). Weiterhin erweisen sich Beobachtung oftmals als zeit- und kostenintensiv; zudem sind ethische Gesichtspunkte zu beachten.

Lehrer- bzw. Elternberichte. Letztlich sollen Lehrer- bzw. Elternberichte genannt werden, die jedoch eher selten Verwendung finden. Zwar scheinen – insbesondere bei jüngeren Schülern – Lehrer- und Elternberichte eine zusätzliche, ergänzende Informationsquelle darzustellen, dennoch gilt es zu beachten, dass die Schilderungen von Lehrern und Eltern auf Beobachtungen und Urteilsbildungen basieren. Zudem beziehen sie sich in der Regel nur auf bestimmte Verhaltensausschnitte. Auch Lehrereinschätzungen können durch einen *Halo-Effekt* beeinflusst werden, demzufolge die Einschätzung der Lehrer beispielsweise hinsichtlich des Ausmaßes aggressiven Verhaltens eines Schülers durch dessen generellen Status in der Klasse bzw. in der Schule beeinflusst wird (Abikoff, Courtney, Pelham & Koplewicz, 1993). Obwohl Lehrer in geringerem Umfang von Verhaltensproblemen berichten als die Eltern der

Kinder, weist ihre Einschätzung eine höhere prädiktive Stärke auf (vgl. Ledingham, 1999), zumindest für offen-aggressive Verhaltensweisen. Ab dem Grundschulalter wissen Kinder allerdings, dass sie sich nicht in der Gegenwart der Eltern oder Lehrer aggressiv verhalten sollten, so dass Erwachsene lediglich einen gewissen Anteil aggressiver Verhaltensweisen der Kinder beobachten können (vgl. Leff, Kupersmidt, Patterson & Power, 1999).

Bilanzierend ist in Anlehnung an Schuster (1996) festzuhalten, dass bislang überwiegend Selbstauskünfte (*ipsative Messungen*) zur Erfassung von Bullying (Täter- und/oder Opferperspektive) im schulischen Kontext zum Einsatz kamen. Weniger häufig wurden Gleichaltrige mit Hilfe von Fragebögen befragt oder Peer-Nominierungsverfahren herangezogen (*normative Messungen*). Lediglich vereinzelt griff man auf systematische Verhaltensbeobachtungen zurück oder kombinierte verschiedene Methoden miteinander (vgl. Pellegrini, 1998; 2001). Tabelle 8.1 fasst nachfolgend die diskutierten *Vor- und Nachteile* der dargestellten Methoden zur Erfassung von Bullying zusammen (vgl. Wolke & Stanford, 1999). Zudem lassen sich verschiedene methodische Schwächen anführen, die im Kasten 8.4 dargestellt sind.

Kasten 8.4. Methodische Schwächen in der Bullying- und Schulgewaltforschung.

Krumm (1999) führte eine methodenkritische Analyse der schulischen Gewalt- und Bullying- Forschung durch und beschreibt folgende methodische Schwächen, die in verschiedenen Studien vorliegen:

- Keine genauen Bestimmungen und Operationalisierungen des Gewaltbegriffs bzw. keine explizit zugrunde gelegten Aggressionstheorien. So werden vereinzelte Handlungen angeführt, ohne diese in eine „Gewalttheorie" einzubinden.
- Die Begriffe der Aggression und Gewalt werden synonym benutzt, teilweise wechseln die Begrifflichkeiten.
- Die implizite Unterstellung, dass Befragte dasselbe unter „Gewalt" bzw. „Bullying" verstehen, wie die Fragenden.
- Die Verwendung einseitiger Erhebungsverfahren, deren Validität (z.B. auf Itemebene) nicht durch Vorstudien abgesichert wurde.
- Große Unterschiede hinsichtlich der Anzahl verwendeter Items.
- Keine Kontrolle unterschiedlicher Formulierungen in den Items.
- Keine methodische Kontrolle, zum Beispiel, um Effekte der Fragepositionen der Items abzutesten.
- Das Ausmaß der Gewalt/des Bullying wird über Fragebogen auf sehr unterschiedliche Art und Weise erfasst und kann von dreistufigen über fünfstufigen Skalen bis hin zu mehrfachen Antwortmöglichkeiten reichen.
- Selten werden Angaben zu den Gütekriterien gemacht.

Tabelle 8.1. Vor- und Nachteile gängiger Methoden zur Erfassung des Bullying (nach D. Wolke & K. Stanford, 1999, S. 345, Bullying in school children. In Messar & Millar (Eds.), Exploring developmental psychology: From infancy to adolescence. © Arnold Publishers, London).

Methode	Vorteile	Nachteile
Selbstbericht (Fragebogen)	• zeit-/kostengünstige Anwendung auf Klassen-/Schulebene • Anonymität • reliabel in der Durchführung • befragt Schüler als Experten • quantitative Analysen auf der Grundlage großer Stichproben • liefert Argumentationsbasis für Präventionen/Interventionen	• verschiedene Vorgehensweisen führen zu anderen Ergebnissen • verlangt entsprechende Lese- und Verständnisfähigkeiten seitens der Schüler • Wirkmechanismus und interaktive Zusammenhänge können nicht aufgedeckt werden • Verzerrungen im Sinne der Erwünschtheit
Interview	• auch für jüngere Schüler • tiefergehende Analysen abseits von standardisierten Fragen gewähren einen Einblick in die subjektiven Wirklichkeitskonstruktionen der Betroffenen • ermöglicht das Hinterfragen bei inkonsistenten Informationen	• zeit-/personalaufwendig • nicht-anonymes Setting • setzt gewisse kognitive Kapazitäten bei den Schülern voraus, vor allem was die Definitionskriterien des Bullying anbelangt • suggestive Einflüsse
Peer-Nominierung	• schnelle und ökonomische Untersuchung der ganzen Klasse • Wahrnehmung eines Einzelnen wird weniger gewichtet (Mittelung aller Normierungen) • hohe Retest-Reliabilität	• misst unter Umständen eher den Ruf eines Schülers und nicht dessen tatsächliches Verhalten (reputation-bias) • Schüler initiieren Gespräche über die abgegebenen Nominierungen und tauschen sich darüber aus • begrenzte Anzahl der Nominierungen (z.B. auf die eigene Klasse; Anzahl der Nominierungen) • Nominierungen basieren auf relativen bzw. vergleichenden Einschätzungen, was vor allem jüngere Schüler überfordert

Peer-Rating	• s. Peer-Nominierung • verlangt nach separater Einschätzung jedes Schülers	• aktuelle oder gelegentliche Stimmungen beeinflussen die Ratings • Gefahr systematischer Verzerrungen, etwa über die Bevorzugung einer bestimmten Antwortkategorie • setzt kognitive Fähigkeiten wie Konzentrations- und Differenzierungsvermögen voraus
Beobachtung	• liefert detaillierte (quantitative wie qualitative) Informationen • offenbart interaktionelle und prozessuale Zusammenhänge und erfasst Bullying im sozialen Kontext	• teuer und zeitaufwendig • verlangt nach einem Kategoriensystem zur Beobachtung • übersieht versteckte Episoden aggressiven Verhaltens sowie subtile Aggressionsformen • Beobachter selbst ist nicht frei von Bewertungen
Berichte von Lehrern/Eltern	• verspricht vor allem bei jüngeren Kindern als zusätzliche Informationsquelle ergänzende Auskünfte	• Angaben können sich nur auf einen Verhaltensausschnitt beziehen, basieren auf Hörensagen oder auf Vorannahmen • Antworttendenzen der sozialen Erwünschtheit

8.2   Zur Kombination verschiedener Methoden

In der Regel wird Bullying mit Hilfe *einer* der beschriebenen Methoden erfasst. In den seltensten Fällen erfolgt eine *multimethodale* (z.B. Fragebogen und Beobachtungen) und *multimodale* (z.B. Selbst-, Peer-, Lehrerbericht) Erfassung und eine Kombination der erhaltenen Informationen, da sich ein solches Vorgehen als kosten- und zeitaufwendig erweist und zudem bisher nur wenige Vorstellungen und Ansätze für eine sinnvolle Kombination der erhaltenen unterschiedlichen Informationen vorliegen. Dennoch möchten wir an dieser Stelle für eine Erfassung von Bullying auf unterschiedlichen Ebenen plädieren, die sich zudem am Alter der Kinder in der zugrunde liegenden Stichprobe orientieren sollte. Somit sind für das Vorschulalter andere Methoden und Informationsquellen zu wählen als im Kindes- und im Jugendalter.

Wie bereits angedeutet, beeinflusst die Wahl der *Informationsquelle* (z.B. Eltern, Gleichaltrige, Lehrer) das Ergebnis wesentlich (Chan & Mpofu, 2001; Newcomb et al., 1993), da

- die Qualität und Art der Beziehung der Informationsquelle zum Kind/Jugendlichen sehr variiert, so dass jede Informationsquelle einen unterschiedlichen Kenntnisstand über ein Kind/einen Jugendlichen aufweist und
- mehr oder weniger kognitive Verzerrungen bei der Einschätzung einer Informationsquelle vorliegen können.

Mit den Erfassungsmethoden schwanken deshalb auch die erzielten Ergebnisse zum Teil erheblich; in manchen Fällen können sogar gegensätzliche Befunde ermittelt werden. Daher stellt sich die Frage, mit Hilfe welcher Informationsquelle man überhaupt in der Lage ist, verlässliche (valide) Aussagen über Bullying im Kindes- und Jugendalter zu machen. Die Korrelationen der unterschiedlichen Informationsquellen fallen in einigen Fällen mittelmäßig bis stark, zuweilen jedoch sehr gering aus:

- *Aggression/Bullying/Viktimisierungen (Opferperspektive).* Crick und Bigbee (1998) konnten in einer Stichprobe von Viert- und Fünftklässlern Korrelationen zwischen Selbstberichten und Peer-Nominierungen hinsichtlich Viktimisierungen bei Jungen von $r = .39$ und bei Mädchen von $r = .31$ bzw. .35 (je nach Viktimisierungsform) ermitteln. Noch geringer fallen die Übereinstimmungen zwischen Selbstaussagen und Lehrerberichten zu Viktimisierungen aus (vgl. Gasteiger-Klicpera & Klicpera, 2001; Schuster, 1999b). In der Studie von Schuster (1999a) stimmen Peer- und Selbstberichte in Bezug auf Viktimisierungen nur mäßig überein ($r = .36$). Lehrerberichte korrelierten nur gering mit Selbstberichten ($r = .23$), aber hoch mit Peer-Berichten ($r = .71$). In der Regel liegt das Ausmaß im Selbstbericht über dem von den Peers berichteten Ausmaß (Juvonen, Nishina & Graham, 2001).
- *Bullying/Aggression (Täterperspektive).* McNeilly-Choque et al. (1996) untersuchten Kinder im Alter von vier bis fünf Jahren hinsichtlich ihres aggressiven Verhaltens (relationale Aggressionen sowie offene instrumentelle Aggressionen und offene Aggressionen in Form von Bullying) mit verschiedenen Methoden (Lehrerratings, Peer-Nominierungen, Verhaltensbeobachtungen). Sie ermittelten größere Korrespondenzen zwischen allen Informanten für offene als für relatio-

nale Aggressionsformen, insbesondere für Jungen. Rys und Bear (1997) befragten Schüler einer dritten und sechsten Klasse und deren Lehrer zur relationalen und offenen Aggression. Die Korrelationen zwischen den beiden Informanten lagen bei $r = .52$ (relationale Aggression) und $r = .49$ (offene Aggression). Crick (1996) berichtet ebenfalls von guten Übereinstimmungen bei Peer- und Lehrereinschätzungen relational-aggressiven Verhaltens. Die vergleichsweise hohen Korrelationen liegen für Mädchen bei $r = .63$ und für Jungen bei $r = .57$ und damit nur geringfügig unter den Zusammenhangsmaßen für das offensichtlichere offen-aggressive Verhalten. Olweus (1999c) hingegen berichtet anhand einer schwedischen Kohorte, dass nur zwischen 40 und 60% der als hoch-aggressiv eingeschätzten Jungen (Einschätzung auf der Basis von Peer-Ratings) durch die Lehrer als Bullies eingestuft wurden. Schließlich untersuchten Lösel et al. (1999) Schüler der siebten und achten Klassen aus Nürnberg und Erlangen, wobei die Korrelationen zwischen den Selbstberichten der Schüler und den Lehrereinschätzungen zur Aggression nur mäßig korrelierten ($r = .32$ bei physischer Aggression sowie $r = .34$ bei verbaler Aggression/Gewaltbilligung als Mediane der Korrelationen innerhalb der Klassen).

Diese zum Teil erheblichen *Unterschiede im Informationsgehalt* unterschiedlicher Informationsquellen können auf folgende Aspekte zurückgeführt werden:
- mangelnde kognitive Reife der Kinder (z.B. Erinnerungsfehler),
- Tendenzen der sozialen Erwünschtheit,
- absichtliche Über- und Untertreibungen,
- Halo- und Ankereffekte,
- Besonderheiten der Enkodierung von Ereignissen mit hoher Selbstrelevanz (Eigenbeteiligung) und geringer Selbstrelevanz (bloßes Beobachten von Ereignissen),
- „Blindheit" von Außenstehenden für bestimmte Verhaltensweisen,
- semantische Verschiebungen in Bezug auf das Verständnis von Bullying und die damit zusammenhängende veränderte Sensibilisierung.

Insgesamt bedingen also verschiedene Faktoren die Güte der Daten von verschiedenen Quellen, die sowohl unterschiedliche als auch komplementäre Informationen liefern. In diesem Zusammenhang betonen Hanewinkel und Knaack (1997a), dass mittels des häufig eingesetzten Bully/Victim-Questionnaire (s. Kasten 8.1) nicht die objektiven Gegebenheiten zum Auftreten von Bullying abgebildet werden können, „sondern die subjektive Wahrnehmung und Beurteilung des Problems durch die Schülerinnen und Schüler" (S. 31). Die Antworten der Schüler spiegeln naturgemäß *deren Sichtweise* wider, nicht aber das tatsächliche (objektive) Verhalten der Interaktionspartner (vgl. Mohr, 2000). Befragungen erheben per se niemals die ungefilterte soziale Realität, sondern vielmehr subjektive Interpretationen. Erst mit dem systematischen Einbezug verschiedener Datenquellen kann die Angemessenheit der Selbstaussagen überprüft werden. Durchaus plausibel erscheint daher Schusters (1999b; vgl. Pellegrini & Bartini, 2000) Vorschlag und Umsetzung, in empirischen Erhebungen sowohl Fremd- wie auch Selbstdaten mit einzubeziehen und mögliche Diskrepanzen zwischen der Fremd- und der Selbstwahrnehmung zu bestimmen:

- *Übereinstimmungen* bedeuten klare Rollenverteilungen (eindeutig als Opfer bzw. Täter identifiziert oder eindeutig nicht als Opfer bzw. Täter erkannt).
- Unstimmigkeiten hingegen weisen entweder auf *Sensitivität* (Selbstidentifikation bei nicht vorhandener Fremdidentifikation = eingebildetes, paranoides Opfer oder Aufschneider auf der Täterseite) oder *Defensivität* (Fremdidentifikation bei nicht vorhandener Selbstidentifikation = unwissendes Opfer oder Untertreiber auf der Täterseite) hin.

Durch die Berücksichtigung mehrerer Informationsquellen ist somit eine höhere Zuverlässigkeit in der Berichterstattung gegeben (vgl. Döpfner et al., 2002).

Kapitel 9

Schlussfolgerungen

9.1 Zukünftige Studien zum Bullying

Ausgehend von den zusammengestellten Befunden, ergeben sich *umfangreiche Perspektiven für die Bullying-Forschung*, die vorhanden Lücken mit Erkenntnissen zu füllen (vgl. Farrington, 1993; Lösel & Bliesener, 1999). In erster Linie stellt sich hier die Forderung nach einer *systematischen Integration der Befunde verschiedener Wissenschaftsdisziplinen und Forschungszweige*. Ähnlich wie bei der zum Teil unreflektierten Übernahme der Begriffe „Gewalt", „Aggression" und „Bullying" werden die Befunde der Bullying-Forschung selten mit den Ergebnissen der schulischen Gewalt-, der psychologischen Aggressions- und der Viktimisierungsforschung in Beziehung gesetzt. Dieser Mangel an Interdisziplinarität überrascht umso mehr, da Bullying als eine besondere Form aggressiven Verhaltens gilt, die sich gerade im Kontext der Schule manifestiert. Die Forderung nach einem einheitlichen wissenschaftlichen Begriffsverständnisses umfasst auch die Berücksichtigung *aller* Definitionskriterien von Bullying. Zudem müssen zukünftige Bemühungen dringend die angeführten altersspezifischen Befunde zu den subjektiven Begriffskonzepten berücksichtigen, die verdeutlichen, dass sich *empirisch* möglicherweise andere Lösungen zur Kategorisierung unterschiedlicher Bullying-Formen abzeichnen, als dies bisher *konzeptionell* in verschiedenen Studien vorgenommen wurde.

Von besonderer Bedeutung sind *prospektiv angelegte Längsschnittstudien*. Studien dieser Art erlauben es, differenzielle Verlaufskurven, den Einfluss von Transitionen, interindividuelle Differenzen sowie intraindividuelle Veränderungen zu bestimmen und das Wechselspiel von risikoerhöhenden und risikomildernden Bedingungen angemessen zu untersuchen (vgl. Scheithauer & Petermann, 1999). Zudem können mit Hilfe solcher Studien zuverlässig risikoerhöhende Bedingungen von den Folgen des Bullying abgegrenzt werden. Anstelle von „zufälligen" Momentaufnahmen (Querschnittsstudien) muss die zukünftige Bullying-Forschung daher verstärkt darum bemüht sein, Kontinuitäten wie auch Diskontinuitäten abzubilden. Hieran hat auch eine empirische Überprüfung von charakteristischen *Entwicklungspfaden* (vgl. Loeber & Hay, 1997; Moffitt, 1993; Silverthorn & Frick, 1999) für die Gruppe der Bullies, Victims und Bully/Victims anzuknüpfen. Für zukünftige Studien ist insbesondere eine *entwicklungswissenschaftliche Perspektive* zu betonen (vgl. Petermann et al., 2003; Scheithauer, 2003), die die Bedeutung von Bullying vor dem Hintergrund der *biopsychosozialen Entwicklung* betrachtet. Eine verstärkte Bezugnahme auf die *geschlechtsbezogene Organisation* und *Bedeutung der Peer-Gruppe* sowie auf die damit verbundenen geschlechtshomogenen sozialen Umwelten ist unabdingbar. Bei diesem Aspekt gilt zu beachten, dass für beide Geschlechter andere Rahmenbedingungen vorherrschen, die es Jungen aufgrund der Größe und Struktur der Peer-Gruppe eher ermöglichen, Bullying auszuüben wie auch zu erfahren. Wohlmöglich ist daher die Bildung von Extremgruppen auf der Grundlage derselben Kriterien für beide Geschlechter verzerrt: Diejenigen Mädchen, die trotz der Chancenungleichheit als harte (= regelmäßige) Täter, Opfer oder Täter/Opfer gelten, könnten demzufolge ein problematischeres Verhalten zeigen als Jungen.

Es ist demnach notwendig, die vorhandenen *Messinstrumente* zu überarbeiten; zudem sind standardisierte Erhebungsverfahren neu zu gestalten und psychometrisch zu überprüfen. Dabei gilt es, verstärkt in die Konstruktion von Erhebungsverfahren bislang in der Bullying-Forschung zuweilen vernachlässigte Aspekte zu berücksichtigen, wie zum Beispiel (vgl. Krumm, 1999)

- die systematische Variation der Frageformulierungen und Frageinhalte,
- die Bestimmung von Kennwerten zur Reliabilität und Validität,
- detaillierte Itemanalysen sowie
- die explorative Suche nach inkonsistenten Antwortmustern,
- Vergrößerung des Itempools und Bildung von Skalen, die physisches (prototypisches), verbales und relationales (unprototypisches) Bullying erfassen.

An dieser Stelle soll jedoch darauf verwiesen werden, dass das Phänomen Bullying keineswegs umfassend mittels standardisierter Instrumente zu erfassen ist, da sich Bullying-Episoden in Interaktionen auf der Grundlage von individuellen Deutungs- und Verarbeitungsmustern manifestieren. Genauso, wie zum Beispiel nicht auf die Vorzüge des Olweus-Fragebogens für schnelle Problemanalysen verzichtet werden sollte, sind qualitativ orientierte Forschungsansätze als ergänzende Strategie der Datenerhebung zukünftig verstärkt in die Bullying-Forschung mit einzubeziehen. Letztere zielen darauf ab, die Tiefe, Dynamik und Vielfalt der psychologisch komplexen Wahrnehmungen und Gedanken, Einstellungen und Motive zu bestimmen. Schon Boulton und Underwood (1992) stellten fest, dass sich wenige Forscher um die *subjektiven Gründe* kümmern, warum Schüler sich an Bullying-Aktivitäten beteiligen. Um sich gleichfalls explorativ wie kreativ dem Bullying-Thema zu nähern, sind *alternative Verfahren*, wie die systematische Verhaltensbeobachtung (z.B. auf dem Schulhof; Boulton, 1995; Pepler & Craig, 1995), die Analyse von täglichen Notizen/Tagebucheintragungen (vgl. Pellegrini, 1998), Fokusgruppen und Gruppendiskussionen (vgl. Owens et al., 2000), Befragung Außenstehender (Schulleiter, Lehrer Hausmeister), Peer-Nominierungen (vgl. Östermann et al., 1994; Crick & Grotpeter, 1995) sowie vertrauliche (qualitative) Interviews mit den Schülern selbst (inklusive der Darstellung von Einzelfallstudien oder narrativer Strategien; vgl. Smorti & Ciucci, 2000) wichtig.

Der zusätzliche Einsatz qualitativer Methoden scheint derzeit berechtigter denn je, bedenkt man, dass gerade ein quantitatives Vorgehen dort an Grenzen stößt, wo es um das Eintauchen in die Lebenswelten von interagierenden Subjekten geht. Von besonderer Bedeutung für die zukünftige Bullying-Forschung im Hinblick auf Präventionen und Interventionen wird es sein, fundiert Unterschiede zwischen Schulen hinsichtlich des *Schulklimas* (schulinterne Sozialökologie der Lern- und Erziehungsumwelt, vorherrschende Einstellungs- und Leistungsprinzipien und die immer größer werdende Beziehung zwischen Schulerfolg und Lebenschancen) sowie weitere Bedingungen im Schulbereich (z.B. strukturell-organisatorische Rahmenbedingungen, wie Schulform, Betriebsgröße, räumliche Struktur, Kollegiumsmerkmale, Schülergruppenmerkmale, pädagogische Konzepte; Lernkultur, wie organisationaler Rahmen, Curricula, didaktisch-methodische Aspekte), demographischer Informationen (Standort, Sozialraum) und institutioneller Strukturen zu analysieren. Zu diesem Themenkomplex zählt neben dem spezifischen Standort der Schule auch sein Einzugsgebiet und damit der (indirekte) Einfluss *schulexterner sozio-ökonomischer und ökologischer Faktoren* auf das Verhalten der Schüler. Beispiele für die Eigenschaften des sozialen Nahraums sind die Elternwohnung und die Wohnumgebung (z.B. sozialer Brennpunkt, Einkommensschwäche, Armut, labile Familienstruktur, inhomogene Bevölkerungsstruktur).

Zukünftig sind Studien wünschenswert, die die Perspektiven aller Personengruppen, inklusive systematischer Vergleiche zwischen diesen Gruppen, garantieren (*multi-setting-multi-informant-approach*). Dieser Punkt ist besonders bei relationalen Bullying-Formen von Bedeutung, da sich hier das Problem des „doppelten Graubereiches" stellt: Zum einen sind relationale Verhaltensweisen nicht so gut beobachtbar wie physische Ausdrucksformen, zum anderen werden sie von den Betroffenen selbst gar nicht als Aggressionen eingestuft oder aus Gründen der sozialen Erwünschtheit verschwiegen. Zudem sind *systematische Metaanalysen* wünschenswert, die zu den hier angeführten Teilfragen einen systematischen Vergleich verschiedener Primärstudienbefunde gewährleisten können (z.B. Scheithauer, 2003). In Kasten 9.1 sind die genannten Aspekte zusammengefasst, denen vor dem Hintergrund der bisher angeführten Befunde in zukünftigen Studien zum Bullying verstärkt Beachtung geschenkt werden sollte.

Kasten 9.1. Wichtige Aspekte für zukünftige Studien zum Bullying (vgl. Farrington, 1993).

- Berücksichtigung konzeptueller und methodologischer Unterschiede (z.B. detaillierte Beschreibung der jeweils zugrunde liegenden Definitionen von Bullying, Bezugszeiträume, Kriterien zur Bestimmung von Opfer-, Täter-, Täter/Opfer-Status).
- Erfassung verschiedener Ausdrucksformen des Bullying und separate Darstellung der Befunde, insbesondere vor dem Hintergrund von Alters- und Geschlechtsunterschieden sowie subjektiver Begriffskonzepte. Zudem empirische Absicherung unterschiedlicher Bullying-Formen und -typen vor dem Hintergrund von Alters- und Geschlechtsunterschieden.
- Validierung der selbstberichteten Information, also die Berücksichtigung unterschiedlicher Informationsquellen.
- Anwendung weiterer Methoden zur Erfassung des Bullying (z.B. mittels systematischer Beobachtungen auf dem Schulhof).
- Verfahren zur Erfassung von Bullying, Folgen des Bullying sowie risikoerhöhenden Bedingungen, deren Messgütekriterien belegt sind.
- Fokussierung auf die Gruppe der Bully/Victims, insbesondere auf die Entwicklungsdynamik (z.B., ob das Bullying üblicherweise auf die Viktimisierung, die Viktimisierung auf das Bullying folgt oder ob eine Wechselwirkung beobachtet werden kann).

- Berücksichtigung unterschiedlicher Rollen, die die Beteiligten im Bullying-Prozess einnehmen und deren Funktion im Bullying-Prozess.
- Abbildung der Beziehung zwischen Victim und Bully (z.B.: Ist/sind es immer dieselbe(n) Täter, die einen bestimmten Schüler drangsalieren? Werden die Opfer eher von Gruppen viktimisiert oder sind es vielmehr Einzeltäter, die die Übergriffe aufeinanderfolgend initiieren? Sucht sich der Täter/die Täter spezielle Opfer heraus oder wechseln die Opfer ständig? Beginn, Dauer und Auflösung der Beziehung zwischen Bully/Bullies und Victim).
- Darstellung der fehlangepassten Entwicklungsverläufe im Längsschnitt (inklusive der Beantwortung der Frage, welche Faktoren bei der Beendigung des Bullying von Bedeutung sind, also die Ermittlung von risikoerhöhenden und risikomildernden Bedingungen).
- Abgleich der unterschiedlichen Forschungstraditionen (z.B. Bullying, Zurückweisungen, Popularität, Viktimisierungen).
- Berücksichtigung ethnischer und kultureller Einflussfaktoren.
- Beschreibung der intraindividuellen Kontinuität und der generationsübergreifenden Transmission des Bullying und der Viktimisierung.
- Entwicklung und Überprüfung von Theorien, wie sich Bullying in Interaktionen zwischen potenziellen Tätern und Opfern in Umgebungen entwickelt, die das Bullying ermöglichen.

9.2   Gestaltung von Präventionen und Interventionen

Ungefähr jeder siebte Schüler ist gelegentlich Täter und/oder Opfer von Bullying seiner Mitschüler (Olweus, 1991) und ca. die Hälfte aller Kinder erfährt mindestens einmal im Schuljahr irgendeine Form von Bullying (Rigby, 1997). Für den deutschsprachigen Raum zeigen die Befunde, dass bis zu 9% von regelmäßigen Bullying-Vorfällen berichten. Diese Zahlen verdeutlichen, dass für einige Kinder der tägliche Gang zur Schule mit erheblichen psychosozialen Belastungen verbunden ist. Diese Belastungen können soweit gehen, dass eine Reihe von psychischen und körperlichen Problemen – bis hin zu Depressionen und Suizid – die Folge sein können. Die im ersten Abschnitt des Buches behandelten risikoerhöhenden Bedingungen und Folgen von Bullying sowie die mit Bullying einhergehenden Bedingungen bilden einen *Teufelskreislauf des Bullying* (s. Abb. 9.1), den es durch entsprechende Maßnahmen zu durchbrechen gilt:

- es soll verhindert werden, dass die Opfer schweigen;
- die ängstlich-zurückhaltenden aber teilweise auch „faszinierten" Reaktionen der nicht aktiv am Bullying partizipierenden Mitschüler sollen modifiziert werden;
- die oftmals hilflosen, inkonsequenten und inkonsistenten Reaktionen von Lehrern und seitens des Schulpersonals sollen verändert werden;
- die Eltern sollen informiert und mit ihnen gesprochen werden über die Geschehnisse während der Schulzeit.

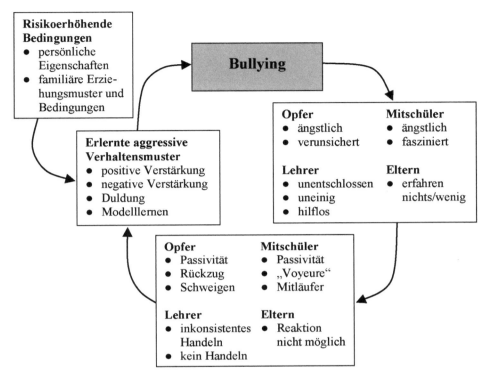

Abbildung 9.1.   Teufelskreislauf des Bullying nach Olweus (mod. aus Hanewinkel & Knaack, 1997a, S. 4). [Abdruck mit freundlicher Genehmigung der Unfallkasse Schleswig-Holstein (UKSH), Kiel, und dem Institut für Qualitätsentwicklung an Schulen Schleswig-Holstein, Kronshagen, sowie von Reiner Hanewinkel, IFT-Nord, Kiel].

Die im ersten Abschnitt dieses Buches zusammengefassten risikoerhöhenden Bedingungen, Folgen des Bullying und mit Bullying einhergehenden Bedingungen können herangezogen werden, um Kinder zu identifizieren, die möglicherweise andere Kinder viktimisieren oder aber selbst viktimisiert werden (*Hoch-Risiko-Kinder*). In diesem Zusammenhang führen Olweus et al. (1999) sowie Rigby (1997) eine Reihe von Warnsignalen an (insbesondere bezogen auf physische und verbale Formen des Bullying; s. Tab. 9.1).

Die angeführten Befunde sollten bei der Planung von Präventionen und Interventionen mit einfließen. Zurzeit liegen vorwiegend *Präventions- und Interventionskonzepte* vor, mit deren Hilfe es möglich ist, eher auf offene Formen aggressiven Verhaltens bzw. des Bullying einzugehen. Auf der Basis der beschriebenen Befunde kann davon ausgegangen werden, dass relational-aggressives Verhalten – und somit unprototypisches (relationales) Bullying – ein klinisch bedeutsames Phänomen darstellt. So verdeutlichen die angeführten Befunde, dass es sich bei den unprototypischen Aggressionsformen um eine Form aggressiven Verhaltens handelt, die – genauso wie offene, körperliche Aggression – aufgrund ihrer Schädigungsabsicht mit negativen Folgen für die Betroffenen einhergeht, insbesondere wenn sie in Form von Bullying wiederholt eingesetzt wird. Darüber hinaus gehen unprototypische Aggressionsformen auch mit bedeutsamen psychosozialen Beeinträchtigungen für den Aggressor einher (vgl. Scheithauer, 2003). Bisher wurde diese Form aggressiven Verhaltens jedoch in der klinischen Forschung vernachlässigt. Weder liegen diagnostische Verfahren für den klinischen Einsatz vor, noch gehen die in den gängigen psychiatrischen Klassifikationssystemen definierten Störungskriterien auf relationale Aggression ein. Deutlich wird dies am Beispiel der Befunde von Henington et al. (1998): Würden auf der Basis der als relational- und offen-aggressiv eingestuften Jungen und Mädchen die relational-aggressiven Kinder unberücksichtigt bleiben, so würden 60% der aggressiven Mädchen und 7% der aggressiven Jungen nicht erfasst. Somit ist es dringend notwendig, auch unprototypische Formen von Bullying systematisch mit Hilfe von Präventions- und Interventionsangebote anzusprechen.

Tabelle 9.1. Warnsignale, die auf Bullying hindeuten (bezogen auf physische und verbale Formen des Bullying; nach Olweus et al., 1999; Rigby, 1997).

Victim – Checkliste
• kommt von der Schule mit dreckigen oder zerrissenen Kleidern
• hat Verletzungen (z.B. Schnitte, Schrammen)
• hat nur wenige oder gar keine Freunde
• hat Angst vor dem Schulbesuch und/oder wechselt häufig den Schulweg
• klagt über Kopf- oder Bauchschmerzen
• schläft nicht gut, hat Albträume
• fragt nach zusätzlichem Geld, beklagt Verlust von Dingen
• verliert das Interesse an Schularbeiten
• zeigt auffällige Verhaltensänderungen
• scheint traurig, niedergeschlagen oder launisch zu sein
• isst weniger, nässt ein, kaut an den Nägeln, schläft schlecht
• ist ängstlich, hat ein geringes Selbstwertgefühl
• wird selten von anderen Kindern eingeladen
• ist ruhig, einfühlsam, passiv
• weigert sich, über diese Symptome zu sprechen
Bully – Checkliste
• hänselt, bedroht, tritt oder schlägt andere Kinder
• ist temperamentvoll, impulsiv und/oder findet es schwer, sich an Regeln zu halten
• verhält sich gegenüber Erwachsenen vorlaut und aggressiv
• ist „hartgesotten", zeigt keine Sympathie für Kinder, die drangsaliert werden
• findet es in Ordnung, Aggression instrumentell zum Erreichen von Zielen einzusetzen
• ist an anderen dissozialen Verhaltensweisen beteiligt (z.B. Vandalismus, Diebstahl)

Weder Schüler noch Lehrer sollten Angst vor dem täglichen Gang zur Schule, vor Drangsalierung, Schikanierung und Erniedrigung haben. Auch Eltern sollten sich nicht darum sorgen müssen, ob die Schule einen schädlichen Einfluss auf die Entwicklung ihres Kindes haben könnte. Vielmehr ist das Gegenteil anzustreben, nämlich eine angemessene Förderung der kognitiven, emotionalen und sozialen Kompetenzen während einer sensiblen Lebensphase. Die Schule kann dabei durchaus gemeinsamer Lernort für Lehrer und Schüler sein, an dem Phänomene wie Bullying thematisiert und konstruktiv aufgearbeitet werden.

Verständnis schaffen im Sinne von Erkennen und Verstehen (Problembewusstheit, Sensibilisierung; vgl. Olweus, 1996) und der „Kultur des ‚Nicht-darüber-Redens'" entgegenwirken (Hanewinkel & Knaack, 1997a, S. 32) stellen die Basis für nachfolgende Interventionen dar. Erst das Vorliegen eines klar umgrenzten Problemwissens ermöglicht die Motivation für Interventionen und dementsprechende Handlungsanleitungen (Schäfer, 1997). Hingegen wird durch Duldung das negative Verhalten verstärkt, da die Täter aus dieser Haltung eine stumme Zustimmung ableiten können. Der Kommentar von Mohr (2000, S. 34) nach Durchsicht der Literatur ist eindeutig: „Insgesamt verwiesen die Ergebnisse darauf, dass Viktimisierung im Kontext der Schulklasse von vielen Mitschülern stillschweigend geduldet, wenn nicht sogar verstärkt wird, während aktive Unterstützung des Opfers eher selten erfolgt". Ebenfalls prägnant sind die Erfahrungen von Ortega und Lera (2000, S. 122) im Zuge ihrer Interventionskampagne: „The greatest single difficulty standing in the way of tackling this issue is that it usually goes unreported, is shrouded in silence, or remains hidden from view for long periods of time. The very fact that bullying is being discussed openly in this way offers its victims a means for seeking help."

Es liegt am Willen und Engagement der Verantwortlichen in Familie, Schule – aber auch Politik –, Bullying als ein Problem wahrzunehmen und sich nicht hinter der Ausrede mangelnder Forschungsergebnisse zu verstecken. Denn die bisherige Forschung erscheint eindeutig: Nicht nur die brutalen, vereinzelt auftretenden Übergriffe, sondern auch die subtilen, alltäglichen Gehässigkeiten und Feindseligkeiten weisen für die weitere Entwicklung und das Wohlbefinden der Betroffenen eine besondere, negative Bedeutung auf.

Kapitel 10

Maßnahmen gegen Bullying

Aufgrund der bedeutenden psychosozialen und emotionalen Folgen für die Victims – aber auch für die Bullies selbst – bedarf es einer konsequenten und umfassenden Umsetzung von Maßnahmen gegen das Bullying an Schulen, die möglichst präventiv dem Auftreten von Bullying entgegenwirken. Die Überschneidungen zwischen den risikoerhöhenden Bedingungen, begleitenden Korrelaten und negativen Folgen von Bullying, Schulgewalt, Peer-Zurückweisung und Peer-Viktimisierung sowie aggressivem Verhalten im Kindes- und Jugendalter machen deutlich, dass durch Anti-Bullying-Maßnahmen ebenso in anderen Problembereichen eine positive Wirkung erzielt werden kann. Folglich gleichen oder ähneln einige Maßnahmen gegen aggressives Verhalten im Kindes- und Jugendalter den Maßnahmen, die auch gegen Bullying eingesetzt werden (*unspezifische Maßnahmen*). Darüber hinaus existieren aufgrund der besonderen Merkmale von Bullying auch *bullying-spezifische Maßnahmen*.

Inzwischen sind auf der Basis der Befunde zu den unterschiedlichen Ausdrucksformen, den risikoerhöhenden Bedingungen und begleitenden Faktoren des Bullying theoretisch begründete und empirisch überprüfte Maßnahmen entwickelt worden. Diese Maßnahmen beziehen sich nicht nur auf eine bereits vorhandene Bullying-Problematik (*Interventionen*), sondern auch auf die *Förderung* von Kognitionen, Emotionen und Verhaltensweisen, die dem Auftreten von Bullying entgegenwirken, indem sie unter anderem die Entwicklung prosozialen Verhaltens unterstützen (*Präventionen*). Neben dem Einsatz von *bestrafenden Elementen* als Reaktion auf Bullying in der Schule kann inzwischen auf komplexe, *multimodale Interventions*- bzw. *Präventionsprogramme* (whole-school-anti-bullying-approach) zurückgegriffen werden, die mit Maßnahmen auf verschiedenen Ebenen (z.B. Schüler-/Klassen-/Lehrer-/Schulebene) versuchen, das Auftreten von Bullying unter Schülern zu *reduzieren* und zu *verhindern*. Mittlerweile liegen in einigen Ländern Maßnahmenkataloge gegen Bullying sowie Anti-Bullying-Präambeln (anti-bullying-policies) vor, die in hoher Verbreitung im schulischen Kontext Verwendung finden.

In diesem Abschnitt des Buches wenden wir uns diesen Maßnahmen gegen Bullying zu. Zunächst gehen wir auf die Möglichkeiten ein, die vielfältigen und sehr *unterschiedlichen Maßnahmen systematisch zu ordnen und zu klassifizieren*. Wir stellen ausgewählte Programme und Strategien vor, wobei wir *allgemeine Maßnahmen auf der Schulebene* (z.B. im Hinblick auf die Lehrer und strukturelle Bedingungen sowie übergeordnete Präambeln), *Maßnahmen auf der Schülerebene* (z.B. Peer-Support) sowie Ansätze unterscheiden, die sich nicht direkt auf Bullying, sondern auf aggressiv-dissoziales Verhalten beziehen (*kognitiv-behaviorale und soziale Fertigkeitstrai-*

nings). Anschließend beschreiben wir *schulweite Mehr-Ebenen-Konzepte* gegen Bullying, die verschiedene Maßnahmen der zuvor behandelten Ebenen unter Rückgriff eines übergeordneten Handlungsplans miteinander verbinden. Exemplarisch stellen wir – neben dem *Olweus-Programm* und der ähnlichen Vorgehensweise im *Sheffield-Projekt* – ausgewählte *internationale* und *nationale Maßnahmen* und *Programme* vor. Abschließend diskutieren wir Faktoren, die die *Wirksamkeit* und *Umsetzung der Maßnahmen beeinflussen* und gehen der Frage nach, welche *Maßnahmen im Einzelfall zu wählen* sind.

10.1 Klassifikation von Maßnahmen

Maßnahmen gegen Bullying wurden aus unterschiedlichen Wissenschaftsdisziplinen heraus entwickelt (z.B. Pädagogik, angewandte Entwicklungspsychologie und Klinische Kinderpsychologie, Public Health, Kriminologie) und variieren demzufolge in ihrem Fokus erheblich. In der Literatur finden sich demnach zahlreiche Versuche, die vielfältigen Maßnahmen gegen das Bullying, von denen die meisten in den nachfolgenden Kapitel ausführlicher dargestellt werden, systematisch zu klassifizieren. Jenen Klassifikationsansätzen widmen wir uns in diesem Kapitel, wobei allerdings nicht der Anspruch verfolgt wird, alle zurzeit diskutierten Maßnahmen eindeutig zuordnen zu können. Zudem ist bei diesen Klassifikationsversuchen zu beachten, dass die Übergänge der Kategorien fließend und teilweise wenig gut abgrenzbar sind. Aufgrund der Komplexität von vielen Maßnahmen bzw. Programmpaketen lässt sich eine Klassifikation oftmals nur schematisch und idealtypisch vollziehen. Einige der Maßnahmen beziehen sich auch – oder sogar explizit – auf Schulgewalt bzw. aggressives Verhalten unter Schülern.

Die Übernahme einer Unterteilung von *primär-, sekundär-* und *tertiärpräventiven* Maßnahmen (s. Kasten 10.1) gegen Bullying erweist sich jedoch als schwierig, da dieselbe Maßnahme in einem Fall eine bereits aufgetretene Bullying-Problematik anvisiert, während sie in einem anderen Fall präventiv eingesetzt wird. Darüber hinaus richten sich einige der in den folgenden Kapiteln beschriebenen Maßnahmen sowohl gegen eine bereits aufgetretene Bullying-Problematik *und* wirken zugleich dem (Neu-)Auftreten von Bullying entgegen. Insbesondere schulweite Programmpakete, die aus einer Bandbreite unterschiedlicher Maßnahmen bestehen, können nicht trennscharf einer dieser Kategorien zugeordnet werden.

Eine weitere Möglichkeit der Klassifikation von Maßnahmen gegen Bullying besteht in der Unterscheidung von *kontext-* und *personenorientierten Maßnahmen* (vgl. Gottfredson, 1997; Verbeek & Petermann, 1999). Das Ziel *kontextorientierter Maßnahmen* ist die Verbesserung des sozialen Gefüges der Schule und/oder ihrer organisationsstrukturellen Rahmenbedingungen, wobei damit nicht nur auf Risikogruppen fokussiert wird. Mit kontextorientierten Anti-Bullying-Maßnahmen wird versucht, durch Einwirkungen auf das soziale Umfeld (Orte, Bedingungen, Situationen) das Ausmaß aggressiver und gewalttätiger Vorfälle indirekt positiv zu beeinflussen. Konkrete Beispiele für eine Veränderung der schulischen Rahmenbedingungen stellen der Ausbau von Schulressourcen (Zusammenarbeit von Eltern, Schülern und Lehrern zur Verbesserung außerschulischer Aktivitäten), schulweite und klasseninterne Verhaltensregeln (so genannte Classroom-Management-Strategien), die Re-Gruppierung der Schüler sowie Fortbildungen für das Lehrpersonal (schulinterne Lehrerfortbildungen = SCHILF) dar, ohne jedoch sekundärpräventive Maßnahmen auszuschließen.

Kasten 10.1.   Unterscheidung primär- und sekundärpräventiver Ansätze.

Eine mögliche, sehr grobe Unterscheidung besteht in der Zuordnung der Maßnahmen in *primär-* und *sekundärpräventiv*. Unter *Prävention* versteht man aus gesundheitswissenschaftlicher Perspektive die Durchführung von Maßnahmen, die dem Auftreten unerwünschter psychischer und/oder physischer Zustände entgegenwirken bzw. sie von vornherein verhindern (vgl. Caplan, 1964; Hurrelmann & Settertobulte, 2002). Mit *Primärprävention* ist die Verhinderung des Auftretens unerwünschter Verhaltensweisen (bei zumeist großen, unausgelesenen Populationen) gemeint, während *sekundärpräventive Maßnahmen* eine Ausweitung und Verfestigung von fehlangepassten Entwicklungsverläufen (z.B. eine Aggressions- bzw. Bullying-Problematik) verhindern sollen. Primärpräventive Ansätze umfassen demnach Maßnahmen, die *alle* – und somit auch die nicht betroffenen – Schüler erreichen wollen. Daneben beziehen sich die im Folgenden nicht näher beschriebenen *tertiärpräventiven*, zumeist therapeutischen Ansätze auf Interventionen beim Auftreten massiver Probleme bei einzelnen Schülern sowie auf die Verhütung von Rückfälligkeit und auf die Resozialisierung hochgradig problembelasteter Kinder und Jugendlicher. Derartige eventuell sogar strafrechtlich in Erscheinung getretene Schüler sind in der Regel von externen Institutionen (wie z.B. der Jugendhilfe) aufzufangen und zu behandeln.

Im anglo-amerikanischen Sprachraum wird nach Gordon (1983) der Begriff der Prävention allein auf jene Maßnahmen beschränkt, die *vor* dem Auftreten eines bestimmten Problems einsetzen. Dabei wird grob zwischen *universeller* (universal) und *gezielter* (targeted) Prävention unterschieden. Universelle Prävention richtet sich in diesem Kontext an Adressaten, die keinerlei Form von Auffälligkeiten aufweisen und für deren Entwicklung auch kein erhöhtes Risiko vorliegt. Gezielte Prävention hingegen bezieht sich auf verschiedene Zielgruppen und wird wiederum in *selektive* (selective) und *indizierte* (indicated) Prävention unterteilt. Hierbei beinhaltet selektive Prävention die Arbeit mit Risikogruppen, die eine höhere Wahrscheinlichkeit für die Entwicklung psychischer Auffälligkeiten aufweisen (z.B. einen geringen sozioökonomischen Status). Indizierte Prävention wiederum zielt auf Personen, die Vorläuferprobleme oder geringe Ausprägungen eines Problems aufweisen (z.B. als bereits aggressiv aufgefallene Kinder). Eine Einführung in die Prävention aggressiv-dissozialen Verhaltens kann den Beiträgen in Petermann (2003) entnommen werden. Scheithauer, Mehren und Petermann (2003) geben einen Überblick über entwicklungsorientierte Prävention aggressiv-dissozialen Verhaltens.

Personen- bzw. *schülerorientierte Ansätze* setzen direkt bei der Verhaltensmodifikation der Schüler an, um das Handeln, Wissen, sowie die Einstellungen und Überzeugungen der Schüler zu verändern. Zum Spektrum der Maßnahmen zählen unter anderem kognitiv-behaviorale Strategien (z.B. Verhaltenstrainings zur Verhaltensmodifikation, soziale Fertigkeitstrainings sowie Methoden des Selbstmanagements), Peer-Interventionen (z.B. Peer-Mediation, Streitschlichterprogramme) oder individuelle Schülerberatungen durch Beratungslehrer. Unter die personenorientierten Ansätze fallen sowohl Maßnahmen, die primärpräventiv an alle Schüler einer Schule gerichtet sind, als auch Maßnahmen, bei denen differenziert wird zwischen Schülern, die als Bullies in Erscheinung getreten sind und anderen Schülern (z.B. Opfer, Mitwisser, Unbeteiligte).

In ähnlicher, jedoch differenzierterer Weise können Maßnahmen gegen Bullying auf einer *Mikro-, Meso-* und *Makroebenen* unterschieden werden (vgl. Rigby, 1997; Sharp & Smith, 1994; Smith & Sharp, 1994a; b; Sullivan, 2000; vgl. Jäger, 1999):

- Auf der *Makroebene* bieten sich globale Hilfeleistungen an, die die *schulweite Struktur* berücksichtigen (z.B. Vernetzung verschiedener Gruppen, Organisationsentwicklung, Qualitätszirkel, Etablieren eines positiven Schulklimas, architektonische Veränderungen, Aus-, Weiter-, Fortbildung des Schulpersonals mit dem Anspruch der Erhöhung der pädagogischen Kompetenz) sowie eine gemeinsam entworfene und getragene *Schulpolitik/Schulordnung* (*Anti-Bullying-Präambel* mit einem Minimalkonsens über Werte, Normen und Regeln) oder *allgemeine Maßnahmen*, wie der Aufbau eines anonymen Kontakttelefons, das Entschärfen von „kritischen" Plätzen und eine verbesserte Pausenaufsicht, die übergreifende Einführung von Mediationsverfahren und kooperativen Schlichtungsprogrammen.

- Auf der *Mesoebene* stehen *klasseninterne Maßnahmen* zur Verfügung, wie etwa eine curriculare und interaktive Behandlung des Themas Bullying, das Aufstellen von verbindlichen Klassenregeln gegen Bullying, das Etablieren eines angemessenen Klassenklimas, das gemeinsame Einüben von Deeskalationsstrategien, themenbezogene Klassengespräche, Rollenspiele, Theater- und Puppenspiele, das kollektive Einüben von Entspannungsstrategien, Schüleraktivitäten wie die Übernahme von Patenschaften, die Bestimmung von Kontaktpersonen, Projektarbeiten, themenbezogene Literaturbesprechungen, Arbeitsgemeinschaften sowie Elternabende.

- Auf der *Mikroebene* schließlich stehen Maßnahmen zur Unterstützung der Individuen zur Verfügung, wie zum Beispiel persönliche Sensibilisierung, angemessene Sanktionen, Schadenswiedergutmachung, verhältnismäßige Erziehungs- oder Ordnungsmaßnahmen, individuelle Hilfestellungen für Täter, Erlernen angemessener Reaktionen und Verhaltensweisen bei Viktimisierungserlebnissen (Opferhilfe), Formung bestimmter Einstellungen, Verhaltensweisen und Emotionen bei allen Beteiligten, Stärkung individueller Verarbeitungs- und Problemlösekompetenzen, die Förderung der Fähigkeit der diskursiven Bewältigung von Auseinandersetzungen und psychologische Beratung. Ein weiterer Ansatzpunkt der Intervention umfasst die Bereitstellung eines *Beratungsangebotes* für die Familien von Bullies und Victims (vgl. Oliver et al., 1994).

Ein verwandtes Ordnungsschema von Maßnahmen zur Gewaltverhinderung in der Schule präsentieren Nolting und Knopf (1998; vgl. Jäger, 1999), in dem sie *fünf Maßnahmetypen zur Gewaltverhinderung in der Schule* in Abhängigkeit von der *Interventionsebene* auflisten (s. Tab. 10.1).

Tabelle 10.1. Fünf verschiedene Maßnahmetypen zur Gewaltverhinderung in der Schule (in Anlehnung an Nolting & Knopf, 1998, S. 252f.). [Abdruck mit freundlicher Genehmigung von Hans P. Nolting und dem Ernst Reinhardt Verlag].

Ansatzpunkt	Ziel	Inhaltlicher Fokus
schulbezogen	• Verbesserung von Schule als Ganzes und dem Unterricht im Speziellen • Veränderung der externen (pädagogischen, strukturellen) Rahmenbedingungen	• soziales Klima • Unterrichtsform • Leistungsanforderungen • Mitwirkungsmöglichkeiten durch alle Personengruppen • Schulhofgestaltung, Pausenaufsicht
schülerbezogen	• Unterricht zur Förderung sozialer Kompetenz • Veränderung von Verhaltensdispositionen aller Schüler durch soziales Lernen im Unterricht oder in Zusatzkursen (in erster Linie präventiv orientiert)	• soziales Wissen, Verstehen, Handeln • Bullying als Unterrichtsthema • Kommunikation, Empathie, gewaltfreie Konfliktlösung • Mediation, Streitschlichtung
täterbezogen	• direkte Reaktionen und langfristige Erziehung • individueller Umgang mit gewalttätigen Schülern (primär korrektiv orientiert)	• prinzipielle Lernstrategien (positive und negative Anreger), Förderung von Aggressionshemmungen sowie alternativen Bewertungs- und Verhaltensweisen • individuelle Leistungsförderung • pädagogische Verhaltensmodifikation • sofortiges Stoppen in nicht-feindseliger Art und Weise • Einzelgespräche (auch mit Eltern) • Bestrafung • Mediation, Streitschlichtung
opferbezogen	• intensiver Schutz und langfristige Stärkung • individueller Umgang mit schwächeren Schülern, die wiederkehrend Opfer von Angriffen werden (u.U. mit der Einbeziehung von Mitschülern)	• Normbildung: Gewaltmeldung als erwünschtes Verhalten • Patenschaften, Hilfe durch Zuschauer • Anleitung zu selbstsicherem Verhalten, einfühlsame Gespräche, sportliches Training • Mediation, Streitschlichtung
Mehr-Ebenen-Konzept	• Beteiligung der ganzen Schule (Schule, Klasse, Schüler) • je nach Konzept werden andere Schwerpunkte gesetzt und Komponenten der anderen Ansatzpunkte mit eingeschlossen	• multimodale Intervention nach Olweus (1996) • kooperative Intervention nach Nolting und Knopf (1997) • „whole-school-policy" nach Sharp und Smith (1994)

In Ergänzung dazu differenzieren andere Autoren zwischen den Maßnahmen der einzelnen Ansatzpunkte. So unterscheidet beispielsweise Rigby (1997; vgl. Sullivan, 2000) drei *Ansätze*, die sich direkt an die *Bullies* richten:

- *Moralistische Ansätze* beziehen sich auf schulische Appelle der Wert- und Normorientierung in Richtung Respekt und Toleranz im täglichen Umgang miteinander. Die Erzeugung eines moralischen Drucks und einer forcierten Erwartungshaltung an das Verhalten der Schüler (insbesondere an die Schüler, die als Bullies in Erscheinung getreten sind) setzt jedoch eher unspezifisch an.
- *Legalistische (bestrafende) Ansätze* gehen dabei einen direkteren Weg, da Regeln aufgestellt und Überschreitungen mit Sanktionen unterschiedlicher Art und Härte begegnet werden. Als Vorteile können die relativ schnelle Implementierung, das Senden einer eindeutigen Botschaft über akzeptable und nicht-akzeptable Verhaltensweisen, die Variabilität der Sanktionen in Abhängigkeit der Schwere des Deliktes und das gemeinsame Aushandeln der Regeln und der Sanktionen durch Schüler und Lehrpersonal angeführt werden. Nachteilig erweist sich die Notwendigkeit einer genauen und gegebenenfalls langwierigen faktenbasierten Aufklärung der Vorfälle, die mangelhafte Wirkung von Strafen für eine bestimmte Gruppe von Tätern und damit verbundene Vergeltungsversuche, die Gefahr einer inkonsequenten, autoritären und willkürlichen Anwendung der Regeln und der Verzicht auf eine langfristige gemeinsame Lösung (Aussöhnung) durch Bully und Victim. Exemplarisch können an dieser Stelle so genannte Bully Courts (= Schultribunale) angeführt werden: In Anlehnung an Gerichtsverfahren wird ein Komitee aus Schülern und eventuell auch Lehrern zusammengestellt, die den „angeklagten Bully" bei Nachweis eines schädlichen Verhaltens mit einer Strafe belegen. Kritisch zu betrachten ist, dass bei diesen Ansätzen anstelle von Prävention Bestrafungen im Vordergrund stehen.
- *Humanistische Ansätze* basieren auf dem Versuch, Bullying individuell zu betrachten und nachzuvollziehen. Zuhören und Kommunizieren sind wesentliche Elemente dieses Ansatzes, der das Verhalten, die Emotionen und Kognitionen der Bullies verändern will. Die Bereitschaft, dem Täter vorurteilsfrei entgegenzutreten, mit ihm zu kooperieren und langfristige Lösungen anzustreben, stellen weitere Kernideen dar. Allerdings ist dieser Prozess als schwierig und unsicher einzuschätzen und setzt die Bereitwilligkeit des Bullies zur Zusammenarbeit voraus. Für Außenstehende erscheint dieser Ansatz oftmals als idealistisch, unzureichend und zu nachgiebig. Rigby (1997) spricht sich dennoch für diese Interventionsansätze und damit für die Arbeit auf der Beziehungsebene aus und führt den No-Blame-Ansatz (Maines & Robinson, 1992; Tyler, 1998) sowie die Methode des Shared Concern (Pikas, 1989; 2002) als Beispiele dieser Kategorie an (s. Kap. 10.2.2). Beiden Ansätzen liegt der Versuch zugrunde, beim Bully Empathie für die Opfer zu fördern, Rahmenbedingungen ohne Beschuldigungen und Vorwürfe zu installieren, verantwortungsbewusstes Verhalten zu evozieren, Bullying als Gruppenphänomen zu betrachten und die weiteren Entwicklungen zu überwachen sowie fortlaufend erwünschte Verhaltensweisen zu bekräftigen.

Ähnlich dem Schema von Nolting und Knopf ordnet Kasper (2001) Maßnahmen gegen Bullying unterschiedlichen *Interventionsebenen* zu (s. Tab. 10.2).

Tabelle 10.2. Maßnahmen gegen Bullying (modifiziert nach Kasper, 2001; Schülermobbing – tun wir was dagegen). [Abdruck mit freundlicher Genehmigung des AOL-Verlags].

Ebene	Programm	Personal	Unterricht	Organisation
Schule	• Schul-Präambel • Regelvereinbarung • Gremienarbeit • Unterrichtsmaterialien • Fortbildung • Schulhofgestaltung	• Arbeitsgruppe (gemischt) • Projektgruppe (Lehrer) • externe Fachleute	• Materialiensammlung • Arbeitsgemeinschaften (Kommunikationstraining, Streitschlichtung)	• Kontakttelefon • Pausenaufsicht • Projektarbeit
Klasse	• Klassenregeln • Klassengespräche • Lehrer-Eltern-Gespräche • Projektarbeit • Unterrichtsgestaltung	• Koordination (Klassenlehrer) • Lehrerteam in der Klasse • Kooperation Lehrer-Eltern • externe Beratung	• Unterricht in diversen Fächern	• Gruppenarbeit • Partnerarbeit • Spezielle Projekte in Problemklassen
Schüler	• Lehrer-Eltern-Gespräche • Lehrer-Eltern-Zusammenarbeit am Fall • Mediation • Farsta-Methode • Täter-Opfer-Ausgleich	• Beratungslehrer • Klassenlehrer • externe Fachleute • Peers (Streitschlichter)	• Stärkung der sozialen Fähigkeiten und Fertigkeiten • individuelle Förderung	• Kummerkasten • Rückzugs-„Inseln“ in der Schule • Mentorenbeistand • Sprechstunden

Insgesamt betrachtet erscheint weniger die grobe Zuordnung der Maßnahmen in primär- und sekundärpräventiv sinnvoll als vielmehr eine *Unterscheidung der Maßnahmen hinsichtlich der Interventionsebene* (Schule, Klasse, Schüler). Zusätzlich können Mehr-Ebenen-Konzepte abgegrenzt werden, die unterschiedliche Maßnahmen auf mehreren Ebenen berücksichtigen.

10.2 Ausgewählte Strategien und Programme für den schulischen Bereich

10.2.1 Auswahl der dargestellten Maßnahmen

Die Maßnahmen gegen Bullying variieren in ihrer Bandbreite – wie bereits aus Tabelle 10.1 und 10.2 zu ersehen ist – von vereinzelten Aktionstagen oder Workshops an der Schule bis hin zu länger andauernden Projekten, beispielsweise im Rahmen schulweite Organisationsentwicklungsprozesse (vgl. Hundertmark-Mayser, o.A.; Jäger, 1999). In den folgenden Kapiteln möchten wir Einblick in ausgewählte Maßnahmen gegen Bullying geben, die insbesondere *im schulischen Bereich* eingesetzt werden – weitere Maßnahmen, in denen beispielsweise schwerpunktmäßig mit den Eltern gearbeitet oder das soziale Wohnumfeld von Schulen anvisiert wird, behandeln wir nicht. In Anlehnung an das Schema von Nolting und Knopf (s. Tab. 10.1) unterscheiden wir zwischen Maßnahmen

- auf der *Schul-* und *Klassenebene* sowie
- auf der *Schülerebene* (*Täter* und *Opfer* betreffend).

Anschließend stellen wir *Mehrebenenkonzepte* vor und geben exemplarisch Einblick in ausgewählte internationale und nationale Maßnahmen.

In Anlehnung an die Ausführungen von Nolting und Knopf (1998) zur Gewaltverminderung in der Schule kann festgestellt werden, dass auch die gegen Bullying eingesetzten Maßnahmen in unterschiedlichem Ausmaß *theoretisch fundiert sind* und nur in der Minderheit mit Hilfe von *Wirksamkeitsstudien evaluiert* wurden (s. Kasten 10.2). Demnach kann man unterscheiden zwischen Maßnahmen

- ohne empirischen Bezug,
- mit theoretischer Begründung, beispielsweise durch die Berücksichtigung von Befunden zu risikoerhöhenden Bedingungen aggressiven/gewalttätigen Verhaltens und
- mit theoretischer Begründung auf der Basis von empirischen Befunden aus der Bullying-Forschung.

Kasten 10.2. Evaluationsstandards.

Evaluation meint die Bewertung des Nutzens und eine Abschätzung darüber, bei welcher Zielgruppe welche Effekte erreicht wurden (vgl. Jäger, 1999). Für die Durchführung von Evaluationsstudien liegen eine Reihe von wissenschaftlichen Konvention vor (z.b. Hansen, 2002; Uhl, 1997; Wolke, 1999). In der Interventionsforschung gilt ein *experimentelles Studiendesign* (randomisiertes Interventions-Kontrollgruppendesign) mit drei Messzeitpunkten (Prä-, Post- und Follow-up-Messzeitpunkt) als „goldener Standard" (= *Wirksamkeitsstudien*), da aufgrund der zufälligen Zuordnung der Versuchsteilnehmer zu den jeweiligen Gruppen unter anderem Selektionsfehler nahezu ausgeschlossen werden können. Eine solche Randomisierung ist außerhalb von Laborbedingungen, unter „realen" Bedingungen (= *Effektivitätsstudien*) jedoch kaum realisierbar. Konkret am Beispiel von schulischen Programmen gegen Bullying können zum Beispiel die einzelnen Kinder nicht zufällig der Studien- bzw. Kontrollgruppe zugeordnet werden. Eine Möglichkeit bestünde zwar darin, Klassen oder ganze Schulen als Untersuchungseinheiten zu randomisieren. Da jedoch in der Regel die Anzahl der benötigten Schulen im Vergleich zur Anzahl der Versuchsteilnehmer relativ gering sein wird, können Selektionsfehler bei einer Randomisierung der teilnehmenden Schulen nicht unbedingt eliminiert werden (z.B. könnte der Anteil von Schulen aus sozioökonomisch schlechter gestellten Gemeinden in einer der Gruppen überwiegen und damit die Effekte beeinflussen). Um solche „Fehlverteilungen" bei wichtigen Variablen (z.B. Ausländeranteil in den Gemeinden, Bildungsstand der Eltern) zu vermeiden, können die Studien- bzw. Kontrollgruppe anhand vorgegebener Parameter „gematched" werden. Wird in einem solchen Fall die weitere Studiendurchführung in der angemessenen wissenschaftlichen Art und Weise durchgeführt (Kontrollgruppendesign mit Follow-up-Messung), so spricht man von einem *quasi-experimentellen Studiendesign*. In der modernen Evaluationsforschung wird dieses Design inzwischen als „goldener Standard" der Evaluation bezeichnet (Hansen, 2002), weil in der Praxis die Möglichkeit der Randomisierung eher selten gegeben ist.

Aus *ethischen Beweggründen* wird in der Regel keine klassische Kontrollgruppe eingerichtet, denn keinem Schüler sollte eine angestrebte Intervention vorenthalten werden. Dementsprechend kann beispielsweise eine *Wartekontrollgruppe* gebildet werden, wobei die teilnehmenden Schulen/Schulklassen, die der Kontrollgruppe zugeordnet sind, auf eine Warteliste zu setzen sind. Mitglieder dieser Wartekontrollgruppe erhalten die Maßnahmen zu einem späteren Zeitpunkt und zwar nach Abschluss der Schulung und Datenerhebung der Studiengruppe. Alternativ kann die Kontrollgruppe *eine andere* als die anvisierte Maßnahme durchlaufen.

Ergänzend ist darauf hinzuweisen, dass der Effekt-Nachweis von großangelegten Programmpaketen im Idealfall in *verschiedenen Settings* (z.B. unterschiedliche Schulformen) und in *unterschiedlichen Kulturkreisen* (z.B. Skandinavien, Südeuropa und Nordamerika) zu erbringen ist. Auch eine differenzierte Gegenüberstellung von den (veranschlagten) *Kosten* und dem (vermeintlichen) *Nutzen* kann als Gütekriterium eines Programms herangezogen werden (= *Effizienz*).

Im Hinblick auf die Evaluation der Maßnahmen können nach Nolting und Knopf (1998) drei *Qualitätsebenen* unterschieden werden:
- vollständiges Fehlen von Angaben zur Erprobung und Wirkung;
- Evaluation von Vorstufen, indem man auf Erfolge in den Bereichen der Therapie oder der Trainings verweist;
- Darstellung von empirischen Befunden zur Evaluation im Schulkontext.

Vor diesem Hintergrund schlägt Kazdin (1997) folgende Beurteilungskriterien zur Auswahl von Maßnahmen vor:

- *Theoretische Begründung.* Jede Maßnahme muss auf Theorien fußen, die sowohl plausible Aussagen zur Entwicklungsdynamik (auslösende und aufrechterhaltende, risikoerhöhende Bedingungen) als auch – vor diesem Hintergrund – zu den angenommen Wirkmechanismen der Maßnahmen machen.
- *Evaluation.* Mit Hilfe von aussagekräftigen Evaluationsstudien (s. Kasten 10.2) sind die Effekte der Maßnahmen nachzuweisen.
- *Prozess-Outcome-Beziehung.* Besonders wünschenswert wären Studien zur Überprüfung der Verknüpfung zwischen den Effekten einer Maßnahme (als Outcome-Messung, z.B. bezogen auf das Ausmaß an Bullying) und den Prozessen, die für die Veränderungen als bedeutsam eingestuft wurden. Voraussetzung für diese Art der Evaluation sind Untersuchungsdesigns mit mindestens zwei Messzeitpunkten (Prä- und Post-Treatment).

Colvin et al. (1998) schlussfolgern, dass der Einsatz von Maßnahmen gegen Bullying zu empfehlen ist, die

- evaluiert und theoretisch fundiert sind,
- auf Prinzipien der Verhaltenmodifikation beruhen und
- die das Aneignen prosozialen Verhaltens unterstützen.

Für die folgende Darstellung wählen wir insbesondere solche Maßnahmen aus,

- die im Rahmen des Schulalltages durchgeführt werden können (*Praktikabilität*),
- deren Wirksamkeit empirisch belegt ist (*Evaluation*) oder aber zumindest theoretisch untermauert werden kann (*theoriegeleitet*),
- deren Anwendung für den westlichen – und damit auch deutschen – Kulturkreis möglich erscheint (*Kulturspezifität*) und
- bei denen die Beteiligung der Gruppe der Schüler (*Zielgruppe*) als Schwerpunkt ausgewiesen wird.

Vor dem Hintergrund dieser Auswahlkriterien schränkt sich die Anzahl der relevanten Maßnahmen erheblich ein. Zudem können wir aus Platzgründen im Folgenden lediglich bestimmte Maßnahmen aus den einzelnen Bereichen vorstellen.

10.2.2 Allgemeine Maßnahmen auf der Schulebene

Anti-Bullying-Präambel. Unabhängig von den durchzuführenden Maßnahmen ist es von besonderer Bedeutung, dass die *Institution Schule selbst formulierte sowie von allen Mitgliedern* (z.B. Lehrer, Schulpersonal, Schüler) *getragene und akzeptierte Regeln, Werte und Normen aufstellt*, die es als Bezugsrahmen erleichtern, bei Regelüberschreitungen gegen das Bullying vorzugehen. Sharp und Thompson (1994) verstehen unter einer *Anti-Bullying-Präambel* (anti-bullying-policy) eine Absichtserklärung, die innerschulisch handlungs- und organisationsleitende Funktion besitzt. Mit ihr werden transparente und eindeutige Zielvereinbarungen eingerichtet und öffentlich gemacht. Für die praktische Umsetzung dieser Präambel bedarf es einer Selektion von geeigneten Maßnahmen, um gegen Bullying vorzugehen. Eine angemessene Regelsetzung schafft demzufolge für alle Mitglieder der Schulgemeinde Handlungsorientierung und -sicherheit.

Rigby (1997) führt sechs Aspekte an, die eine Anti-Bullying-Präambel zu berücksichtigen hat:
(1) die generelle Haltung der Schule (und damit aller am Schulleben beteiligten Personen) zum Bullying,
(2) eine einprägsame Definition des Bullying inklusive verhaltensnahen Veranschaulichungen,
(3) die Rechte und Pflichten der Schüler in Bezug auf das Bullying,
(4) die Verantwortung der Schüler, die Bullying-Vorfälle beobachten,
(5) die Aktivitäten, die die Schule gegen das Bullying einführen will, und
(6) die Evaluation der Präambel.

Kasper (2001) gibt ein weiteres Beispiel einer Anti-Bullying-Präambel (s. Kasten 10.3). Diese „Erklärung für ein faires Miteinander gegen Mobbing und Gewalt" kann als Beratungsgrundlage für die schulischen Gremien fungieren und nach Bedarf an die jeweiligen schulischen Rahmenbedingungen angepasst werden.

Kasten 10.3.   Erklärung für ein faires Miteinander gegen Mobbing und Gewalt (aus Kasper, 2001, S. 23; Schülermobbing – tun wir was dagegen). [Abdruck mit freundlicher Genehmigung des AOL-Verlags].

---

(1) Wir achten in Wort und Tat die Würde unserer Mitmenschen.
(2) Wir leisten jedem Mitmenschen, der darum bittet, Beistand gegen Schikanen und stellen uns demonstrativ an seine Seite, auch wenn wir nicht in allem seine Meinung teilen!
(3) Wir wollen den Anfängen von Psychoterror in unserer Schule wehren, von wem er auch ausgeht. Wird dulden kein Mobbing.
(4) Wir wollen uns in Toleranz und Zivilcourage üben.
(5) Wir begegnen fremden Fehlern ebenso nachsichtig wie unseren eigenen.
(6) Wir erklären ausdrücklich, dass wir uns an die Gesetze und die sonstigen Bestimmungen zum Schutz von Schwachen halten und verpflichten uns, auf deren Einhaltung in unserer Schule zu bestehen.
(7) Wir wollen uns nicht an der Entstehung und Verbreitung von Gerüchten beteiligen. Unser Grundsatz sei: Mit den Menschen, nicht über sie reden!
(8) Wir erklären, dass wir niemanden schikanieren. Niemand soll andere über- und unterfordern. Niemand soll andere bewusst Situationen aussetzen, denen sie nicht gewachsen sind.
(9) Wir wollen uns stets Mühe geben, mit jedermann in unserer Schule höflich und offen zusammenzuarbeiten und dabei Problemen nicht aus dem Weg zu gehen.
(10) Wir verpflichten uns, mit anderen gemeinsam gegen Mobbing und Psychoterror vorzugehen, wo wir dies beobachten. Wir handeln gemeinsam, statt einsam.

Im Zuge der Entwicklung einer Anti-Bullying-Präambel verweist O'Moore (2000) auf die *irischen National Guidelines on Countering Bullying*, die folgende Schlüsselelemente beinhalten:

- Einrichtung eines Schulethos, der Schüler dazu ermutigt, über Bullying-Vorfälle zu reden,
- Schärfung des Bewusstseins, dass Bullying unter keinen Umständen und von keiner Personengruppe zu tolerieren ist,
- umfassende Beaufsichtigung der Schüler und ihrer Aktivitäten während der gesamten Schulzeit,
- Entwicklung von Schemata, um Bullying-Vorfälle zu bemerken und zu registrieren,
- Entwicklung von Arbeitsschritten, um Bullying-Vorfälle zu untersuchen und angemessen darauf zu reagieren,
- Entwicklung eines Programms, um diejenigen Schüler zu unterstützen, die vom Bullying betroffen oder daran beteiligt sind,
- Zusammenarbeit mit allen örtlichen Behörden, die sich mit dem Auftreten von und dem Umgang mit aggressivem oder dissozialem Verhalten beschäftigen,
- Evaluation der Wirksamkeit der Präambel hinsichtlich des Auftretens des Bullying.

Essentiell für die *Umsetzung einer Anti-Bullying-Präambel* ist die Abstimmung der einzelnen Aktivitäten, die konsequente Unterstützung durch Schulbehörden und den Schulleiter sowie die kontinuierliche Überwachung und Bewertung. Daneben bedarf es des Aufbaus eines funktionierenden Kommunikationsnetzes. Ein besonders bedeutsamer Motivierungsfaktor ist weiterhin die „Sichtbarmachung" der in der Anfangsphase erzielten positiven Veränderungen für alle Schulmitglieder. Schließlich ist eine motivierenden Schulleitung sowie ein konsensfähiges Lehrerkollegium unabdingbar für den Erfolg einer schulweit angelegten Bullying-Prävention.

In verschiedenen Ländern existieren inzwischen juristische Auflagen für Schulen, ein Anti-Bullying-Programm zu implementieren (wie z.B. eine aktive Anti-Bullying-Präambel; vgl. Smith & Shu, 2000, für England). Für den deutschen Raum fassen Schäfer und Korn (2002) zusammen, dass man vergeblich nach expliziten schriftlichen Bestimmungen sucht, wie mit Gewalt an Schulen umzugehen ist. Daher stellen Schulen in Deutschland, die systematische Maßnahmen gegen Bullying ausführen und feste Verhaltensregeln setzen, bisher eher die Ausnahme dar.

Einfache Präventivmaßnahmen. Aus schulweiten Präambeln gegen Bullying können zunächst einfache, präventive Maßnahmen gegen das Bullying resultieren, die etwa vom Schulpersonal, insbesondere den Lehrkräften, initiiert werden können – möglichst nach einer entsprechenden Schulung im Umgang mit Bullying-Vorfällen. In diesem Zusammenhang führt Boulton (1994) einige *Grundprinzipien präventiver Maßnahmen* durch Lehrer und Schulpersonal gegen *Bullying auf dem Schulhof* an:
- Überwachung von Hot Spots (Orte, an denen Bullying besonders häufig auftritt),
- die besondere Beobachtung von Schülern, die in der Vergangenheit als Bullies oder Victims in Erscheinung getreten sind und
- aufmerksam nach einsamen und isolierten Schülern Ausschau halten,
- die aktive Suche von Gesprächen mit Schülern, die bei Bullying-Vorfällen beteiligt waren und

- das Zeigen einer eindeutigen und konsequenten Haltung gegenüber Bullying.

Viele der in den folgenden Kapiteln dargestellten Maßnahmen gehen nicht explizit auf spezifische Formen von Bullying ein. Im Kasten 10.4 hingegen wird auf konkrete Strategien verwiesen, wie beispielsweise an Schulen spezifisch auf *homophobisches Bullying* (s. Kap. 3.3) reagiert werden kann.

Kasten 10.4.   Was kann eine Schule bei homophobischem Bullying tun?

Auf homophobisches Bullying sollte in ähnlicher Weise reagiert werden, wie auf rassistische oder sexistische Beleidigungen. Hierzu zählt übergreifend das *Vertreten einer Grundhaltung*, die Toleranz gegenüber Mitmenschen und Offenheit gegenüber alternativen Einstellungen widerspiegelt. Alle Mitglieder der Schulgemeinschaft sind bei der Erstellung einer übergeordneten *Anti-Bullying-Präambel*, die alle gängigen Ausdrucksformen von Bullying anspricht, mit einzubeziehen.

Im *Curriculum* sollte das Thema Sexualität unter Beachtung kultureller Aspekte und religiöser Überzeugungen altersgerecht aufgegriffen werden. Themenbezogene Diskussionen in verschiedenen Fächern, zum Beispiel über Homosexualität und homophobisches Bullying, erlauben es, die Schüler dahingehend zu sensibilisieren, ihr Wertesystem zu reflektieren und sie zu befähigen, sich angemessen gegen mögliche Übergriffe zu verteidigen bzw. nicht selbst andere Schüler zu viktimisieren. Schülerbezogene Themen im Zusammenhang mit homophobischem Bullying sind in einer ruhigen Art und Weise vom *Lehrer* anzusprechen. Ausschließlich reaktive und kurzfristige Reaktionen auf diese Form von Bullying erhöhen lediglich die Wahrscheinlichkeit einer weiteren Ausgrenzung der Opfer. Lehrer sollten es demgegenüber vermeiden, Vorannahmen über die sexuelle Orientierung der Schüler zu hegen oder Details aus dem eigenen Privatleben zu diskutieren.

Eine Diskussion über spezifische Richtlinien, wie mit homophobischem Bullying im Klassenraum umzugehen ist, sollte in einem einheitlichen und gemeinschaftlich getragenen Vorgehen münden. Die Förderung von tolerantem, nicht-feindseligem Verhalten kann durch Lehrer mit Hilfe bestimmter Strategien realisiert werden, wie zum Beispiel

- der *Aufklärung der Eltern* über die curricularen Aktivitäten und Einladungen zu Diskussionsrunden,
- Bewusstseinsschärfung der Schüler (z.B., dass jeder Mensch das Recht auf einen eigenen Lebensstil hat),
- Aufklärung der Schüler bezüglich der verschiedenen Einstellungen über Homosexualität sowie über kulturelle Unterschiede,
- Darstellung der aktuellen Rechtslage über Homosexualität,
- Motivierung der Schüler, mit ihren Eltern über diese Thematik zu sprechen,
- angemessenes Eingreifen bei homophobischen Bemerkungen in Richtung Lehrer oder Schüler im Klassenraum.

nach einer Darstellung unter http://www.antibullying.net/homophobicinfo.htm

Mit freundlicher Genehmigung von Andrew Mellor, Anti-Bullying-Network

Batsche und Knoff (1994) fassen wesentliche Aspekte zusammen, die für schulweite Maßnahmen gegen Bullying notwendig sind:

- die *Verbreitung faktenorientierten, empirisch gesicherten Wissens* über das Bullying an Schulen bei gleichzeitigem Verzicht auf ein pseudowissenschaftliches Vorgehen (z.B. hinsichtlich der Überzeugung, dass Bullying und aggressives Verhalten zum Alltag von Kindern und Jugendlichen gehören und demzufolge nichts Belastendes darstellen);
- die *Erhebung des Ist-Zustandes* der Bullying-Problematik auf schulweiter Ebene;
- die gemeinsame, *schulweit geltende Entwicklung eines Verhaltenskodex* (Anti-Bullying-Präambel), der von allen Beteiligten getragen wird;
- die Bereitstellung von *vertrauensvollen Beratungsangeboten* für Täter und Opfer;
- die *Integration der Eltern* in den gesamten Maßnahmenprozess;
- die Implementierung von *spezifischen Interventionsmaßnahmen* gegen das Bullying und zum Aufbau von prosozialem Verhalten, wie zum Beispiel Verhaltensmanagement, Selbstkontrollübungen, soziale Fertigkeitstrainings oder Modifikationen der sozial-kognitiven Informationsverarbeitung;
- das regelmäßige Informieren der Schüler und des Schulpersonals über die erzielten *Effekte der Maßnahmen* und somit die kontinuierliche evaluative Begleitung der Implementierungsphase.

Lehrerebene. Wie wir bereits im Kapitel 4.5.2 dargestellt haben, scheinen nicht alle Lehrer Bullying als ein Problem anzusehen. In diesem Zusammenhang führt O'Moore (2000) wichtige Aspekte an, die ein *Lehrertraining* zur Reduktion von Bullying an Schulen umfassen sollte. Es handelt sich hierbei um Inhalte mit den Schwerpunkten in den Bereichen Wissensvermittlung, Sensibilisierung und Handlungskompetenzen:

- definitorische Abgrenzung und Darstellung der Ausdrucksformen von Bullying,
- Informationen zum Ausmaß von Bullying,
- Aufklärung über die Hintergründe und Entstehungsbedingungen von Bullying,
- Aufklärung über die Auswirkungen von Bullying,
- Informationen darüber, wie Bullying zu erkennen ist und
- Vorstellung angemessener Maßnahmen gegen Bullying.

Trainings mit Lehrern zur Sensibilisierung, Wissensvermittlung und Vermittlung von Handlungskompetenzen erweisen sich auch grundlegend, um gegen Bullying unter Vorschulkindern, wie etwa im Kindergarten (s. Kasten 10.5), vorzugehen. Hier fungieren Erzieherinnen als *Multiplikatoren*, die entsprechende Maßnahmen im Kindergarten umsetzen.

Kasten 10.5.   Maßnahmen gegen Bullying im Kindergarten.

Es liegen nur wenige Interventionen speziell für Vorschulkinder vor. Eine erste Präventionsmaßnahme legte Alsaker vor (Alsaker, 2003; Alsaker & Valkanover, 2001). Ziel dieses in Bern entwickelten Ansatzes ist die Prävention des so genannten *Plagens im Kindergarten* und die *Verbesserung der sozialen Interaktionen*. Das Programm basiert im Wesentlichen auf sozial-kognitiven Bausteinen wie die Entwicklung von Strategien gegen das Plagen über das gemeinsame Erarbeiten von Regeln des sozialen Miteinanders und deren Umsetzung durch die Kindergärtnerinnen sowie der Förderung und Erweiterung der Fähigkeit zur Perspektivenübernahme bei den Kindergartenkindern als Voraussetzung für prosoziales Verhalten. Über einen Zeitraum von vier Monaten erhalten die Kindergärtnerinnen eine intensive Supervision hinsichtlich der durchzuführenden Maßnahmen. Die Kindergärtnerinnen werden immer wieder aufgefordert, die ausgewählten Maßnahmen praktisch im Kindergartenalltag umzusetzen. Die Meetings beinhalten die Möglichkeit zum Erfahrungsaustausch und zur Diskussion von Ideen zur Umsetzung der verschiedenen Programmelemente. Daher fungiert die Gruppe auch als unterstützendes soziales Netzwerk.

Folgende *Themenkomplexe* sind Bestandteile der insgesamt acht Sitzungen:

- *Sitzung 1.* Sensitivierung für die Thematik des Plagens, Vorstellung des Programms und seiner Kernelemente, Verbesserung der Kommunikationsmuster zwischen Eltern und zwischen Eltern und Kindergärtnerinnen bei Bullying-Vorfällen.
- *Sitzung 2.* Bedeutung von Grenzen und Regeln für die Entwicklung der Kinder; Bedeutung konsistenten Verhaltens der Kindergärtnerinnen inklusive positiven und negativen Sanktionen und der Anwendung von grundlegenden Lernprinzipien.
- *Sitzung 3.* Mythen und Stereotypien in Bezug auf Bullies und Victims; Unterscheidung zwischen „Verpetzen" und dem Berichten von Bullying-Vorfällen seitens der Kinder; Entschuldigen des aggressiven Verhaltens aufgrund von familiären Problemen oder inneren Konflikten.
- *Sitzung 4.* Rolle und Verantwortlichkeit der Zuschauer/Nicht-Involvierten.
- *Sitzungen 5 bis 8.* Bedeutung der motorischen Aktivität, Förderung von Empathie, Geschlechtsunterschiede, Erwartungen an ausländische Kinder, Reflexion eigener Erwartungshaltungen und Einstellungen auch vor dem Hintergrund der aufgestellten Ziele vor Beginn der Intervention.

An einer Evaluationsstudie (Prä-Post-Design) dieses Programms nahmen 16 Kindergärten (8 Interventions- und Kontrollkindergärten) in der Schweiz teil. Da die Experimentalgruppe aus Kindergärten zusammengesetzt wurde, die sofort bereit waren, an dem Programm teilzunehmen, konnte ein ausreichendes Maß an Motivation garantiert werden. Während die Befragung der Kindergärtnerinnen keine Veränderung beim Plagen insgesamt im Vergleich der Experimental- mit der Kontrollgruppe erbrachte, zeigten sich in der Experimentalgruppe signifikante Reduktionen bei *bestimmten Viktimisierungsformen* (physisch und indirekt), jedoch gleichzeitig ein deutlicher Anstieg bei verbalen Ausdrucksformen. Daneben unterstreichen Peer-Nominierungen, dass die Anzahl der Plagen-Vorfälle in der Interventionsgruppe konstant blieb, in der Kontrollgruppe hingegen zum zweiten Messzeitpunkt signifikant höher war. Auch die Anzahl der Bullies und Victims veränderte sich in der Interventionsgruppe nicht, in der Kontrollgruppe jedoch offenbarte sich ein geringer Anstieg von Bully-Nominierungen und ein erheblicher Anstieg in Victim-Nominierungen. In der Tendenz zeigen die Daten, dass mit einem Anstieg des Bullying zu rechnen ist, wenn keine Intervention erfolgt. Alsaker und Valkanover (2001) interpretierten ihre Befunde dahingehend, dass die *Ressourcen* der bislang unbeteiligten Kinder aktiviert und somit die Integration aller Kinder gefördert und gleichzeitig das Auftreten von Viktimisierungen verhindert wurde. Der Anstieg an verbalen Viktimisierungen und das gleichbleibende Niveau von Plagen hingegen könnte durch einen Sensitivierungsprozess (Veränderung der Wahrnehmungsmuster im Laufe des Programms) auf Seiten der Erzieherinnen bedingt sein.

Humanistisch orientierte Maßnahmen zur Eindämmung des Bullying an Schulen umfassen den selbstverantwortlichen Umgang seitens der Schüler unter Anleitung des Lehrpersonals bzw. von Experten. Ansätze, wie zum Beispiel die *Farsta-Methode/ Methode des Shared Concern* oder der *No-Blame-Ansatz,* setzen primär auf schülerbezogene Ressourcen (s. Klassifikationsschema in Tab. 10.2) und die Fähigkeit zur Einsicht, um eine gemeinsame Problemlösung anzustreben. Da eine Umsetzung jedoch zugleich eine Einbindung des Lehrpersonals bzw. von externen Fachkräften und der gesamten Schule als Organisation verlangt, stellen wir diese Ansätze im vorliegenden Kapitel vor.

Farsta-Methode/Methode des Shared Concern. Grundlegender Baustein bei der *Farsta-Methode* (nach Ljungström, zumeist angewandt in Schweden; Olweus, 1999c; Svensson, 2000) ist die Einrichtung einer speziellen Aktionsgruppe (Anti-Bullying-Gruppe), bestehend aus mehreren Mitgliedern des Lehrpersonals. Die Aufgabe dieser Arbeitsgruppe besteht in erster Linie darin, zu klären, ob es sich bei denen an sie herangetragenen Vorfällen tatsächlich um Bullying handelt, wer der Täter oder die Täter ist/sind und wie man in geeigneter Weise einschreiten kann. Neben dem Sammeln von Informationen wird der Dialog mit dem Opfer gesucht und verschiedene Aspekte rund um die Geschehnisse exploriert (z.B. Details zu den Vorfällen, Anzahl der Beteiligten). Im Anschluss daran bittet man den Bully bzw. die Bullies (direkt nacheinander) zu einem Gespräch, bei dem man ihm/ihnen von den Vorfällen erzählt. Im Zuge dieser Konfrontation ist dem Täter/den Tätern unter Verzicht auf Schuldzuweisungen zu verdeutlichen, mit den Übergriffen aufzuhören. Die Fortsetzung der Gespräche soll am nächsten Tag stattfinden. Im Anschluss an jenes Fortsetzungsgespräch thematisieren weitere Treffen mit dem Täter/den Tätern, wie man eine nicht-feindselige Beziehung zum Opfer aufbauen kann. Diese Art der Intervention dauert so lange an, bis Opfer und Täter ein tragfähiges Miteinander im schulischen Alltag garantieren können, wobei insbesondere die Täter unter verschärfter Beobachtung stehen. Follow-up-Gespräche mit den Bullies sollen gewährleisten, die erzielten Veränderungen beizubehalten.

In ähnlicher Weise verfolgt die Methode des *Shared Concern* (Pikas, 1989; 2002; vgl. Rigby, 1997) das Ziel, die Bullies in Einzelgesprächen mit den Konsequenzen ihres Handelns für das Opfer zu konfrontieren und somit gruppenkonformen Verhaltensweisen entgegenzuwirken (Bullying als gruppendynamisches Phänomen, s. Kap. 3.4) und individuelles Verantwortungsbewusstsein zu erzeugen.

No-Blame-Ansatz. Der *No-Blame-Ansatz* (Maines & Robinson, 1992; Tyler, 1998; vgl. Rigby, 1997) setzt sich aus sieben aufeinanderfolgenden Schritten zusammen:
1. Interview mit dem Opfer über die Geschehnisse und Exploration seiner Gefühle, inklusive dem Einholen des Einverständnisses, mit dem Bully darüber zu sprechen; Aufklärung, dass der Bully nicht bestraft wird;
2. Einberufung eines Gruppentreffens mit dem Bully und gegebenenfalls auch mit anderen am Bullying beteiligten Schülern;
3. Beschreibung der Gefühle des Opfers während des Gruppentreffens unter Verzicht auf „Verhöre" oder Schuldzuschreibungen;

4. Veranschaulichung, dass die Gruppe verantwortlich für das Bullying ist und somit auch dafür, die Situation für das Opfer zukünftig angenehmer zu gestalten;
5. Einholen von angemessenen Vorschlägen zur Unterstützung des Opfers;
6. Übertragung der Verantwortung für die Umsetzung der Vorschläge auf die gesamte Gruppe;
7. individuelle Begleit- und Nachtreffen mit dem Opfer und der Gruppe zwecks Situationsbeschreibung und -analyse.

Weder für die Farsta Methode/Methode des Shared Concern noch für den No-Blame-Ansatz liegen bislang systematische Wirksamkeitsstudien an deutschen Schulen vor; die Effekte dieser Maßnahmen wurden lediglich im Rahmen schulweite Aktivitäten erhoben (vgl. Smith, Cowie & Sharp, 1994, für Erfahrungen im Rahmen der Sheffield-Studie).

10.2.3 Maßnahmen auf der Schülerebene: Peer- und Rollenansätze

Streitschlichtung/Peer-Mediation/Peer-Support. Eine Vielzahl von Maßnahmen bezieht sich auf die Peer-Ebene, um gegen Bullying unter Schülern vorzugehen. Zumeist handelt es sich um Streitschlichterprogramme oder Peer-Mediation sowie Peer-Support-Programme. Zwar liegen derzeit nur vereinzelt Überprüfungen der Wirksamkeit dieser Maßnahmen hinsichtlich des Einsatzes beim Bullying vor, aufgrund deren hohen Verbreitung soll an dieser Stelle dennoch ausführlicher auf diese Maßnahmen eingegangen werden. Es sei betont, dass Konflikte unter Schülern nicht automatisch mit Bullying gleichzusetzen sind, da Konflikte auch zwischen zwei Parteien ausgetragen werden, die annähernd gleich stark sind oder ähnliche Möglichkeiten zum Austragen des Konfliktes mit sich bringen, beide sich partiell im Recht und Unrecht befinden und sich ihren Positionen annähern können. Die beschriebenen Ansätze beziehen sich somit auf ein breiteres Anwendungsgebiet.

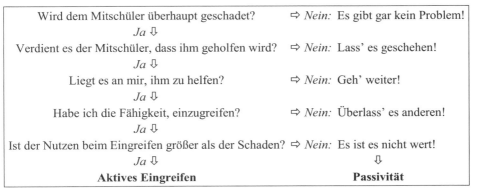

Abbildung 10.1. Eingreifen beim Bullying als kognitiver Entscheidungsprozess (Ken Rigby, 1997, S. 165; Bullying in schools and what to do about it. Jessica Kingsley Publishers). [Abdruck mit freundlicher Genehmigung von Ken Rigby].

Tabelle 10.3. Peer-Support-Maßnahmen in Großbritannien und ihre Eignung für Schüler unterschiedlicher Altersgruppen (erweitert nach Cowie & Wallace, 2000, in Cowie et al., 2002).

Intervention	Kurzbeschreibung	Altersgruppe (Jahre)		
		5-9	9-11	> 11
Kooperative Gruppenarbeit	• gemeinsames Lösen bestimmter Aufgaben (positive Abhängigkeit) • Lernen gegenseitiger Akzeptanz • Mittragen der Verantwortung für die gesamte Gruppe	✓	✓	✓
Circle Time	• Lehrer und Schüler gehen zusammen Aktivitäten nach, zum Herstellen einer positiven Atmosphäre, Lernen prosozialer Fertigkeiten wie Zuhören oder gegenseitige Bestätigung	✓	✓	✓
Circle of Friends	• Aufbau eines positiven Beziehungsnetzwerks zu einem Schüler, der aufgrund seines störenden Verhaltens gefährdet ist, ausgeschlossen zu werden • Einrichtung eines Unterstützungsteams • Förderung der Selbstreflexion beim „Problemschüler" • Herstellung von Möglichkeiten der nicht-feindseligen Kontaktaufnahmen zu Mitschülern	✓	✓	✓
Befriending System/ Peer Partners	• Zuordnung zumeist älterer Schüler zu „verletzbaren" Mitschülern (z.B. jünger oder neu in der Klasse) auf freiwilliger Basis • Peer-Partner geben emotionale Unterstützung, geben Rat, sind Ansprechpartner, leisten Beziehungsarbeit im schulischen Alltag	---	✓	✓
SchoolWatch	• von Schülern organisierte Initiative, um dissoziales Verhalten über Neugestaltung der Umgebung einzudämmen • Schüler wählen ein Managementkomitee, dass von der Polizei/Schulmitgliedern unterstützt wird • Implementierung von Maßnahmen wie „Freundschaftsgärten"	---	✓	✓
Konfliktlösung/ Mediation	• strukturiertes Vorgehen, bei dem eine neutrale dritte Instanz dabei hilft, die Konflikte zweier Parteien konstruktiv zu lösen • Befähigung zur Kompromissbildung mit evtl. Schadenswiedergutmachung • schriftliches Fixieren der erarbeiteten Lösung (Gewinn/Gewinn-Erfahrung)	---	✓	✓
Aktives Zuhören/ Beratung	• intensive Einführung und ausgiebiges Training der Schülerberater in Grundlagen der Beratung, wie z.B. aktives Zuhören • Anwendung im Kontakt mit Hilfesuchenden, inklusive supervidierender Begleitung • die Beratung findet in separaten Räumen statt und wird über längere Zeiträume angeboten	---	---	✓

Generell verfolgen Maßnahmen auf der Schülerebene das Ziel, die Schüler zu einer selbstständigen Lösung ihrer Konflikte anzuleiten. Rigby (1997) führt in diesem Kontext einen *Entscheidungsbaum* an, der das Eingriffsverhalten von Peers im Falle des Auftretens von Bullying als *kognitiven Entscheidungsprozess* analysiert (s. Abb. 10.1). Demnach gilt es, gezielt die kognitiven Bewertungen/Entscheidungen im linken Bereich des Entscheidungsbaumes zu fördern und demnach die Wahrscheinlichkeit für ein aktives Eingreifen der Peers zu erhöhen.

Wesentlicher Bestandteil der Peer-Support-Ansätze in Schulen ist es, dass Schüler darin be- und verstärkt werden, anderen Schülern zu helfen, mit Konflikten umzugehen, also eigene Ressourcen zu aktivieren (vgl. Cowie, Jennifer & Sharp, 2002). Demzufolge erfahren die Schüler den selbstverantwortlichen Umgang mit Konflikten und die Wirksamkeit ihres eigenen Handelns. Gefördert werden sollen Basiskompetenzen, wie zum Beispiel aufmerksames Zuhören, Entwicklung von Empathie und von Problemlösefertigkeiten sowie die Bereitschaft zu helfen. Im Internet kann unter www.peersupport.co.uk auf eine Vielzahl an Materialien zu Peer-Support-Maßnahmen und einem regelmäßig erscheinenden Peer-Support-Newsletter zugegriffen werden. In Tabelle 10.3 werden am Beispiel von Großbritannien unterschiedliche Peer-Support-Maßnahmen angeführt.

Auch Rigby (1997) führt ein Klassifikationsschema für verschiedene Peer-Helfer-Rollen an (Tab. 10.4). Während die ersten vier Rollen eher einen indirekten Beitrag zur Reduktion des Bullying darstellen, handelt es sich bei den drei zuletzt aufgelisteten Rollen um direkte Maßnahmen gegen Bullying. Mit dem Peer-Mediationsansatz verwandt sind *Patenschaftsprogramme*, bei denen Schüler älterer Jahrgänge als Ansprechpartner (Tutoren, so genannte Buddys) für Schüler der Eingangsklassen zur Verfügung stehen und sich für die Anfänger verantwortlich fühlen.

Tabelle 10.4. Klassifikationsschema für verschiedene Peer-Helfer-Rollen (in Anlehnung an Ken Rigby, 1997, S. 253; Bullying in schools and what to do about it. Jessica Kingley Publishers). [Abdruck mit freundlicher Genehmigung von Ken Rigby].

Peer-Helfer-Rolle	Wirkungskreis		
	pädagogisch	**individuell unterstützend**	**eingreifend bei Peer-Konflikten**
Peer-Tutor	√	√	---
Peer-Orientation Guide	√	√	---
Buddy	---	√	---
Peer-Outreach Worker	---	√	---
Peer-Support Leader	zumeist	√	manchmal
Peer-Counsellor	---	√	manchmal
Peer-Mediator	---	√	√

Bereits in den 60er-Jahren wurden in den USA im Rahmen von Friedensaktivitäten Programme entwickelt, um Kindern und Jugendlichen Kompetenzen zur angemessenen Konfliktbewältigung und *Streitschlichtung* zu vermitteln. Nachdem in Deutschland in den 90er-Jahren zunächst vereinzelt in der ersten Sekundarstufe Streitschlichterprogramme eingesetzt wurden, interessierten sich seit einigen Jahren auch vermehrt Grundschulen für diese Maßnahmen (vgl. Jefferys-Duden, 1999). Generell versteht man unter *Mediation* den Prozess einer konstruktiven Konfliktbearbeitung mit Hilfe einer externen, neutralen Person (Mediator oder Vermittler, zum Teil auch als Moderator oder Konfliktmanager bezeichnet). Im Zuge des Mediationsverfahrens kommt es zu einer regelgeleiteten Begegnung zwischen den Parteien und dem Mediator auf freiwilliger Basis, bei der es die Gelegenheit gibt, die jeweilige Sicht auf das vorgefallene Konfliktgeschehen darzulegen und den Standpunkt (Kognitionen, Emotionen, Motive, Wünsche) des Gegenüber kennen zu lernen. Ziel dieser begleiteten Konfrontation ist eine einvernehmliche, verbindliche und von allen Seiten getragene Einigung bzw. Konfliktlösung (auch perspektivisch und eventuell inklusive einer Wiedergutmachungsabsprache), die auch formell festgehalten wird. Während auf der Beziehungsebene die Dialogfähigkeit wiederhergestellt wird, dient die Darstellung der eigenen Sichtweise der Selbstständigkeit und der Eigenverantwortung (z.B. Erarbeiten einer selbstständigen und nicht von außen „aufgedrückten" Problemlösung, Entwicklung moralischer Urteilsfähigkeit). Die Aufgabe des Vermittlers besteht in erster Linie in der Durchführung der Sitzung nach bestimmten Richtlinien wie zum Beispiel aktives Zuhören, das Zeigen von Empathie oder das Einnehmen einer überparteilichen Position.

Zur *Mediation* bei Bullying an Schulen bieten sich grundsätzlich zwei Vorgehensweisen an (Hauk-Thorn, 2002):
- Lehrer und/oder Eltern werden in Mediation durch externe Fachkräfte trainiert; eine abgeschirmte Mediationsecke oder ein Schlichtungsraum wird eingerichtet;
- es wird eine Schlichtungs-AG bestehend aus Schülern gebildet, die von den Lehrern/anderen Erwachsenen oder externen Fachkräften ausgewählt wurden (Peer-Mediation).

Der Ansatz der *Peer-Mediation* besteht darin, Schüler selbst als Streitschlichter (Konfliktlotsen, „Kummerlöser") auszubilden. Konkrete Programme dieser Art sind Bründel, Amhoff und Deister (1999), Hauk-Thorn (2002) sowie Jefferys und Noack (1995) zu entnehmen. Der Grundgedanke der *Streitschlichtung* im Kontext der Schule besteht darin, dass Schüler frühzeitig lernen, unter Einschaltung von ausgebildeten Mitschülern (Peers), mit friedlichen Mitteln ihre Auseinandersetzungen selbstständig zu bearbeiten und zu lösen. In der Schule kann Mediation zum einen als Reaktion auf aktuelle Auseinandersetzungen zwischen Schülern, zum anderen aber auch als Komponente schulweiter Aktivitäten eingesetzt werden. Dabei steht nicht der Täter, sondern die Tat (die Auseinandersetzung) im Zentrum der Aufmerksamkeit. Stigmatisierende Etikettierungsprozesse werden durch dialogische Konfliktbearbeitungen und einem daraus resultierenden erweiterten Handlungsrepertoire ersetzt. Peer-Mediation bringt den Vorteil mit sich, dass es leichter fällt, eine vertrauensvolle und akzeptierende Atmosphäre aufzubauen, da statusgleiche Schüler untereinander eine ähnliche Sprache sprechen. Für die angehenden Mediatoren ist es wichtig, mit Hilfe von Rollenspielen, Video-Feedback, Wahrnehmungs- und Interaktionsübungen sowie Gruppenarbeit zu lernen, wie man einen Konfliktverlauf begleitet, mögliche Lösungsalternativen analysiert, Vorurteile wahrnimmt und anspricht, Abkommen und Übereinkünfte trifft sowie letztendlich die vorherrschende Streitkultur verändert. In wöchentlichen Gruppensitzungen oder an Projekttagen werden interessierte (ausgewählte) Schüler im Hinblick auf die Grundlagen, Ziele und Aufgaben der Peer-Mediation geschult. Die Grundausbildung erstreckt sich beispielsweise über einen Zeitraum von ca. zwölf Doppelstunden bzw. drei Tage. Ist die Streitschlichtung konzeptuell mit einer „Komm-Struktur" ausgerichtet, stehen den Konfliktparteien feste Termine für Schlichtungen in einem Schlichtungsraum zur Verfügung. Im Gegensatz dazu gibt es Initiativen mit einer „Geh-Struktur", bei denen die Vermittlung vor Ort (im Klassenraum, auf dem Schulhof, z.B. in einer „Friedensecke") stattfindet und die Schlichter die Möglichkeit haben, im Falle auftretender Konflikte direkt auf die Konfliktparteien zuzugehen (vgl. Jefferys-Duden, 1999).

Generell sollten ein oder zwei Lehrkräfte die *Koordination des Schlichtungsprogramms* übernehmen, die Schlichter begleiten sowie neue Schlichter rekrutieren und ausbilden. Hauk-Thorn (2002) präsentiert ein Trainingshandbuch zur Peer-Mediation, das einen praxisnahen Leitfaden für die Ausbildung von jugendlichen Streitschlichtern sowie Grundlagen zur Weiterbildung erwachsener Mediatoren beinhaltet. Daneben beschreibt Sullivan (2000) die *Komponenten eines Trainings für Peer-Mediatoren*, das aus sieben Sitzungen (jeweils 45-60 Minuten) besteht. Jede Sitzung verläuft dabei nach einem bestimmten Schema ab und thematisiert die folgenden Aspekte:

* aktives Zuhören,
* sich mittels Ich-Botschaften ausdrücken,
* verschiedene Reaktionsweisen auf Konflikte kennen,
* offene Fragen stellen,
* sich der Rolle des Mediators bewusst sein,
* sich mit dem Prozess der Mediation vertraut machen und
* mit schwierigen Situationen umgehen.

Zudem führt Sullivan (2000) auf, welche *Kompetenzen* sich ein Peer-Berater in einem *Training* aneignen sollte: die Fähigkeit

* zum Zuhören (volle Aufmerksamkeit, ruhiges Ermuntern, keine Unterbrechungen),
* zum Beobachten,
* ein Feedback zu geben (Paraphrasieren),
* auf Emotionen wie Ärger oder Traurigkeit angemessen zu reagieren,
* den Klienten bei der Suche nach einer Lösung zu unterstützen,
* Vertrauen herzustellen,
* die eigenen Grenzen zu kennen,
* zum kreativen Denken.

Insgesamt erhöht die selbstständige Regelung von Konflikten die Problemlösefertig-keiten der Schüler, unterstützt den Erwerb sozialer Kompetenzen und befähigt sie, nach langfristigen Lösungen Ausschau zu halten. Gleichfalls kommt es zum Abbau von Stress, der Vermeidung von sich aufschaukelnden und eskalierenden Konflikten sowie einer damit verbundenen Reduktion unangemessener (aggressiver) und regel-verletzender Verhaltensweisen. Nach Cunningham et al. (1998; vgl. Cowie, 1998; 2000) bestehen die *Vorteile von Peer-Konfliktlösungsprogrammen* in:

- der Möglichkeit eines schnellen Eingreifens gerade in nicht überwachten Schul-plätzen, um eine Konflikteskalation zu vermeiden,
- dem Nutzen des Expertenwissens der Schüler gerade im Hinblick auf subtile Formen von Bullying,
- der Chance, positive Effekte für die gesamte Schule (Schulklima, Schulethos) zu erzielen und
- dem relativ geringen Kostenaufwand.

Jedoch muss bei der Umsetzung von Peer-Mediationsprogrammen darauf geachtet werden, dass sie als Bestandteile eines schulischen Gesamtkonzeptes zur Gewalt- bzw. Bullying-Prävention angesehen und vom Lehrerkollegium wie auch der Schul-leitung getragen werden sollten. Als problematisch erweist sich zudem die teilweise auftretende Feindseligkeit oder Ablehnung von Peer-Mediatoren durch Mitschüler. Darüber hinaus sind zukünftig verstärkt Jungen als Peer-Supporter einzusetzen. Ein weiteres Problem ergibt sich aus der Tatsache, dass Opfer – insbesondere betroffene Jungen – oft schweigen. Ein wichtiger Schritt umfasst die Motivierung, über Vikti-misierungen zu sprechen.

Die *Effekte der Peer-Support-Maßnahmen* für verschiedene Personengruppen sind unter anderem mit Hilfe von Interviews und Befragungen an britischen Schulen er-mittelt worden (vgl. Cowie, 2000; Naylor & Cowie, 1999). Teilnehmer an dieser Studie waren insgesamt 2.313 Schüler (Klassenstufe 7 und 9) und 226 Lehrer. Die Befragung wurde an 51 Schulen durchgeführt, an denen Peer-Support-Systeme (70% informelle Befriending-Systeme, 18% Beratung, 6% Mentorenprogramme, 6% Me-diation/Konfliktlösung) bereits seit mindestens einem Jahr liefen. Insgesamt deuten die Ergebnisse daraufhin, dass eine Einführung derartiger Maßnahmen in Schulen für die ausgebildeten Peer-Supporter aber auch für die Victims von Nutzen sind. Die Peer-Supporter und die Lehrer äußerten sich durchweg optimistischer als die Gruppe der restlichen Schüler. Die wahrgenommenen Vorteile für die Peer-Supporter be-standen in dem Erwerb bestimmter Kompetenzen sowie der Demonstration ihrer Hilfe. Daneben berichten die Teilnehmer beispielsweise von einem verbesserten so-zio-emotionalen Klima in den Schulen. Knapp die Hälfte der Peer-Supporter und knapp drei Viertel der beteiligten Lehrer berichteten von Schwierigkeiten hinsicht-lich der Akzeptanz dieser Maßnahme. Die geringe Quote an Schülern, die die Peer-Supporter in Anspruch nahmen und die negative Einstellung einiger Lehrer gegen-über der Implementierung spiegeln problematische Aspekte wider. Kritisch zu sehen ist auch der Befund, dass das Ausmaß des Bullying an diesen Schulen dem in der Literatur veröffentlichten Ausmaß gleicht (also nicht niedriger ausfällt; vgl. Cowie &

Olafsson, 1998, die zudem auch keine Veränderung im Eingriffsverhalten der Peers feststellen konnten).

Menesini, Codecasa, Benelli und Cowie (2003) implementierten Peer-Support-Systeme (befriending) als Maßnahme gegen Bullying in zwei italienischen Schulen mit Schülern im Alter von elf bis 14 Jahren. Mit der Studie im Interventions-Kontrollgruppen-Design konnten sie belegen, dass die Einführung des Peer-Support-Programms vorteilig für die Schüler der Experimentalgruppe gewesen ist. So konnte in der Experimentalgruppe ein abfallendes oder gleichbleibendes Niveau im Einnehmen von Pro-Bullying-Rollen und der Rolle der Außenseiter festgestellt werden, wohingegen in der Kontrollgruppe ein Ansteigen zu verzeichnen war. In Bezug auf die Pro-Victim-Rollen kehrte sich dieser Trend um: Während sich in der Kontrollgruppe die Anzahl der Schüler mit einer solchen Haltung verringert hatte, zeigten sich in der Experimentalgruppe keine wesentlichen Veränderungen. Besonders die Aktivierung der Ressourcen der Außenseiter (in der Experimentalgruppe) deutet den Nutzen der Peer-Support-Systeme an, wohingegen die Opfer des Bullying nur im bescheidenen Maße von dieser Interventionsstrategie zu profitieren scheinen. In Ergänzung dazu legen die Befunde die Schlussfolgerung nahe, dass sich auch bei der Gruppe der Bullies Einstellungs- und Verhaltensänderungen ergaben.

Cunningham et al. (1998) konnten auf der Basis von Beobachtungen zeigen, dass ein Schülermediationsprogramm körperlich-aggressives Verhalten auf dem Schulhof in Grundschulen um 51 bis 56% reduzierte. Die Mediatoren konnten zudem in etwa 90% aller Fälle die aufgetretenen Konflikte, in die sie eingebunden waren, erfolgreich auflösen, wobei diese Effekte zu einem Follow-up-Messzeitpunkt nach einem Jahr immer noch nachzuweisen waren. Interessanterweise sind es eher Jungen gewesen, die bei (physischen) Auseinandersetzungen, in denen der Täter ein Junge war, eingriffen, Mädchen hingegen eher bei (verbalen oder relationalen) Auseinandersetzungen, bei denen Mädchen Täter waren.

In Bezug auf die Wirksamkeit von Streitschlichterprogrammen fasst Jefferys-Duden (1999) Befunde aus den USA zusammen, denen zufolge in etwa 80 bis 95% aller Fälle die Schüler sich an die getroffenen Abkommen halten und mit der Lösung zufrieden sind. Neben dem Ersetzen destruktiver Problemlösungsversuche durch angemessene Strategien reduzierte sich auch die Häufigkeit des Eingreifens durch Lehrkräfte oder der Schulleitung, bei gleichzeitiger Verbesserung des Schulklimas. Weitere positive Nebeneffekte zeigten sich in einer positiveren Einstellung zur Schule und einer Verbesserung der Schulleistungen durch in den Unterrichtsverlauf eingebettete Trainings.

Abschließend muss jedoch betont werden, dass eine hinreichende Evaluation von spezifischen Peer-Mediations-Programmen – gerade im Hinblick auf die Prävention von Bullying – noch aussteht. Ob regelgeleitete Konfliktlösungsversuche zwischen zwei ähnlich starken Parteien (annähernd symmetrische Beziehungsebene) auch zur Lösung der Konflikte zwischen einem „mächtigen" Bully und seinem „wehrlosen" Opfer (asymmetrische Beziehungsebene) als eine geeignete Interventionsmethode heranzuziehen ist, bleibt demzufolge bislang offen. In Deutschland lassen sich bis zum jetzigen Zeitpunkt nur sporadische wissenschaftliche Begleitungen finden.

Rollenansätze. Salmivalli (1999) schlägt vor, nicht nur die betroffenen Kinder (Täter und Opfer), sondern *alle* Schüler in die Anti-Bullying-Maßnahmen einzubinden. Bullies – und deren negatives Verhalten – lassen sich schwieriger erreichen, als andere beteiligte und unbeteiligte Schüler – und deren Verhalten –, welche aber dennoch eine wichtige Rolle im Bullying-Prozess einnehmen (s. Kap. 3.4): Assistenten, Verstärker sowie außenstehende Schüler. Die Peer-Beziehungen können unter Anleitung der Lehrer für die Durchführung von Maßnahmen gegen Bullying genutzt werden. Dabei schlägt Salmivalli (1999) folgende Schritte vor:

- *Allgemeine Aufmerksamkeitsschärfung.* Allen Schülern werden die wesentlichen Informationen im Hinblick auf die verschiedenen Rollen der Schüler im Bullying-Prozess vermittelt und die Grundlagen sozialer Interaktionen, Rollenein- und Rollenübernahmen sowie Gruppenmechanismen verdeutlicht. Besonders wichtig ist es, den Schülern zu verdeutlichen, dass jeder Einzelne die Verantwortung für das soziale Geschehen in der Schule – und somit auch für Bullying – trägt. An die Wissensvermittlung schließen sich jeweils Diskussion an.
- *Selbstreflexion des eigenen Verhaltens.* In Kleingruppen oder mit Hilfe von Einzelinterviews soll über das eigenen Verhalten nachgedacht und dieses kritisch hinterfragt werden.
- *Einüben von neuen Verhaltensweisen (Lernen durch Handeln).* Jeder Schüler soll mit einem geeigneten Verhaltensrepertoire ausgestattet sein, um aktiv und in angemessener Weise gegen Bullying intervenieren zu können. Geleitete Übungen, wie etwa Rollenspiele, ermöglichen eine kognitive wie emotionale Auseinandersetzung mit verschiedenen Rollen (bzw. Rollenerwartungen) in einer sicheren Umgebung. Insbesondere lernen Schüler die Unterscheidung von geeigneten und ungeeigneten Interventionstechniken kennen. Die neu erworbenen Verhaltensweisen sollen allmählich in den Alltag transferiert und dort in Interaktionen mit den Peers ausprobiert werden.
- *Selbstsicherheitstrainings.* Das Erlernen von Techniken des selbstsicheren Verhaltens zielt zwar in erster Linie auf die Bullying-Opfer ab, jedoch können auch die Schüler, die als Assistenten oder Verstärker auftreten bzw. passive Rollen einnehmen, von einem solchen Training profitieren, beispielsweise indem sie gruppendynamischen Prozessen oder den Erwartungshaltungen anderer (Gruppendruck) widerstehen lernen.
- *Umstrukturierung der sozialen Netzwerke der Schüler.* Im Verlauf eines Schuljahres bilden sich soziale Netzwerke oder Cliquen mit eigenen Werte- und Normensystemen, die für die Mitglieder verhaltensbestimmend wirken. So erhöht sich die Wahrscheinlichkeit für einen neutralen Schüler, der sich der Gruppe der Bullies, Assistenten oder Verstärker anschließt, selbst ein solches Verhalten zu zeigen. Daher können Versuche der Umstrukturierung der bestehenden sozialen Netzwerke (z.B. permanente Trennung aggressiver Schüler) eine erfolgreiche Maßnahme gegen Bullying darstellen.
- *Peer-Beratung.* Neben der Unterstützung der Opfer sollten Peer-Berater auch für den Umgang mit Schülern, die andere Rollen einnehmen, ausgebildet werden. Im

Fokus dieser Beratungen können genauso Aspekte der allgemeinen Aufmerksamkeitsschärfung stehen wie das Wecken eines Verantwortungsgefühls gegenüber den Opfern oder das Zeigen von Zivilcourage in konkreten Bullying-Situationen. Die ausgebildeten Peer-Helfer bieten zudem eine geeignete Ressource im Rahmen von Rollenspielübungen, da sie beispielsweise die unterschiedlichen Reaktionen von Schülern vor einem breiten Publikum illustrieren können. Als Peer-Berater eignen sich insbesondere Schüler, die bereits als Verteidiger der Opfer in Erscheinung getreten sind und somit bereits Engagement gegen Bullying gezeigt haben. Diese zeichnen sich in der Regel durch ein relativ hohes Selbstwertgefühl und durch das notwendige Selbstbewusstsein aus und gelten als beliebt bei ihren Mitschülern. Daneben können auch Schüler (auf freiwilliger Basis) von der Ausbildung zum Peer-Berater profitieren, die bislang lediglich als Zuschauer oder passive Unterstützer des Bullies auffielen.

Auch eine Reihe weiterer Autoren betonen bei Maßnahmen gegen Bullying, unterschiedliche Rollen der Schüler zu berücksichtigen (Craig & Pepler, 1995; Jeffrey, Miller & Linn, 2002; Smith & Shu, 2000).

10.2.4 Kognitiv-behaviorale und soziale Fertigkeitstrainings

Obwohl kognitiv-behaviorale und soziale Fertigkeitstrainings im schulischen Bereich eher zur *Prävention aggressiven Verhaltens* und *sekundärpräventiv zur Behandlung von Kindern mit aggressiv-dissozialem Verhalten* eingesetzt werden, kommt ihnen auch eine Bedeutung als Maßnahme gegen Bullying zu, da mit ihnen dieselben risikoerhöhenden und risikomildernden Bedingungen angesprochen werden, die auch im Falle eines aggressiven Verhaltens eine wichtige Rolle spielen (vgl. Scheithauer & Petermann, 2002). Die Trainings können sowohl zur Prävention von Bullying als auch zum Umgang mit einer bereits bestehenden Bullying-Problematik eingesetzt werden. Aus diesem Grund stellen wir in diesem Kapitel eine Auswahl sozialer Fertigkeitstrainings vor, auch wenn deren Wirksamkeit bisher nicht direkt im Zusammenhang mit Bullying überprüft wurde.

Soziale Fertigkeitstrainings umfassen zumeist auch Elemente *kognitiver Fertigkeits- und Problemlösetrainings*. Generell sollen diese Trainings dazu beitragen, kognitive Fertigkeiten aggressiver Kinder zu modifizieren und interpersonale sowie soziale Fertigkeiten zu entwickeln (z.B. Kazdin, 1997; Kazdin & Weisz, 1998). Obwohl unterschiedliche Trainings mit jeweils variierenden Maßnahmen angeführt werden können, fassen Scheithauer und Petermann (2002) bestimmte Elemente zusammen, die sich in fast allen Trainings wiederfinden lassen:

- Die Art und Weise, in der sich Kinder sozialen Situationen nähern und die kognitiven Prozesse, die ihre Interaktionen in sozialen Situationen begleiten, stehen im Mittelpunkt der Intervention. Schrittweise sollen die Kinder lernen, sich sozialen Situationen angemessen zu nähern und interpersonale Probleme zu lösen.
- Ausgewählte, prosoziale Verhaltensweisen sollen beim Kind in sozialen Situationen verstärkt werden (z.B. durch Tokensysteme).

- Der Therapeut – bzw. Multiplikatoren, die die Maßnahmen nach Schulung umsetzen (z.B. Lehrer) – übernimmt stets eine aktive Rolle, indem er die kognitiven Prozesse und die sozialen Verhaltensweisen beim Kind mit Hilfe verbaler Anweisungen und Verstärkungsmaßnahmen fördert und leitet.
- Es werden unterschiedliche Methoden (z.B. strukturierte Rollenspiele, Übungen und Geschichten) sowie Techniken (z.B. Verstärkungsmaßnahmen, Response-Cost-Systeme [aversive Konsequenzen, wie Belohnungsentzug]) eingesetzt. Selbstinstruktion, Selbstmanagement, Perspektivenübernahme, das Lösen sozialer Probleme aber auch Entspannungsverfahren werden miteinander kombiniert (vgl. im Detail Petermann & Petermann, 2001).
- Problemlöseaufgaben sollen im Verlauf der Intervention in zunehmendem Maße auf reale Alltagssituationen übertragen werden.

Als Beispiel stellen wir im Folgenden das *Verhaltenstraining für Schulanfänger* und das *Sozialtraining in der Schule* dar.

Verhaltenstraining für Schulanfänger. Das speziell für erste und zweite Grundschulklassen entwickelte kognitiv-behavioral ausgerichtete, primärpräventive Training (Petermann, Gerken, Natzke & Walter, 2002a; b) soll vom Klassenlehrer mit dem gesamten Klassenverband durchgeführt werden. Im Einzelnen werden die folgenden *Ziele* verfolgt (vgl. Scheithauer & Petermann, 2002):

- Steigerung der Aufmerksamkeitsfähigkeit,
- Sensibilisierung der Selbst- und Fremdwahrnehmung von Gefühlen,
- Förderung emotionaler und sozial-emotionaler Kompetenzen,
- Förderung des Problemlöse- und Konfliktmanagements (Aufbau von Handlungsalternativen im Sinne angemessener Selbstbehauptung, eines angemessenen Umgangs mit Misserfolg und Kritik, Förderung des Zurückstellens eigener Bedürfnisse und Interessen sowie Aufbau regelgeleiteten Verhaltens),
- Verbesserung der Selbstkontrolle und Selbststeuerung sowie
- Aufbau prosozialen Verhaltens.

Zusätzlich vermittelt das Training den Lehrern lerntheoretische Grundlagen und unterstützt sie in der Entwicklung von Interventionsstrategien zur Prävention und zum Abbau dysfunktionalen Schülerverhaltens sowie zum Aufbau eines angemessenen Sozial- und Lernklimas in der Klasse.

Das Verhaltenstraining für Schulanfänger umfasst insgesamt 26 Schulstunden, die mit einer Frequenz von zwei Stunden pro Woche innerhalb eines Schulhalbjahres absolviert werden sollten. Das Training ist in vier aufeinander aufbauende Stufen gegliedert (s. Tab. 10.5). Es beinhaltet eine Vielzahl altersangemessener didaktischer und methodischer Elemente wie etwa eine Schatzsuche als Rahmenhandlung, eine Chamäleon-Handpuppe als trainingsbegleitende Identifikationsfigur sowie spielerisch und phantasievoll gestaltete Trainingsaufgaben unter Einbindung von Bild- und Tonmaterialien. Als Beispiel ist das Element „Gespensterschloss" im Kasten 10.6 dargestellt.

Tabelle 10.5. Struktur des Verhaltenstrainings für Schulanfänger (aus Scheithauer & Petermann, 2002, S. 207).

1. Stufe: Trainingsgrundlagen
• Einführung eines Ruherituals zur Herstellung eines angemessenen Lernklimas • Einführung eines Verstärkersystems zur Unterstützung der Trainingsmitarbeit • Erarbeiten von Verhaltensregeln • Verabschiedung eines Verhaltensvertrags
2. Stufe: Steigerung der auditiven und visuellen Aufmerksamkeit
• Vermittlung einer Selbstinstruktion zur Aufmerksamkeitsfokussierung • Übungen zum „genau Hinschauen" und „genau Zuhören"
3. Stufe: Steigerung emotionaler und sozial-emotionaler Kompetenzen; Aufbau prosozialen Verhaltens
• Übungen zum Erkennen und Benennen von Gefühlen (Selbst- und Fremdwahrnehmung) • Übungen zur Stärkung des Einfühlungsvermögens, Hilfeverhaltens und von Kooperation
4. Stufe: Vermittlung sozialer Basiskompetenzen und angemessenen Problemlösungsverhaltens
• Übungen zur differenzierten Wahrnehmung, Interpretation und Bewertung sozialer Problemsituationen (z.B. im Unterricht, auf dem Schulhof oder im Umgang mit Peers) • Erarbeiten angemessener Verhaltensstrategien unter Berücksichtigung des sozialen Kontextes, der Handlungsziele und antizipierter Handlungskonsequenzen (z.B. angemessene Selbstbehauptung bei Provokationen, Verteidigung persönlicher Rechte, angemessenes Verhalten in mehrdeutigen Situationen) • Durchführung strukturierter Rollenspiele zur Verfestigung angemessener sozialer Fertigkeiten

Kasten 10.6. Element „Gespensterschloss" aus dem Verhaltenstraining für Schulanfänger.

Das Gespensterschloss ist ein *Empathietraining* und Bestandteil des Verhaltenstrainings für Schulanfänger (Petermann et al., 2002a; b). Der Empathiefähigkeit kommt eine entscheidende Rolle in der Entwicklung prosozialen Verhaltens und interpersoneller Problemlösestrategien zu. Empathie wird in diesem Zusammenhang als die Fähigkeit beschrieben, den eigenen und den emotionalen Zustand eines anderen Menschen zu bestimmen, die Perspektive einer anderen Person zu übernehmen und auf eine andere Person emotional reagieren zu können. Das Gespensterschloss besteht aus sechs Einheiten, die verteilt über eine Woche mit den Kindern durchgespielt werden. Es handelt sich dabei um eine interaktive Geschichte, bei der sich die Kinder mit den Themen der Fremd- und Selbstwahrnehmung der basalen Gefühle Trauer, Angst, Ärger und Freude, Empathie und Hilfeverhalten auseinander zu setzen haben. Die Kinder sollen dabei lernen, bei sich und anderen basale Gefühle sensibel wahrzunehmen, die ihnen durch die Bild- und Textinformation (Gespensterbilder, Gespensterbriefe) vermittelt werden. Die Texte sind so aufgebaut, dass die Schüler die unterschiedlichen Emotionen anhand physiologischer

Reaktionen (Körperwahrnehmung), kognitiver Reaktionen (Wahrnehmung der eigenen Gedanken) und motorischer Reaktionen (Wahrnehmung der eigenen Handlung) erarbeiten können. Durch die Gespensterbilder (s. Abb. 10.2) sollen sich die Schüler zudem mit den nonverbalen, beobachtbaren Kernmerkmalen (Mimik; Körperhaltung) der genannten Gefühle auseinandersetzen, um ihnen das Erkennen von Hinweisreizen bei Menschen in unterschiedlichen Gefühlszuständen zu erleichtern (Fremdwahrnehmung). Eine begleitende CD mit Liedern zum Gespensterschloss liegt den Arbeitsmaterialien bei.

Abbildung 10.2.   Baltasar ist fröhlich (aus Petermann, Gerken, Natzke & Walter, 2002a, S. 104; Verhaltenstraining für Schulanfänger. © Schöningh-Verlag).

Erste Ergebnisse aus einer Interventionsstudie mit Kontrollgruppe zeigen, dass laut Lehrereinschätzung internalisierendes und externalisierendes Problemverhalten sowie Aufmerksamkeitsprobleme durch das Training verhindert bzw. ersten Symptomen entgegengewirkt werden konnte (Gerken, Natzke, Petermann & Walter, 2002; Petermann et al., 2002a).

Sozialtraining in der Schule. Das Sozialtraining in der Schule (Petermann, Jugert, Rehder, Tänzer & Verbeek, 1999) ist ein manualisiertes soziales Fertigkeitstraining für Schüler im Alter von neun bis zwölf Jahren. Die Notwendigkeit eines präventiven Förderprogramms für diese Altersgruppe liegt in dem sich zumeist frühzeitig abzeichnenden Beginn von Verhaltensauffälligkeiten, den erheblichen sozialen und schulischen Beeinträchtigungen sowie der damit einhergehenden schlechten Prognose für den weiteren Entwicklungsverlauf begründet. Eine rechtzeitig einsetzende gezielte Unterstützung in Form von einer Förderung der sozialen Kompetenzen soll potenziell fehlangepassten Entwicklungsverläufen und damit behandlungsbedürftigen Problemen entgegenwirken und Lehrern die notwendigen verhaltenstheoretischen und praktischen Kenntnisse für den Umgang mit Schülern, die Verhaltensauffälligkeiten zeigen, vermitteln. Das kognitiv-behavioral ausgerichtete Training basiert im Wesentlichen auf den Prinzipien der sozial-kognitiven Lerntheorie von Bandura (1977) sowie den Theorien der sozial-kognitiven Informationsverarbeitung von

Crick und Dodge (1994; für einen Überblick, z.B. Scheithauer & Petermann, 2002). Es wird explizit davon ausgegangen, dass aggressives Verhalten erlernt und somit wieder verlernt werden kann.

Hauptziel ist somit die Prävention von aggressivem Verhalten, Angst, Hyperaktivität und Lernproblemen sowie anderen problematischen Verhaltensweisen, wie zum Beispiel Bullying. Hierfür werden Lehrer angeleitet, sich Methoden anzueignen, die für die Förderung der sozialen Fähigkeiten und kognitiv-behavioralen Fertigkeiten der Schüler und somit für die Entwicklung eines *differenzierten und situationsangemessenen Verhaltensrepertoires* von Bedeutung sind, wie zum Beispiel:

- eine differenzierte soziale Wahrnehmung,
- eine angemessene Selbstbehauptung, um eigene Interessen und Bedürfnisse in angemessener Weise auszudrücken,
- das Erkennen und Ausdrücken von Emotionen (z.B. um Körpersignale sicher zu interpretieren),
- Einfühlungsvermögen im Sinne einer Neubewertung der Folgen des eigenen Handelns aus Sicht des Gegenübers,
- Selbstkontrolle sowie
- kooperatives und prosoziales Verhalten.

Das Training wird von den Lehrern – nach vorhergehender Schulung – über einen Zeitraum von zehn Wochen (mit einer Frequenz von einer Sitzung pro Woche) im Klassenraum implementiert. Jede Sitzung unterliegt einem spezifischen Ziel, wobei die Schüler mit folgenden *Techniken* lernen sollen, in kritischen (Konflikt-)Situationen angemessen zu reagieren:

- kindgerechte Entspannungstechniken,
- Regeln für angemessenes Verhalten,
- strukturiertes Rollenspiel,
- Selbstbeobachtung und
- Selbstkontrollübungen.

Alle im Manual aufgeführten Regeln wurden konkret, situationsbezogen, verhaltensnah, leicht umsetzbar formuliert und auf abgrenzbares Verhalten bezogen. Da der *Ablauf jeder Sitzung* mit seinen wiederkehrenden Elementen ähnlich ist (mit Einleitungs-, Regel-, Entspannungs-, Arbeits-, Abschlussphase und Ausklang), können sich die Schüler mit ihren Erwartungen dementsprechend darauf einstellen. Der Erwerb der erwünschten Muster sozialer Verhaltensweisen erfolgt über das wiederholte Einüben. Vor den und während der Sitzungen lernen die Schüler, sich mit Hilfe von Entspannungstechniken zu entspannen und ihre motorische Unruhe zu regulieren. Sie werden ermutigt, ihre eigenen Bedürfnisse, Wünsche und Meinungen zu äußern und eignen sich Regeln für angemessenes Verhalten in sozialen Interaktionen an. Während der *Arbeitsphasen* der Sitzungen üben die Schüler, mit bestimmten Themenkomplexen umzugehen:

- Selbstwahrnehmung (z.B. Körper, Emotionen),
- Wahrnehmung anderer und ihrer Bedürfnisse,
- Konfliktmanagement,

- angemessene Kommunikation und
- Kooperation.

Ein wichtiger Vorteil des manualisierten Trainings liegt in der detaillierten und präzisen Dokumentation der jeweiligen Arbeitsschritte, der einzusetzenden Materialien und des typischen Ablaufs der Sitzungen. Während der eigentlichen Trainingsphase werden zudem zusätzliche Maßnahmen vorgeschlagen, die sich auf die gesamte Schule beziehen, wie die Einführung von Elternabenden (zwecks Austausches von Informationen) oder von Projektteams (um z.B. weitere Maßnahmen zur Förderung eines positiven Schulklimas zu diskutieren und implementieren).

Zur Evaluation wurde ein Pilotprojekt mit vier Schulen in Bremen durchgeführt. Dabei zählten 158 Schüler der Klassen 3 bis 6 (9-12 Jahre) zur Stichprobe. Ein Tandem, jeweils bestehend aus einem Lehrer und einem Psychologen, führte das Training in jeder Interventionsgruppe durch (vgl. Petermann et al., 1999; Verbeek, Petermann & Jugert, 1998). Um die Wirksamkeit zu bestimmen (Prä-Post-Interventions-Design), wurden folgende Instrumente eingesetzt:

- Der *Erfassungsbogen für aggressives Verhalten in konkreten Situationen*, EAS (Petermann & Petermann, 2000), um das aggressive Verhalten der Schüler zu erfassen (z.B. situations- und geschlechtsspezifische Formen, Intensität oder Kontext des Verhaltens). Der EAS enthält 22 konkret ausgestaltete Situationen, die typische Alltagskonflikte repräsentieren (z.B. Eltern, Schule oder Mitschüler betreffend).
- Der *Angstfragebogen für Schüler* (AFS) von Wieczerkowski et al. (1980), um verschiedene Komponenten der Angst, wie Prüfungsangst, manifeste Angst und Schulunlust, zu bestimmen.

Die Schüler mit ursprünglich überdurchschnittlichen Werten im EAS zeigten nach Durchführung des Trainings einen Rückgang im aggressiven Verhalten (insbesondere die Mädchen). Die Angstwerte reduzierten sich signifikant für alle Schüler mit ursprünglich überdurchschnittlichen Werten (z.B. statistisch signifikante Differenzen für Prüfungsangst, manifeste Angst und Schulunlust). Im Allgemeinen waren die Effekte für Mädchen ausgeprägter als für Jungen. Eine weitere, unabhängige Evaluation wurde von Riffert (2000) in Österreich durchgeführt (Prä-Post-Messung, Interventions- und Kontrollgruppe). Riffert (2000) verwendete die gleichen Instrumente und konnte die angeführten Interventionseffekte bestätigen.

Andere schulische Aggressions- bzw. Gewalt-Präventionsprogramme, wie das *PATHS Curriculum* (Greenberg, Kusche, Cook & Quamme, 1995) oder das *Second Step* (Committee for Children, 1992), reduzieren ebenfalls aggressives Verhalten bei gleichzeitiger Förderung prosozialen Verhaltens (z.B. Dusenbury et al., 1997; Grossman et al., 1997; Reynolds & Kelley, 1997). Das Programm *Faustlos* (Schick & Cierpka, 2003) beispielsweise basiert auf dem Curriculum *Second Step* und umfasst 51 Lektionen für die erste bis dritte Grundschulklasse, wobei positive Veränderungen im sozio-emotionalen Bereich und die Reduktion der Ängstlichkeit von

Schülern erzielt werden sollen. Die Maßnahmen beziehen sich auf die folgenden drei Bereiche:

- Empathiefähigkeit,
- Impulskontrolle sowie
- Umgang mit Ärger und Wut.

Insbesondere mit Hilfe multimodaler Präventionsprogramme, wie dem *FAST Track Program* (Conduct Problems Prevention Research Group, 1992), können dabei gute und nachhaltige Erfolge erzielt werden. Jedoch ist in den nächsten Jahren in weiteren Studien zu überprüfen, ob diese Programme ebenso spezifiziert zur Reduktion unterschiedlicher Formen von Bullying eingesetzt werden können.

10.2.5 Schulweite Mehr-Ebenen-Konzepte gegen Bullying

Mehr-Ebenen-Konzepte umfassen vielfältige Maßnahmen gegen Bullying auf mehreren Ebenen (*Multimodalität* und *Multimethodalität*): Schul-, Klassen-, Individualebene (Täter und Opfer) sowie Lehrer und Schulpersonal. Günstigerweise werden zudem die Eltern mit einbezogen. Ein schulweiter Aktionsplan zur Eindämmung von Bullying bezieht sich somit nicht nur auf den/die Täter und das/die Opfer, Bullying wird vielmehr als *gemeinsames/schulweites Problem* aller direkt und indirekt schulbeteiligten Personengruppen (und der zugrunde liegenden strukturellen Bedingungen) angesehen, die in passender Weise durch spezifische Maßnahmen anzusprechen sind. Ein solches Vorgehen geht einher mit Studienbefunden zur Primär-, schulischen Gewaltprävention und Intervention bei aggressiv-dissozialem Verhalten im Kindes- und Jugendalter, die belegen, dass insbesondere Maßnahmen langfristig erfolgreich sind, die multimodal und multimethodal über einen längeren Zeitraum und mit alltagsrelevanten Materialien sowie kognitiv-behavioralen, Entspannungstechniken und sozialen Fertigkeitstrainings umgesetzt werden (Wilson, Lipsey & Derzon, 2003; Wilson, Gottfredson & Najaka, 2001; vgl. Scheithauer & Petermann, 2002).

Als praktisches, *übergeordnetes Rahmengerüst* für die Implementierung eines schulweiten Ansatzes gegen Bullying schlägt Sullivan (2000) einen Sechs-Stufen-Plan vor, der in Kasten 10.7 dargestellt ist (vgl. Vorgehen bei Sharp & Thompson, 1994). Der Rückgriff auf umfassende schulische Maßnahmen gegen Bullying kann als ein Organisationsentwicklungsprozess aufgefasst werden. Das Planen, Implementieren und das anschließende Evaluieren einer Intervention stellen eine große Herausforderung dar für die Personen, die für die Begleitung und Umsetzung zuständig sind. In diesem Kontext weisen Thornton et al. (2000) auf die Schritte für die erfolgreiche Umsetzung von Gewaltpräventionsprogrammen an Schulen hin, die auch für die Umsetzung schulweiter Bullying-Maßnahmen herangezogen werden können (vgl. Kasten 10.8).

Kasten 10.7.   Rahmengerüst für die Implementierung eines schulweiten Ansatzes gegen Bullying nach Sullivan (2000).

Planungsphase
⇩
Stufe 1: Erste vorbereitende Explorationen
- Klarstellung einer grundlegenden „Philosophie"
⇩
Stufe 2: Erste Treffen zum Thema
„Was sollen wir gegen das Bullying unternehmen?"
- Erläuterung der Beweggründe für die Treffen
- Wissensvermittlung zum Ausmaß des Bullying und zu Interventionsansätzen
- Einrichtung eines Anti-Bullying-Komitees
- Einrichtung von Anti-Bullying-Arbeitsgruppen
- Klärung der Eckpunkte der Maßnahmen
- Bestimmung eines Zeitrahmens
⇩
Entwicklungsphase
⇩
Stufe 3: Beginn der Bemühungen der Anti-Bullying-Arbeitsgruppen
- Erhebung von Daten als Ausgangspunkt für die Intervention
- Entwicklung von konkreten Interventionsstrategien
- Zusammentragen der Ergebnisse
⇩
Stufe 4: Vorstellung eines Aktionsplans durch die Anti-Bullying-Arbeitsgruppen
⇩
Implementierungsphase
⇩
Stufe 5: Umsetzung des Aktionsplans
- Einführung der Maßnahmen
⇩
Evaluationsphase
⇩
Stufe 6: Evaluation und Fortführung der Maßnahmen

Kasten 10.8.   Die Phasen der Umsetzung eines schulischen Gewaltpräventionsprogramms (Thornton et al., 2000).

Problemanalyse, -beschreibung und -kommunikation (faktenbasiert)
(z.B. Erfassung der Informationen mit Hilfe von Fragebögen)
⇩
Bestimmung der Zielgruppe der Prävention
(z.B. alle Schüler einer Schule)
⇩
Festlegung des Settings, in dem die Aktivitäten stattfinden sollen
(z.B. in den Klassen)
⇩

Definition eines übergeordneten Ziels und von Unterzielen
(z.B. Reduktion des Bullying unter Schülern als Hauptziel; Förderung der sozialen Kompetenzen aller Schüler, Verringerung von Ausgrenzungen von Schülern während der Pausen, Eindämmen von physischer Gewalt als Unterziele)
⇩
Auswahl geeigneter (möglichst multipler, multimodaler) Präventionsmaßnahmen
(z.B. Kernelemente des Programms von Olweus)
⇩
Einholen von (finanziellen) Ressourcen
(z.B. staatliche finanzielle Unterstützung, personelle Verstärkung durch Schulpsychologen)
⇩
Einbindung der Gemeinschaft
(z.B. Bekanntgabe der Initiativen in der Gemeinde durch die Presse)
⇩
Entwicklung/Auswahl der Materialen
(z.B. Bereitstellung von Videos, Handbüchern oder Trainingsmanualen)
⇩
Einstellung/Training des Personals
(z.B. Lehrertrainings zu den Grundlagen der Lerntheorie)
⇩
Implementierung und Überwachung des Präventionsablaufs
(z.B. Einrichtung von Fokusgruppen zum Erfahrungsaustausch)
⇩
Evaluation der Wirksamkeit der Maßnahmen
(z.B. Wiederholung der anfänglichen Fragebogenerhebung)

Abbildung 10.3 fasst die verschiedenen *Implementierungsebenen* einer schulweiten Aktivität gegen Bullying zusammen.

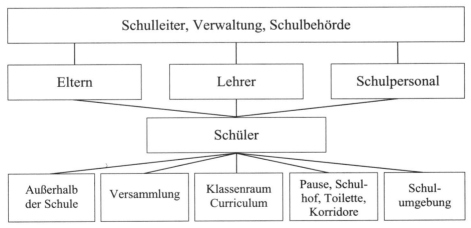

Abbildung 10.3. Implementierungsebenen schulweiter Maßnahmen gegen Bullying (aus Sharp & Thompson, 1994, S. 59; Tackling bullying in your school – a practical handbook for teachers, 2nd ed. © Routledge; Taylor & Francis Group, London).

Für das Gelingen einer schulweiten Aktivität gegen das Bullying (whole-school approach) sind drei wesentliche *Voraussetzungen* anzuführen (vgl. Sullivan, 2000):
1) *Inklusivität.* Während der Entwicklung und Implementierung von Maßnahmen gegen Bullying sind verschiedene Personengruppen mit einzubeziehen (z.b. Bullies, Victims, Peers, Eltern, Lehrer, Schulleiter, Gemeinde).
2) *Urheberschaft/Eigentum.* Die Entwicklung eines Schulprogramms gegen Bullying muss ein hohes Identifikationspotenzial besitzen und von allen Beteiligten getragen werden.
3) *Übereinkommen.* Die konkreten Inhalte der Maßnahmen und Aktivitäten ergeben sich aus demokratischen und diskursiven Kompromissen zwischen den Beteiligten.

In Ergänzung stellen Hanewinkel und Knaack (1997a) fest, dass eine *kontinuierliche Umsetzung* von schulweiten Programmen ein langfristiges Engagement sowie anhaltende Motivation und somit eine Mehrbelastung in Form von zusätzlicher Arbeit bedeutet, in der Regel ohne kurzfristige Erfolgserlebnisse. So sind funktionierende schulinterne Kommunikations- und Koordinationsstrukturen bei der Implementierung von großer Bedeutung. An dieser Stelle bietet es sich an, auf eine Unterstützung und Beratung durch externe Experten (z.B. Schulpsychologen) zurückzugreifen, insbesondere, wenn Schwierigkeiten bei der Konsensbildung und der Kommunikation, Motivierungsprobleme oder verdeckte und offene Auseinandersetzungen auftreten bzw. es darum geht, Arbeitsschritte gerecht zu verteilen, eine teamorientierte Aufgabenbewältigung zu fördern, konstruktive Diskussionen zu moderieren und ein regelmäßiges Feedback zu sichern.

Im Folgenden stellen wir zwei Ansätze vor, die als schulweite Mehr-Ebenen-Konzepte gegen Bullying umgesetzt wurden: das *Programm von Olweus* und das auf diesem Konzept aufbauende *Programm der Sheffield-Gruppe.*

Multimodales Programm von Olweus. Ein besonders bekanntes und weitverbreitetes Programm gegen Bullying wurde von Olweus (1996) entwickelt, das in einer Vielzahl von europäischen Ländern und in Nordamerika bereits durchgeführt wurde. Das Programm kombiniert primär- und sekundärpräventive Maßnahmen auf verschiedenen Ebenen:
• Maßnahmen auf *Schulebene,*
• Maßnahmen auf der *Klassenebene* und
• Maßnahmen auf der *individuellen (Schüler-)Ebene.*

Das Programm wurde im Rahmen einer landesweiten norwegischen Anti-Bullying-Kampagne entwickelt und evaluiert. Bestandteil der Kampagne war auch extensive Öffentlichkeitsarbeit (Medienberichte) und die Verteilung von Informationsmaterialien zum Bullying an Schulen (z.B. Videos, schriftliche Materialien).

Die Grundhaltung des Programms lässt sich am besten in einer einzigen Aussage beschreiben: *Die Schule soll eine sichere und positive Lernumwelt darstellen.*

In Tabelle 10.6 werden die von Olweus (1996) vorgeschlagenen, pragmatischen Maßnahmen aufgelistet. Das Konzept basiert vorwiegend auf lernpsychologischen Erkenntnissen, ohne jedoch auf kognitive oder emotionale Elemente der Einstellungsänderung sowie auf soziale Aspekte der Kooperation und Partizipation zu verzichten. Die von Olweus (1996) als besonders wichtig erachteten sieben *Einzelmaßnahmen* sind in Tabelle 10.6 fett gedruckt (Kernbestandteile bzw. Schlüsselprinzipien), nicht fett markierte Einzelmaßnahmen hingegen bedeuten, dass die entsprechende Maßnahme als wünschenswert einzustufen ist. Das daraus resultierende *Kernprogramm* entspricht einer *schulweiten Präambel zur Bullying-Problematik.*

Tabelle 10.6. Maßnahmenkatalog aus dem Programm von Olweus (1996).

Maßnahmen auf Schulebene
(A) Durchführung einer Fragebogenerhebung ⇩ Sammeln von detaillierten Informationen u.a. zur Qualität und Quantität des Bullying, Erzeugen eines differenzierten Problembewusstseins, Motivierungshilfe, Grundlage und Ausgangspunkt für aktive Interventionen durch Schule und Eltern
(B) Gestaltung eines pädagogischen Tages zur Vorstellung und Diskussion des Themas „Bullying an unserer Schule", an dem Schulleiter, Lehrer, Eltern- und Schülervertreter sowie Experten (z.B. Schulpsychologen) teilnehmen ⇩ Aufstellen eines langfristigen Aktionsplans und Erörterung aller konkreten Maßnahmen
(C) Einberufung einer themenbezogenen Schulkonferenz zur Verabschiedung der Anti-Bullying-Kampagne ⇩ Herbeiführen eines Beschlusses zur Durchführung der Anti-Bullying-Kampagne; gemeinschaftliche Verpflichtung dem Programm gegenüber; Sicherung einer breiten Beteiligung und Verantwortlichkeit
(D) (Qualitative) Verbesserung der Pausenaufsicht ⇩ besondere Beachtung typischer Gefahrenbereiche (Hot Spots), entschlossener Eingriff bei Bullying-Vorfällen als Signal des Nicht-Duldens, Verbesserung der Kommunikation zwischen Pausenaufsicht und dem übrigen Schulpersonal
(E) Neu- bzw. Umgestaltung des Schulhofs ⇩ Angebot einer attraktiven und gut ausgestatteten Umgebung, um alternative Pausenaktivitäten zu fördern und Bullying-Vorfälle zu minimieren
(F) Einrichtung eines Kontakttelefons ⇩

anonyme, niedrigschwellige Kontaktstelle bzw. Gesprächsmöglichkeit mit Vertrauenspersonen – v.a. für Opfer, die sich ansonsten nicht trauen – über das Bullying zu sprechen

(G) Stärkung der Kooperation zwischen Lehrkräften und Eltern
⇩
enge Zusammenarbeit zwischen der Schule und den Erziehungsberechtigten fördert Transparenz und wirkt einer Tabuisierung der Thematik und gegenseitigen Schuldzuweisungen entgegen; Nutzung von Synergieeffekten

(H) Bildung von Lehrergruppen zur Verbesserung des sozialen Milieus der Schule (schulinterne Fortbildung) sowie Einrichtung von Arbeitsgruppen der Elternbeiräte (Klassen- und Schulelternbeirat)
⇩
Unterstützung der Maßnahmen durch ein einheitliches Auftreten der Erwachsenen und einer gemeinsam getragenen Bereitschaft, als Team konsequent gegen Bullying vorzugehen

Maßnahmen auf Klassenebene

(I) Gemeinsam mit den Schülern Aufstellen von Klassenregeln gegen Bullying sowie der möglichen Konsequenzen bei Beachtung (Lob) bzw. Missachtung (Bestrafung) der Regeln
⇩
Anpassung an ein transparentes Regelsystem; Aufbau erwünschter bei gleichzeitigem Abbau unerwünschter Verhaltensweisen; Gleichbehandlung aller Schüler; Einbeziehung der nicht aktiv am Bullying beteiligten Schüler

(J) Regelmäßige Klassengespräche, inklusive handlungsorientierter Darstellungen und Bearbeitung typischer Bullying-Situationen im schulischen Alltag in Form von Rollenspielen
⇩
Forum, in dem kontinuierlich über die Entwicklung und Klarstellung der Klassenregeln gegen Bullying diskutiert und überprüft wird, inwiefern sie eingehalten werden; Aufstellen eines angemessenen Strafenkatalogs für Regelverletzungen; Förderung der sozialen Beziehungen zwischen den Schülern

(K) Einführung von kooperativen Lernstrategien (Gruppenarbeiten)
⇩
Stiften einer gegenseitig positiven Abhängigkeit unter den Gruppenmitglieder; Aufbau von gegenseitiger Akzeptanz und Toleranz; Aktivierung von hilfsbereitem und unterstützendem (prosozialem) Verhalten; Abbau von Vorurteilen und Vorverurteilung

(L) Gemeinsame beziehungsfördernde Aktivitäten
⇩
Auslösen des Gefühls der Solidarität; Stärkung der sozialen Kompetenz der Schüler

(M) Unterstützung der Zusammenarbeit von Lehrkräften und dem Klassenelternbeirat
⇩
Austausch von Informationen und Erfahrungen, um ein einheitliches und von allen Beteiligten getragenes Vorgehen zu gewährleisten

---

Maßnahmen auf Schülerebene

(N) Führen von intensiven Gesprächen mit den Bullies und Victims
⇩

sofortiges Eingreifen, mit dem Ziel, Bullying unverzüglich zu stoppen; Aussenden einer eindeutigen Botschaft im Sinne der Null-Toleranz-Strategie; Einzelgespräche mit den Bullies (eventuell mit anschließender Zusammenführung) und den Victims, mit der obersten Priorität des Schutzes des Opfers

(O) Miteinbeziehen der Eltern der aktiv beteiligten Schüler (Bullies und Victims) bei diesen Gesprächen
⇩

Erörterung der Vorfälle; Erarbeiten eines Plans zur Lösung des Problems; Anbieten von Hilfestellungen/Tipps für den familiären Bereich; Klärung der Frage der Wiedergutmachung; Begleitung und kontinuierliche Bewertung der Situation

(P) Gebrauch der eigenen Phantasie
(kreative Problemlösungssuche von Lehrern und Eltern)
⇩

individuelle Bullying-Situationen verlangen nach individuellen Problemlösungen; Nutzung des pädagogischen Wissens und der Kreativität im Rahmen der allgemeinen Zielsetzung einer Verminderung bzw. Prävention von Bullying

(Q) Miteinbeziehen der nicht aktiv am Bullying beteiligten Schülern
(= potenzielle Helfer)
⇩

Ersetzen einer passiven (zum Teil das Bullying verstärkenden) Beobachterrolle in aktives Einschreiten zugunsten des Opfers; Förderung von Zivilcourage

(R) Etablieren von Diskussionsgruppen für Eltern von Bullies und Victims
⇩

Erfahrungsaustausch für Eltern von Kindern mit Anpassungsproblemen

(S) Wechsel der Klasse oder Schule (für Bullies bzw. Victims)
⇩

letztmögliche Maßnahme, bei wiederholt fehlgeschlagenen Lösungsversuchen; bezieht sich in erster Linie auf die Trennung mehrerer Bullies einer Klasse/Schule

---

Hauptziel dieses Bündels an Maßnahmen ist einerseits die *Verminderung der Bullying-Problematik,* vor allem innerhalb der Schulumgebung, andererseits auch *Verhindern der Entwicklung neuer (Bullying-)Probleme*, wobei alle möglichen Ausdrucksformen von Bullying zu berücksichtigen sind. Dies bedeutet eine Förderung der sozialen Kompetenzen der Schüler auf individueller Ebene (insbesondere in Bezug auf die Beziehungen der Peers untereinander) sowie eine Veränderung der Umgebungsvariablen auf kontextueller Ebene, um überhaupt erst strukturelle Bedingungen zu schaffen, die dem Bullying entgegenwirken. Eine systematische Restrukturierung der sozialen Umgebung muss einerseits darauf abzielen, die Möglichkeiten für Bullying einzuschränken; andererseits gilt es, das implizite Belohnungssystem für die Bullies (z.B. Bewunderung durch Mitschüler, Prestige in der Peer-Gruppe) zu verändern und prosoziales Verhalten zu würdigen. Während für die Opfer vor allem das Aneignen von Kompetenzen im Bereich der Selbstbehauptung, die Entwicklung von Selbstvertrauen und einem Sicherheitsgefühl sowie das Schließen von Freundschaften von Bedeutung ist, müssen Täter lernen, sich angemessen durchzusetzen und Auseinandersetzungen in sozial verträglicher Weise auszutragen. Daher ist es insbesondere wichtig, dass jede Schule ausreichende Möglichkeiten und Strukturen schafft, die den Aufbau und die Pflege von Gruppenbeziehungen unter den Schülern garantiert.

Kasten 10.9. Klassenregeln.

Gemeinsam mit den Schülern werden konkrete, explizite Regeln für das soziale Miteinander diskutiert, formuliert und eingeführt. Beim Aufstellen von *Klassenregeln* ist es zweckmäßig, möglichst nahe an konkreten Verhaltensweisen zu bleiben und auf eine altersgerechte Wortwahl zu achten. Auch sollten anfänglich nicht zu viele Regeln formuliert und deutlich sichtbar in der Klasse ausgehängt werden. Beispielsweise kann eine Regel die *Leitregel der Woche* darstellen, um die Aufmerksamkeit der Schüler in dieser Zeit auf ein besonders prägnantes Problem zu lenken. Eine ständige Aktualisierung der Regeln verhindert, dass sie lange an der Wand geschrieben stehen, jedoch aus Gewohnheit vergessen oder nicht mehr beachtet werden. Daher ist es sinnvoll, bei konstanter Einhaltung bestimmte Regeln nicht mehr länger schriftlich zu fixieren und sie durch andere Regeln zu ersetzen (vgl. Kasper, 2001).

Um die Maßnahmen des Programms erfolgreich umsetzen zu können, bedarf es nach Olweus (1996) der Erfüllung zweier grundlegender Voraussetzungen:
1. *Problembewusstsein und Enttabuisierung.* Das verantwortliche Schulpersonal – aber auch die Eltern – müssen die Bullying-Problematik unter Schülern erkennen und darüber sprechen.
2. *Betroffenheit.* Die Erwachsenen müssen das Ausmaß des Bullying ernst nehmen und sich für eine Veränderung des Ist-Zustandes verantwortlich fühlen.

Olweus (1996) betont weiterhin *vier Schlüsselprinzipien*, die eine schulische Umgebung kennzeichnen und mit Hilfe der Maßnahmen angesprochen werden sollen:
1. Wärme, positive Anteilnahme und Beteiligung von Erwachsenen.
2. Das Setzen und Einfordern fester und transparenter Grenzen gegenüber inakzeptablen Verhaltensweisen und somit das Etablieren eines gemeinsamen Grundwerte- und Normensystems, wie zum Beispiel das Aufstellen verbindlicher Verhaltensnormen und sozialer Werthaltungen in Form eines schulangemessenen und schülergerechten Regelkatalogs. Schule hat ein Ort zu sein, an dem die körperliche und psychische Unversehrtheit eines Einzelnen respektiert werden muss.
3. Die konsequente Anwendung nicht-feindlicher und nicht-körperlicher Bestrafung bei Grenzüberschreitungen und Regelverstößen, einschließlich der Aufsicht der Schüler.
4. Das Handeln von Erwachsenen im Sinne eines autoritativen (nicht autoritären) Erziehungsmodells.

Kasten 10.10. Die Auswahl negativer Konsequenzen bei Regelüberschreitungen.

Die Auswahl angemessener negativer Sanktionen bei Regelmissachtung erfordert durch die Lehrer die Berücksichtigung der folgenden Gesichtspunkte (vgl. Olweus et al., 1999):

- Negative Konsequenzen sollten von dem Betroffenen als unangenehm empfunden werden, ohne allerdings bösartig, feindselig oder unfair zu sein.
- Der Lehrer sollte Gebrauch machen von negativen Konsequenzen, die leicht anzuwenden sind.
- Die Wahl der negativen Konsequenzen sollte alters- und geschlechtsabhängig sein und die Persönlichkeit des Betroffenen berücksichtigen.
- Der Lehrer sollte solchen Konsequenzen den Vorzug geben, die sich in natürlicher Weise aus dem regelverletzenden Verhalten ergeben (z.B. das Bezahlen von beschädigten Kleidern mit dem eigenen Taschengeld).
- Soweit wie möglich ist zwischen der Person und dem Verhalten zu trennen, wobei negative Konsequenzen auf das nicht zu akzeptierende Verhalten und nicht auf die Person abzielen.
- Lehrer sollten unangemessenes Verhalten präzise benennen.
- Zusätzliche Aufgaben, wie zum Beispiel Hausarbeiten, stellen *keine* geeignete negative Konsequenz dar.

Im *Gespräch mit dem Bully* sollten sich Lehrer zudem an folgende Richtlinien halten:
(a) Benennen und gezielte Bearbeitung von eng umschriebenen Verhaltensweisen, die bekannt sind und zumindest bis zu einem gewissen Grad nachgewiesen werden können;
(b) Aussenden einer klaren und eindeutigen Botschaft im Sinne des Nicht-Akzeptierens der Übergriffe;
(c) Klarstellen, dass das zukünftige Verhalten des Bully beobachtet wird;
(d) Aufzeigen weiterer negativer Konsequenzen, falls das Verhalten nicht eingestellt wird.

Olweus (1991; 1996; 1999a) stellt die *Evaluation des Programms* dar, das an norwegischen Schulen (in Bergen) Mitte der 80er-Jahre im Rahmen einer nationalen Kampagne zur Reduzierung des Bullying durchgeführt wurde. Zur Stichprobe gehörten insgesamt etwa 2.500 Schüler der Klassenstufen 4 bis 7. Nachdem im Vorfeld der Einführung des Programms der Ist-Zustand mit Hilfe des Bully/Victim-Questionnaire erfasst wurde, fanden jeweils acht bzw. 20 Monate nach der ersten Einführung des Programms weitere Erhebungen statt.

Um die in Kapitel 4.5 beschriebenen entwicklungsspezifischen Trends beim Bullying zu berücksichtigen, legte Olweus (1991) ein quasi-experimentelles Untersuchungsdesign zugrunde, mit dem altersäquivalente Kohorten verglichen werden konnten. Beispielsweise wurden die Daten von drei der vier Kohorten zum ersten Messzeitpunkt (T_1) als Baseline (die Datenerhebung fand ungefähr vier Monate vor der Implementierung des Programms statt) verwendet und mit den Daten altersäquivalenter Gruppen zum zweiten Messzeitpunkt (T_2; ein Jahr später) acht Monate nach Anwendung des Interventionsprogramms verglichen.

Die Daten einer Kohorte von Fünftklässlern zu T_1 im Kontrast zu den Daten einer Kohorte von Viertklässlern zu T_2 (Mitglieder dieser Interventionskohorte erreichten zu jenem Messzeitpunkt annähernd das Alter wie Mitglieder der Vergleichsgruppe ohne Intervention) erlaubten nunmehr die Erfassung etwaiger Interventionseffekte unter Berücksichtigung altersbedingter „Störeinflüsse". Die Integration eines dritten Messzeitpunktes (T_3; z.B. der Vergleich der Daten von Sechstklässlern zu T_1 mit den Daten der Vierklässler zu T_3) ermöglichte zusätzliche Vergleiche zwischen altersäquivalenten Kohorten, um etwaige längerfristige Interventionseffekte nachzuweisen.

Die wesentlichen *Ergebnisse der Wirksamkeitsprüfung* können wie folgt zusammengefasst werden:

- In erster Linie ergab sich ein deutlicher Rückgang des Bullying um ca. 50% in den zwei Jahren nach der Einführung des Programms (sowohl bezogen auf Bullies und Victims, als auch bezogen auf unterschiedliche Äußerungsformen).
- Die Befunde konnten für Jungen und Mädchen sowie für Schüler aller Klassenstufen bestätigt werden.
- Nach zwei Jahren zeigte sich die positive Wirkung bei ausgewählten Variablen noch deutlicher als nach zwölf Monaten.
- Das Bullying verlagerte sich nicht lediglich von der Schule auf den Schulweg.
- Zudem ließ sich eine deutliche Verringerung dissozialen oder Problemverhaltens (z.B. Vandalismus, das Schwänzen der Schule, Kämpfe, Trunkenheit oder Diebstahl) feststellen.
- Ein weiterer Effekt bestand in der Verbesserung des Sozialklimas innerhalb der Klassen, das sich in regelkonformem und freundschaftlichem (prosozialem) Verhalten sowie einer positiveren Einstellung zur Schule und zu Schularbeiten äußerte.
- Die Anzahl neuer Fälle von Victims nahm ab.
- In den Klassen mit den größten positiven Effekten gelang die Umsetzung bestimmter Kernmaßnahmen des Programms besser als in den Klassen mit geringfügigen Veränderungen.

Die Befunde einer weiteren groß angelegten Interventionsstudie (Durchführung von 1997 bis 1998, in einem Zeitraum von 6-7 Monaten) in Norwegen werden von Olweus et al. (1999) berichtet. Diesmal umfasste das Untersuchungsdesign 14 Interventions- und 16 Kontrollschulen mit insgesamt 3.200 teilnehmenden Schülern im Alter von elf bis 13 und 15 Jahren. Die Ergebnisse deuten auf eine Reduktion des Bullying aus Täter- und Opfersicht um ca. 25 bis 30% in den Interventionsschulen hin, während in den Vergleichsschulen ohne Intervention keine Veränderungen (selbstberichtete Viktimisierung) bzw. sogar ein Anstieg des Bullying (Selbstberichte) zu erkennen sind.

Mittlerweile ist das Interventionsprogramm von Olweus in *verschiedenen europäischen und nordamerikanischen Ländern umgesetzt* worden (vgl. Olweus, 1999; s. Kap. 10.2.6). Olweus et al. (1999) betonen, dass das Olweus-Programm im westlichen Kulturkreis, wie zum Beispiel in Norwegen, Schweden, Finnland, England,

Deutschland, Niederlande, Kanada sowie den USA, sowohl in Grundschulen als auch in weiterführenden Schulen, durchgeführt worden ist. Systematische Evaluationen liegen jedoch nur für England (Sheffield), Norwegen (Bergen), Deutschland (Schleswig-Holstein) und den USA (South Carolina) vor. In Tabelle 10.7 sind die Ergebnisse von fünf breit angelegten Evaluationen des Olweus-Programms zusammengefasst.

Tabelle 10.7. Evaluationsstudien des Olweus-Programms (in Anlehnung an Olweus et al., 1999, S. 52; Bullying prevention program – blueprint for violence prevention). [Abdruck mit freundlicher Genehmigung des Institute of Behavioral Science, Regents of the University of Colorado].

Land	N, Schulen und Alter	Design	Follow-up (Monate)	Hauptbefund
Norwegen (Bergen)	• 2.500 • 42 Schulen • 11-14	• quasi-experimentell Vergleich altersäquivalenter Kohorten	8 (T$_1$) 20 (T$_2$)	• Reduktion des Bullying (Täter + Opfer; Selbstberichte) • Reduktion dissozialen Verhaltens • Zunahme der Schüler-Zufriedenheit mit der Schule
Norwegen (Bergen)	• 3.200 • 30 Schulen • 11-13 und 15	• quasi-experimentell altersäquivalenter Gruppen • experimentell • nicht-zufällige Zuordnung der Schulen in 14 Interventions- und 16 Kontrollschulen	ca. 6	• Reduktion des Bullying und der Viktimisierung (Selbstberichte) • Anstieg des Bullying in den Kontrollschulen • keine Veränderung des Ausmaßes der Viktimisierung in den Kontrollschulen
Deutschland (Schleswig-Holstein)	• >10.000 • 37 Schulen • 8-16	• quasi-experimentell Vergleich altersäquivalenter Gruppen	24	• Reduktion des Bullying und der Viktimisierung (Selbstberichte)
England (Sheffield)	• 6.468 • 16 Grund-, 7 weiterführende Schulen • 8-16	• quasi-experimentell Vergleich altersäquivalenter Gruppen	24	• Reduktion des Bullying (Grund- und weiterführende Schulen) und der Viktimisierung (nur in Grundschulen; Selbstberichte) • Zunahme der Häufigkeit der Kontaktaufnahme zu Lehrern durch Opfer bzw. Zunahme der Häufigkeit, mit der Lehrer mit den Opfer über die Viktimisierung sprachen • Zunahme der Häufigkeit des Alleinseins in den Pausen
USA (South Carolina)	• 6.388 • 39 Schulen • 10-12	• nicht-zufällige Zuordnung von Paaren von Schuldistrikten mit 11 Interventions- und 28 Kontrollschulen	7	• relative Reduktion des Bullying für Schüler der Interventionsschulen (Selbstberichte) • relative Reduktion von delinquentem/dissozialem Verhalten sowie Problemverhalten (Selbstberichte)

Das Sheffield-Projekt. In Sheffield (England) wurde eine der ersten Replikationen der norwegischen Befunde von Olweus durchgeführt (Smith & Sharp, 1994a; Whitney, Rivers, Smith & Sharp, 1994). An 16 Grund- und sieben weiterführenden Schulen nahmen Anfang der 90er-Jahre (1990-1992) knapp 6.500 Schüler im Alter von acht bis 16 Jahren am Sheffield-Projekt teil. Während grundsätzlich an den Kernelementen des Olweus-Programms festgehalten wurde, legte man zusätzlich besonderen Wert auf eine festgeschriebene Anti-Bullying-Präambel. Diese wurde als geschriebenes Dokument, demokratisch von der Schulgemeinschaft diskutiert und formuliert, für jeden zugänglich gemacht. Der Sheffield-Ansatz bestand aus den folgenden, *sechs aufeinanderbezogenen Komponenten*:

1. Schärfung des *Bewusstseins* für die Tatsache, dass Bullying ein ernstzunehmendes Problem darstellt.
2. Intensive *Zusammenarbeit der verschiedenen Personengruppen* (z.B. Lehrer, Eltern, Schulleitung, Schüler).
3. Darlegung einer *eindeutigen Definition*, was unter Bullying zu verstehen ist, inklusive präziser *Richtlinien*, welche *Handlungen* auf das Auftreten von Bullying zu folgen haben.
4. Verbesserung der *Kommunikation innerhalb der Schulgemeinschaft*, um Widersprüche zu vermeiden, aber auch, um konsistentes Handeln zu gewährleisten.
5. *Implementierung der Maßnahmen* nach den festgelegten Vorgaben.
6. Sicherstellung, dass die Maßnahmen *kontinuierlich verfolgt* werden.

Zusätzlich wurden die Schulen unterstützt, eine Reihe weiterer *optionaler Maßnahmen* einzuführen, wie etwa

- thematische Bearbeitung der Bullying-Thematik während des Unterrichts (mit Hilfe von Videos oder Literatur sowie Qualitätszirkeln),
- schulhofgestaltende Maßnahmen,
- die Umsetzung der Pikas-Methode, Selbstsicherheitstrainings (s. Kasten 10.11) für Opfer oder Peer-Beratung.

Kasten 10.11. Die Bedeutung von Selbstsicherheitstrainings.

Sharp (1996) diskutiert die Nützlichkeit von Selbstsicherheitstrainings für die Opfer wiederholter Übergriffe durch Mitschüler. Als Bestandteil einer schulweiten Anti-Bullying-Initiative und in Kombinationen mit Maßnahmen für die Täter versprechen diese Trainings positive Effekte für die Opfer, zumindest im Hinblick auf das eigene Selbstwertgefühl. Sharp (1996) belegt, dass das Bewältigungsverhalten (Coping) im Zusammenhang mit dem Selbstwertgefühl für Bullying-Opfer auf unterschiedliche Art und Weise mit weiteren Viktimisierungen zusammenhing: Schüler mit einem hohen Selbstwertgefühl und einem aktiven Bewältigungsverhalten (in diesem Fall Reaktionen wie Selbstbehauptung oder Aggression) berichteten zwar etwa genauso häufig von Opfererlebnissen wie Schüler mit einem niedrigen Selbstwertgefühl und einem passiven Reaktionsstil, jedoch scheinen Ausmaß und Auswirkungen dieser Viktimisierungserlebnisse für beide Gruppen unterschiedlich zu sein, da Schüler mit einem hohen Selbstwertgefühl die Viktimisierungen als weniger belastend empfinden. So könnten aktive Bewältigungsversuche mit der Ansicht verknüpft sein, mit seinem Verhalten auf die Umgebung einzuwirken und somit Kontrolle auszuüben (internale Kontrollüberzeugung). Im Gegensatz dazu scheinen passive Reaktionsweisen das Risiko für weitere Viktimisierungen zu erhöhen, da das Op-

fer von den Tätern als wehr- und hilflos wahrgenommen wird. Das Einüben aktiver, angemessener Copingstrategien und damit der Erwerb spezifischer Kompetenzen im Umgang mit bedrohlichen Situationen, wie zum Beispiel sich selbstsicher zu äußern, sich
Manipulationen und Bedrohungen zu widersetzen, angemessen auf verbales Bullying zu
reagieren, eine Bullying-Situation zu verlassen, die Unterstützung der Mitschüler einzu-
fordern oder in belastenden Situationen gelassen zu bleiben, stellen aus Sicht der Opfer
einen vielversprechenden Baustein im Rahmen einer schulweiten Anti-Bullying-Initiative
dar.

Im Gegensatz zur Vorgehensweise von Olweus ermöglichte das Sheffield-Projekt
den teilnehmenden Schulen einen größeren Spielraum bezüglich der Auswahl geeigneter Interventionsmaßnahmen, je nach speziellen Bedürfnissen und situativen Begebenheiten (s. Kasten 10.12). Daneben stehen mit der Pikas-Methode, Peer-Support-
Systemen, Qualitätszirkeln und der Umgestaltung der schulischen Umgebung Hand-
lungsoptionen zur Verfügung, die Olweus ursprünglich nicht vorgesehen hatte. Dafür
wurde auf die Einführung von Klassenregeln, einem Kernelement im Olweus-
Programm, verzichtet.

Kasten 10.12. Philosophie des Sheffield-Projekts (Eslea & Smith, 1998).

- *Relative Gestaltungsfreiheit.* Den Schulen wurde es ermöglicht, das Programm nach
  ihren eigenen Wünschen zu gestalten (in Bezug auf die Entwicklung einer individuellen Anti-Bullying-Präambel und hinsichtlich der Auswahl bestimmter Maßnahmen).
- *Externe Begleitung.* Die Schulen wurden bei der Implementierung der Maßnahmen
  bis zu einem gewissen Grad unterstützt.
- *Herstellung von Rahmenbedingungen, die eine Weiterführung des Projektes erleichtern.* Die Betonung schulweiter Aktivitäten gegen Bullying sollte dazu führen, dass
  die effektive Arbeit an diesem Thema auch nach offizieller Beendigung des Projekts
  und der externen Begleitung fortgeführt wird.

Lediglich acht Grundschulen sowie vier weiterführende Schulen durchliefen alle als
verpflichtend vorgesehenen Stufen der Entwicklung einer Anti-Bullying-Präambel
(inklusive der Implementierungsphase). Allerdings erfreuten sich auch zusätzliche
Maßnahmen großer Beliebtheit, insbesondere die Gestaltung und Aufsicht der Pau-
sen sowie die Einbindung der Bullying-Thematik in das Curriculum. Die Effekte der
Maßnahmen wurden jeweils für die ganze Schule (Erhebung in einer Schule zu zwei
Messzeitpunkten vor und nach der Intervention) dokumentiert. Die Befunde der
Wirksamkeitsüberprüfung nach vier Schulsemestern auf der Basis von Befragungen
können wie folgt zusammengefasst werden:
- In den Grundschulen berichten durchschnittlich etwa 15% weniger Schüler von
  Viktimisierungserlebnissen, ein Effekt, der in den weiterführenden Schulen nicht
  bestätigt werden konnte, obwohl auch hier in fünf von sieben Schulen ein Rück-
  gang in der Anzahl der Victims zu verzeichnen war. Jedoch verzerrten die Schü-
  lerberichte einer Schule wesentlich das Ergebnis, die einen Anstieg der Anzahl an
  Victims belegten.

- In den meisten Schulen zeigte sich ebenfalls eine Veränderung in positiver Richtung hinsichtlich der Täter. Besonders in den weiterführenden Schulen gaben Schüler verstärkt an, nicht mehr beim Bullying anderer mitzumachen.
- Zudem öffneten sich Schüler in stärkerem Ausmaß ihren Lehrern und berichteten eher von Bullying-Vorfällen.
- An den Schulen mit den meisten Maßnahmen und konsequenter Umsetzung der Maßnahmen zeigten sich die nachhaltigsten und ausgeprägtesten Effekte. Ein wesentlicher Prädiktor erfolgreicher Anti-Bullying-Maßnahmen stellt die Beteiligung des gesamten Schulpersonals dar.

Eslea und Smith (1998) berichten im Rahmen einer Follow-up-Studie von den Schwierigkeiten, aber auch den Möglichkeiten einer langfristigen Initiative gegen das Bullying. Elf Schulleiter von den 16 partizipierenden Grundschulen nahmen an einem Interview im Jahr nach Beendigung des Projekts teil, um über ihre Erfahrungen und über andauernde Aktivitäten zu sprechen. Während alle Schulen Fortschritte in der Entwicklung einer Anti-Bullying-Präambel machten und dieses Thema in den Unterricht mit einbezogen sowie weiterhin größtenteils Verbesserungen im Hinblick auf die Gestaltung der Schulhöfe verfolgten, setzten nur wenige Schulen Strategien der Einzelarbeit mit den Bullies und Victims um. Zusätzliche Schüler-Befragungen an vier der Grundschulen mit dem Bully/Victim-Questionnaire (s. Kap. 8.1) ergaben, dass an zwei Schulen das Bullying unter Schülern weiterhin reduziert werden konnte, es in einer anderen kaum Veränderungen gab (auf eine anfängliche Reduktion folgte wieder ein Anstieg des Bullying) und sich in einer vierten Schule die Situation sogar stetig verschlimmerte. Zudem zeigten sich positive Veränderungen bei Jungen, jedoch seltener bei den Mädchen.

Eslea und Smith (1998) führen folgende Gründe zur *Erklärung der heterogenen Befunde* an:
- unterschiedliche Dauer der Implementierung der Anti-Bullying-Präambel;
- Verringerung des Engagements nach anfänglichem Enthusiasmus;
- strukturelle Veränderungen (z.B. Verknappung des Schulpersonals, Veränderung der Schülerschaft);
- inkonsistentes Verhalten beim Schulpersonal;
- verschärftes Bewusstsein im Hinblick auf Bullying und damit ein „sensibleres" Antwortverhalten zu späteren Messzeitpunkten;
- Anwendung von Maßnahmen, die eher jungenspezifische Ausdrucksformen des Bullying erreichen.

Die Ergebnisse des Sheffield-Projektes mündeten in der Veröffentlichung eines Bullying-Pakets (Department for Education, 1994), das staatlichen Schulen kostenlos angeboten und inzwischen von ca. 19.000 Schulen nachgefragt wurde (vgl. Smith & Shu, 2000). Die Arbeitsgruppe um Peter K. Smith hat ihre Erfahrungen zur Implementierung von Anti-Bullying-Maßnahmen an Schulen zudem in zwei Buchpublikationen zusammengefasst (Sharp & Smith, 1994; Smith & Sharp, 1994a).

10.2.6 Internationale und nationale Maßnahmen gegen Bullying

Nachdem wir nun unterschiedliche Maßnahmen auf Schul-, Klassen- und Schülerebene vorgestellt sowie exemplarisch Beispiele für schulweite multimodale Programme gegen Bullying gegeben haben, möchten wir in diesem Kapitel einen kurzen
Einblick über weitere Anti-Bullying-Maßnahmen auf internationaler und nationaler
Ebene bieten. Es handelt sich sowohl um die Umsetzung von Maßnahmen, die an das
Programm von Olweus angelehnt sind, als auch um eigenständige Maßnahmen. Ein
umfassender Überblick über den Umgang mit Bullying in 17 europäischen Ländern
ist den Kapiteln des Herausgeberbandes von Smith (2002b) zu entnehmen, der im
Internet unter www.gold.ac.uk/connect/index.html einzusehen. Zudem fassen die
Berichte in Smith et al. (1999a) die Präventions- und Interventionsbemühungen in
verschiedenen (auch außereuropäischen) Ländern zusammen.

Skandinavien. Abgesehen von den Aktivitäten der Arbeitsgruppe um Olweus, wurden in *Norwegen* weitere Studien durchgeführt und Maßnahmen gegen Bullying
entwickelt. Eine weitere, unabhängige norwegische Studie zur Überprüfung der
Maßnahmen nach Olweus wurde in Rogaland (Roland, 1989), parallel zur Umsetzung des Olweus-Programms, durchgeführt. Drei Jahre nach der Ersterhebung (T_1 =
1983; T_2 = 1986; Vergleich altersäquivalenter Gruppen) konnte Roland, im Gegensatz zu Olweus, zum Teil sogar Veränderungen in negativer Hinsicht feststellen:
Selbstberichte zum Ausmaß des Bullying deuteten an, dass bei den Jungen ein leichter Anstieg zu verzeichnen war. Auch die Selbstberichte zur Viktimisierung bestätigen eine marginale Verschlechterung des Ist-Zustandes. Allerdings unterscheiden
sich beide Aktivitäten im Hinblick auf die Planungsphase, Datenqualität, Messzeit-
punkte und der Intensität der Kontaktaufnahme zu den Schulen. Insgesamt umfasste
Rolands Evaluationsstudie 37 Grund- (Klassenstufe 1-6) und weiterführende Schulen
(Klassenstufe 7-9) mit knapp 7.000 Schülern. Ziel dieser Studie war es, herauszufinden, ob die landesweite norwegische Anti-Bullying-Kampagne von 1983 (Verteilung
von schriftlichen Materialien und Videos an Lehrer und Eltern, Presse- und Öffentlichkeitsarbeit, politische Steuerung und Unterstützung der Aktivitäten) positive
Wirkungen erzielte. Obwohl das Bullying 1986 im Schnitt sogar marginal ein höheres Ausmaß annahm, müssen die Befunde hinsichtlich des unterschiedlichen Engagements der einzelnen Schulen relativiert werden. So lassen Schulen, die sich aktiv
an der Umsetzung der Anti-Bullying-Initiativen beteiligten, eine Verbesserung des
Ist-Zustandes (Anzahl der Schüler, die als Bully oder Victim gelten) erkennen. Ein
deutliches und öffentliches Bemühen steht demzufolge in direktem Zusammenhang
mit der erwünschten Zielerreichung.

Neuere Arbeiten aus Norwegen (vgl. Roland, 2000) fokussieren verstärkt auf präventive Aspekte, wobei nicht nur Bullying anvisiert wird, sondern auch andere dissoziale und Problemverhaltensweisen. Die Weiterentwicklung der ganzen Schule als
Organisation sowie ein verbessertes Klassenmanagement durch die Lehrer (z.B. das
Kümmern um jeden einzelnen Schüler, Kontrollieren des Schülerverhaltens, konse-
quentes Eingreifen bei Problemverhalten) stellen zwei zentrale Bausteine in den
jüngsten Ansätzen zur Verminderung von Bullying dar, die Roland (2000) als vielversprechend ansieht. Zudem werden für Schüler konzipierte Tagesseminare durch-

geführt, die insbesondere die bedeutsame Rolle der (unbeteiligten) Zuschauer thematisieren. Ebenfalls in zunehmendem Maße berücksichtigt werden Unterstützungsangebote für die Schulen bei der Implementierung und Beibehaltung von Anti-Bullying-Maßnahmen. Der Aufbau eines landesweiten Netzwerkes von Bullying-Experten garantiert die Verfügbarkeit von Ansprechpartnern, welche den Schulen helfen sollen, geeignete Maßnahmen zur Bullying-Prävention auszuwählen und zu implementieren oder sie in Einzelfällen sogar im Interventionsprozess zu begleiten. Schließlich hat das norwegische Parlament kürzlich ein breit angelegtes, dreijähriges Programm zur Verbesserung zentraler Aspekte des norwegischen Schulsystems ab 1999/2000 verabschiedet, wobei Bullying wie auch andere Problembereiche (z.B. Lernstörungen) Berücksichtigung finden. Von der Einführung von (bullying-unspezifischen) Maßnahmen auf Klassen- und Schulebene, wie zum Beispiel der Förderung von Problemlösefertigkeiten oder der Verbesserung der Kommunikation/Kooperation zwischen dem Schulpersonal, werden generell positive Effekte im Verhalten der Schüler (und somit auch im Hinblick auf Bullying) erwartet. Externe oder schulinterne Evaluationen der Maßnahmen sollen integrale Bestandteile des Programms sein. Ein ergänzendes Ziel umschließt den Ausbau des professionellen Netzwerkes, zum Beispiel mit Hilfe von Expertenschulungen, Seminar- und Trainingsangeboten für Mitglieder des Schulpsychologischen Dienstes und Schulleiter im Hinblick auf die Implementierung effektiver Klassenmanagementstrategien, Entwicklung der Schule als Organisation und Evaluation der eingeführten Maßnahmen.

Neben den bereits angeführten Vorschlägen der Arbeitsgruppe um Salmivalli (s. Kap. 10.2.3), die sich explizit auf die unterschiedlichen Rollen der Schüler im Bullying-Prozess beziehen, liegt ein weiteres evaluiertes Programm aus *Finnland* vor, dass an der Wissensvermittlung und Vermittlung von Handlungsmöglichkeiten für Lehrer ansetzt (vgl. Björkqvist & Jansson, 2002). Im Rahmen von Seminaren erhielten Lehrer von acht finnischen Schulen Informationen zum Bullying und zu möglichen Interventionsstrategien, die sie zwischen den Seminaren aktiv anwendeten. An der Studie nahmen 625 Schüler von 24 verschiedenen Klassen (Interventionsgruppe) und zwölf Klassen von vier Schulen als Kontrollgruppe teil. Als Interventionstechniken standen Maßnahmen auf Schul-, Klassen- und Schülerebene (hier z.B. die Anwendung von Prinzipien der Farsta-Methode und der Methode von Pikas) zur Verfügung. Erste Befunde zeigen eher unbefriedigende Effekte, da auf der Basis von Peer-Ratings körperliches (nur marginal) und verbales Bullying zwar abnahmen, indirekte Ausdrucksformen hingegen sogar zunahmen. Auf der Basis von Selbstberichten ist sogar ein Häufigkeitsanstieg bei allen Ausdrucksformen des Bullying zu verzeichnen. Eine Veränderung in den Rolleneinnahmen (z.B. Verstärker, Zuschauer) konnte ebenfalls nicht nachgewiesen werden. Insgesamt sind diese Befunde unter anderem unter dem Aspekt von Sensibilisierungseffekten zu diskutieren: Demnach können Informationen zum Bullying und entsprechende Maßnahmen mit einer verstärkten Wahrnehmung von Bullying-Vorfällen einhergehen, die vor der Wissensvermittlung überhaupt noch nicht oder nicht als Bullying wahrgenommen wurden.

Großbritannien und Irland. Bullying wird in *England* seit 1989, nach dem Erscheinen des Elton Report on Discipline, als ernsthaftes Problem diskutiert. Seitdem kann man in England ein breites Engagement gegen Bullying beobachten, das

- die Herausgabe von Bullying-Broschüren,
- den Aufbau von Telefon-Hotlines (ChildLine) für Bullying-Opfer,
- das Erarbeiten eines Paketes mit diversen Materialien zum Bullying,
- eine Bullying-Bibliographie (Skinner, 1992),
- die Veröffentlichung des No-Blame-Ansatzes (Maines & Robinson, 1992; s. Kap. 10.2.2) und
- die Durchführung einer breit angelegten Interventionsstudie Anfang der 90er-Jahre im Rahmen des Sheffield-Projektes (s. Kap. 10.2.5) umfasst (vgl. Smith & Shu, 2000).

Harrison (2000) gibt einen Überblick über die Arbeit von *ChildLine*. Die gebührenfreie Telefon-Hotline ist seit 1986 24 Stunden am Tag für Kinder und Jugendliche zu erreichen, die sich an die Hotline wenden können, um anonym Rat zu erhalten. Zudem wurden weitere Projekte eingerichtet, wie zum Beispiel ChildLine in Partnership with Schools (CHIPS), durch die Schulkinder auf das Angebot aufmerksam gemacht werden. Für den Zeitraum 1997/1998 beispielsweise fasst Harrison zusammen, dass insgesamt über 115.000 Kinder beraten wurden. 17% dieser Kinder berichteten von Bullying – der zweithäufigte Grund für Beratungen.

Mellor (1999) führt schulweite Maßnahmen in *Schottland* an und O'Moore (2000) fasst Anti-Bullying-Aktivitäten aus *Irland* zusammen; dort stellte die Regierung 1993 nationale Richtlinien gegen das Bullying in Schulen auf. Obwohl diese Initiative Schulen dazu motivierte, eigene Präambeln zu entwickeln, verflachte das anfängliche Engagement jedoch wieder. So gaben ein Jahr später etwa ein Viertel der in einer landesweiten Studie befragten Schulen an, keine Präambel eingerichtet zu haben (vgl. O'Moore et al., 1997).

Nordamerika. Harachi, Catalano und Hawkins (1999b) geben einen Überblick über die Anti-Bullying-Aktivitäten in *Kanada*. Im Fokus ihrer Betrachtung steht die Durchführung des Olweus-Programms in vier Schulen in Toronto, Anfang der 90er-Jahre (vgl. Pepler, Craig, Ziegler & Charach, 1993; 1994). Drei der Schulen umfassten Klassen von Klassenstufe 3/4 bis 8 (8- bis 14-jährige Schüler), die vierte Schule die Klassenstufen 7 und 8 (12- bis 14-jährige Schüler). Jedoch ist zu betonen, dass die Umsetzung des Programms nicht in demselben Umfang wie in Bergen (Norwegen) stattfand, da es nicht in eine landesweite Anti-Bullying-Kampagne eingebettet war und sich im Wesentlichen die Lehrer und andere Mitglieder des Schulpersonals für die Entwicklung und Umsetzung verantwortlich zeigten. Die Programmkomponenten auf Schul-, Klassen- und Schülerebene setzten sich in Kanada wie folgt zusammen:

- Entwicklung eines Verhaltenskodex;
- verstärkte Aufsicht auf dem Schulhof und in den Korridoren;
- Einrichtung von Klassenregeln;
- Einführung verschiedener bullying-bezogener Aktivitäten, wie zum Beispiel Lernzirkel im Klassenraum;
- Einzelgespräche mit den Bullies über die nicht zu akzeptierenden Verhaltensweisen und ihren Konsequenzen sowie mit den Victims, um mit ihnen über die Vor-

fälle zu sprechen und ihnen Unterstützung zu versichern. Zusätzlich Gespräche mit den Eltern der Bullies und Victims;

- Verteilung von Informationen zum Bullying und zur Intervention an die Eltern (Elternabende, Mitteilungsblätter);
- Implementierung von Peer-Konfliktmediationsprogrammen;
- Motivierung und Unterstützung des Schulpersonals bei der Umsetzung des Programms.

Die Evaluation wurde mit Hilfe von Schülerbefragungen zu zwei Messzeitpunkten (nach 6 Monaten mit 1.052 Schülern sowie nach 18 Monaten mit 1.041 Schülern) durchgeführt. Nach sechs Monaten konnte ein Rückgang der Bullying-Vorfälle um 30% verzeichnet werden. Zudem verbrachten weniger Schüler ihre Pausen alleine. Jedoch verringerte sich nach Schülerberichten die Häufigkeit von Bullying in den vorangegangenen zwei Monaten, die Häufigkeit von rassistischem Bullying, das Eingriffsverhalten der Peers und die Häufigkeit, in der mit den Eltern über Bullying gesprochen wurde, nicht signifikant. Nach 18 Monaten zeigten sich auf der Grundlage von Schülerberichten folgende Verbesserungen: ein verstärktes Eingreifen der Lehrer bei Bullying-Vorfällen, eine vermehrte Kontaktaufnahme zu den Bullies durch die Lehrer und eine verminderte Bereitschaft der Schüler, in Bullying-Situationen aktiv mitzumachen. Zudem zeigten die Befunde zum zweiten Messzeitpunkt noch einen Rückgang an Viktimisierungen, gleichfalls aber auch einen Anstieg der Anzahl der Schüler, die (a) ihre Mitschüler drangsalierten, (b) die ihre Pausen alleine verbrachten und (c) die verbal-rassistisch viktimisiert wurden. Auch in Bezug auf andere Verhaltens- oder Einstellungsmuster, wie die Reaktion der Lehrer oder Eltern auf das Bullying oder das Eingreifen der Peers in Bullying-Situationen, kam es nicht zu der Realisierung der gewünschten Veränderungen. Als problematisch bei der Interpretation der Befunde erweist sich die Tatsache, dass nicht zwischen tatsächlicher Verhaltensänderung und einem Wandel der Einstellungs- und Wahrnehmungsmuster differenziert werden kann (vgl. Pepler et al., 1994).

Australien und Neuseeland. Rigby und Slee (1999) präsentieren Bullying-Maßnahmen, die in *Australien* durchgeführt werden. Neben den bereits angeführten Maßnahmen (z.B. Peer-Mediation; s. Kap. 10.2.3) führen die Autoren zudem telefonische Beratungsdienste (Kids Helpline), das Programm Safety Houses, in dem Schüler auf ihrem Schulweg aufgesucht werden, wenn sie sich bedroht fühlen, verschiedene curriculare oder Lehrmaterialien, soziale Kompetenztrainings sowie Gruppentrainings zur Förderung der Selbstsicherheit an. Ein gut evaluiertes Programm stellt das *P.E.A.C.E Pack* dar (P = preparation, E = education, A = action, C = coping, E = evaluation; vgl. Sullivan, 2000), mit dem Bullying auf mehreren Ebenen entgegengetreten werden soll:

- Anleitung der Schulen, das Thema Bullying zu thematisieren und eine entsprechende Anti-Bullying-Präambel zu gestalten,
- die Arbeit mit den Schülern im Klassenraum,
- Beratung von betroffenen Schülern und deren Eltern sowie
- die Evaluation der Maßnahmen.

Die Umsetzung dieser Maßnahmen führte zu einer Reduktion des Bullying um 25%, mit weiteren positiven Nebeneffekten (aus Schülersicht), wie zum Beispiel ein verbessertes Sicherheitsgefühl, Bewusstsein über die Möglichkeit, mit bestimmten Personen über eigene Bullying-Erlebnisse zu sprechen und der Aufbau von Kompetenzen, wie man Bullying adäquat stoppen kann.

Für den *neuseeländischen Kulturkreis* listet Sullivan (1999) drei unterschiedliche Anti-Bullying-Programme auf, die sich dort in den letzten Jahren bewährt haben. *Kia Kaha* (was gleichzusetzen ist mit „Sei stark!") ist ein Ressourcenbaukasten (inklusive schriftlichem Material und Video) für Schüler im Alter von acht bis 14 Jahren, Lehrer und Eltern, der von der neuseeländischen Polizei im Rahmen ihres Gemeinschaftsengagements und der Verbrechensprävention konzipiert wurde. Kia Kaha umfasst acht Stufen. Unter anderem werden das Eingreifen in Bullying-Situationen, verschiedene Ausdrucksformen und kultursensible Aspekte von Bullying thematisiert.

The Cool Schools Peer Mediation Programme (Cool Schools) bezieht sich auf einen Ansatz der Peer-Mediation (s. Kap. 10.2.3), um Konflikte konstruktiv zu lösen und adäquate Konfliktbewältigungsstrategien zu erwerben. Die Schüler werden mit sozialen Kompetenzen ausgestattet, wobei sich als Nebeneffekt die Schulatmosphäre verbessert. Zudem führt das Programm zu einer Steigerung des Selbstwertes der Schüler und zur Verringerung von ärgerauslösenden Verhaltensweisen außerhalb der Schule. Letztlich lernen die Schüler, auch zukünftig angemessen mit Konflikten umzugehen. Streitigkeiten unter Schülern konnten in 80 bis 85% der Fälle auf diese Weise beglichen werden.

Eliminating Violence – Managing Anger bezieht sich auf schulische Gewaltphänomene im Allgemeinen und hat zum Ziel, Lehrer, Eltern, Schüler und die Gemeinde zur Zusammenarbeit zu stimulieren, um eine sichere Schulumgebung zu erzeugen. Bestandteile des Programms (mit 6 Phasen und einer Dauer von 12 Monaten) sind:
- die Bewusstmachung der Bedeutung und der Auswirkungen von Gewalt,
- Lehrer, Eltern und Schüler in den Prinzipien des effektiven Umgangs mit Gewalt zu schulen,
- Schülern beizubringen, den eigenen Ärger und den Ärger anderer angemessen zu bearbeiten,
- Lehrer, Eltern und Schüler mit prosozialen Alternativen zu gewalttätigen Verhaltensweisen auszustatten sowie
- Lehrer dabei unterstützen, eine schulische Umgebung zu schaffen, in der Schüler sich sicher und willkommen fühlen sowie sich gegenseitig respektieren.

Niederlande und Belgien. In Anlehnung an Junger-Tas (1999) fanden an *niederländischen Schulen* bislang in erster Linie die folgenden Maßnahmen gegen das Bullying Verwendung:
- Aufstellen eines Verhaltenskodexes,
- soziale Fertigkeitstrainings für Schüler,
- Ausbildung von Vertrauenspersonen,

- Herstellung einer Verbindung zu sozialen, schulexternen Unterstützungssystemen,
- Kontaktaufnahme zu Eltern aus nicht-niederländisch sprechenden Familien und
- Aufbau einer Telefon-Hotline.

Als landesweite Initiative gegen Bullying können die Aktivitäten der vier *Dutch Parents Associations* (Elternverbände) angeführt werden, die gemeinsam ein *National Protocol Against Bullying in Education* entwarfen, dieses 1995 öffentlichkeitswirksam in den Medien präsentierten und allen 10.000 Grund- sowie weiterführenden Schulen in den Niederlanden zusandten (Limper, 2000). Inhaltliche Bestandteile dieses Protokolls sind:

- Entwicklung eines schulweiten Ansatzes im Umgang mit Bullying,
- Verteilung von Informationen über Bullying an die Schüler,
- Berufung eines Vertrauensberaters an den Schulen,
- Bereitstellung von schriftlichen Informationen über Bullying, die für jedermann zugänglich sind,
- Kooperation mit anderen Schulen in der Nachbarschaft und
- Austausch von Erfahrungen mit anderen Schulen.

Kasten 10.13. Mögliche Gründe für den Erfolg der nationalen Kampagne der Elternorganisationen gegen Bullying in den Niederlanden (Limper, 2000).

- Hoher Bezug zum Thema aufgrund eigener Schulerfahrungen,
- vorausgehende wissenschaftliche Aufklärungsarbeit, demzufolge Bullying ein nicht zu vernachlässigendes soziales Problem darstellt,
- Rekurs auf diese wissenschaftlichen Befunde durch die Vertreter der Elternorganisationen (evidenzbasiertes Vorgehen),
- Wertlegung auf die Beteiligung verschiedener Parteien von Beginn an, um eine breite Basis der Unterstützung zu erzeugen,
- Bezugnahme auf spezielle Methoden der Prävention, inklusive der praxisnahen Präsentation mit Fallbeispielen,
- Erstellung eines verbindlichen, da unterschriebenen Protokolls (Bindung an das Protokoll, Eigenverantwortung),
- öffentlichkeitswirksame Einbindung der Medien,
- permanente Ergänzung der Kampagne durch neue Aktivitäten,
- Verzicht auf einen kurzfristigen zugunsten eines mehrjährig andauernden Medienengagements,
- ständige Weiterentwicklung von Materialien für die Schulen,
- Reichhaltigkeit der angebotenen Materialien und damit das Ansprechen verschiedener Zielgruppen.

Zudem wurde zwei Jahre später das Computerprogramm *PestTest* (= Bullying Test) entwickelt, das die Exploration verschiedener Aspekte des Bullying (auf der Basis der Fragen des Bully/Victim-Questionnaire von Olweus; s. Kap. 8.1) anonymisiert vor Ort im Klassenraum ermöglicht. Zielgruppe dieser ca. dreiminütigen Befragung sind nach Limper (2000) die Altersgruppe der neun- bis 15-jährigen Schüler. Im Anschluss an die Befragung aller Schüler einer Klasse kann der Lehrer in einfacher Art und Weise Informationen über die Quantität und Qualität des Bullying erhalten. Gleichfalls ist es ohne größeren Aufwand möglich, diese Art der Befragung mehrfach im Jahr zu wiederholen. Zum jetzigen Zeitpunkt machen etwa 25% der niederländischen Schulen vom Programm Gebrauch.

Das Programm nach Olweus wurde auch in *Belgien* (im flämischen Sprachraum) in den Jahren 1995 bis 1997 durchgeführt und evaluiert (Stevens, de Bourdeaudhuij & van Oost, 2000; 2001). Die belgische Arbeitsgruppe arbeitete mit 18 Grund- und weiterführenden Schulen und insgesamt 1.104 Schülern im Alter von zehn bis 16 Jahren. Das flämische Anti-Bullying-Programm besteht insgesamt aus drei Modulen, die folgende Bereiche abdecken:
1. Interventionen bezüglich der *Schulumgebung* – das Schulpersonal erarbeitete gemeinsam eine verbindliche Anti-Bullying-Präambel;
2. Einführung von Aktivitäten als elementarer Bestandteil des *Curriculums* mit sozial-kognitiver Ausrichtung, wie zum Beispiel Förderung der kognitiven Perspektivenübernahme, Setzen von transparenten Klassenregeln, Einüben alternativer Problemlösestrategien und Verbesserung sozialer Fertigkeiten – die Lehrer wandten aktive Lehrmethoden an, um die Verhaltensänderungen hervorzurufen;
3. direkte Fokussierung auf die aktiv *am Bullying beteiligten Schüler* – während zum einen die Bullies dazu angeleitet wurden, den aufgekommenen Schaden wieder gutzumachen, verfolgte man zum anderen das Ziel, die Opfer zu unterstützen (emotionale Hilfen, Diskussionen über den angemessenen und effektiven Umgang mit Viktimisierungen, Stärkung der sozialen Fertigkeiten).

Jeweils sechs Schulen zählten entweder (a) zur Interventionsgruppe inklusive bzw. (b) exklusive Unterstützung des Forscherteams oder (c) zur Kontrollgruppe (keine Unterstützung). Unterstützung meint in diesem Zusammenhang, dass die Schulen spezielle Trainingssitzungen für das gesamte Schulpersonal und individuelles Feedback und Hilfestellung bei der Implementierung der Anti-Bullying-Strategien etwa in einem Umfang von 25 Stunden bekamen. Das Programm wurde zu zwei Messzeitpunkten, nach acht und 20 Monaten, evaluiert, wobei die erzielten Ergebnisse insgesamt als uneinheitlich zu bewerten sind: In den Grundschulen war kein Anstieg des Bullying in den beiden Interventionsgruppen (mit und ohne Unterstützung) im Gegensatz zur Kontrollgruppe festzustellen. Jedoch repräsentierten die Angaben zur Viktimisierung keine bedeutsamen Unterschiede zwischen den beiden Interventionsgruppen und der Kontrollgruppe. Auch für Schüler weiterführender Schulen konnten keine nennenswerten Effekte nachgewiesen werden. Überraschenderweise stellte die Unterstützung durch das Forscherteam keinen ausschlaggebenden und notwendigen Faktor bei der Zielerreichung (= Reduktion von Bullying) dar.

Spanien. In Anlehnung an die Aktivitäten in Bergen und Sheffield wird derzeit auch in Spanien ein an die vorherrschenden soziokulturellen Rahmenbedingungen angepasstes Interventionsprojekt durchgeführt, das *SAVE* (= Sevilla Anti-Violencia Escolar; Ortega & Lera, 2000). An der Intervention nehmen insgesamt 13 Schulen aus sozial benachteiligten Gegenden in Sevilla teil. Die Schule wird von dieser Arbeitsgruppe als Netzwerk von verschiedenen Mikrosystemen angesehen, zu der Lehrer genauso wie Schüler und ihre Familien sowie die in der näheren Umgebung lebenden Personen der Gemeinde zählen. Jede Schule hat die Interessen und Bedürfnisse der verschiedenen Personengruppen zu beachten, wobei auf der analytischen Ebene zwischen zwei Dimensionen unterschieden wird:

- *Interpersonale Dimension:* Qualität der Beziehungen der Schüler, Lehrer und Eltern zueinander wie auch untereinander.
- *Leistungsorientierte Dimension:* pädagogische Prozesse in der Übermittlung des Lernstoffes.

Zur schulischen Gewaltprävention führen Ortega und Lera (2000) die folgenden Maßnahmen an:

- Demokratische Organisation des alltäglichen Schullebens und damit die explizite Aufstellung von verbindlichen Handlungsrichtlinien für alle am Schulleben beteiligten Personen.
- Kooperative Gruppenarbeiten im Unterricht zur Förderung alternativer (prosozialer) Erfahrungen.
- Thematisieren von Gefühlen, Einstellungen und Werten, um bislang vernachlässigte emotionale aber auch soziale Komponenten des Schullebens verstärkt zu berücksichtigen.

Zu jeder dieser Maßnahmen existieren so genannte Werkzeugkisten, die den Teilnehmern zur Verfügung stehen, um die jeweilige Maßnahme zu implementieren. Neben dem Projekt in Sevilla läuft derzeit ein weiteres Projekt zur Prävention des Bullying unter Schülern, an dem sich acht weiterführende Schulen der andalusischen Region beteiligen. Unter anderem wurde im Zuge der Bewusstseinschärfung für Bullying eine Telefon-Hotline eingerichtet, bei der im ersten Jahr 4.478 projektbezogene Anrufe eingingen. Von diesen Anrufen kamen 21% von Personen, die sich durch Bullying betroffen fühlten (Schüler oder Eltern) und die nach einer Lösung für ihr Problem suchten. Bei beiden Projekten stehen systematische Evaluationen allerdings noch aus.

Österreich und Deutschland. Atria und Spiel (2002) fassen den Forschungsstand zum Bullying in *Österreich* zusammen. Zudem stellen sie ein *soziales Kompetenztraining für Schüler* vor, das sie in Wien entwickelt haben (Atria & Spiel, 2001; 2002). Das Training basiert auf Erkenntnissen der sozial-kognitiven Informationsverarbeitungstheorie und auf Befunden zum Bullying als Gruppenprozess (participant roles). Dem Programm liegen die folgenden Prinzipien zugrunde: *Erstens:* Eine Erweiterung des Verhaltensrepertoires von Jugendlichen senkt die Wahrscheinlichkeit für das Auftreten aggressiven Verhaltens. *Zweitens:* Jeder, der Bullying-Vorfällen beiwohnt – ob aktiv oder passiv, als Zuschauer – ist mitverantwortlich. Auf der Basis dieser Prinzipien wurde ein Curriculum für Hoch-Risiko-Schulen, bestehend aus 13 Sitzungen, aufgeteilt in drei Phasen, entwickelt:

- *Gruppendynamik* (6 Sitzungen). Die Schüler werden auf der Basis von Rollenspielen und kritischen Situationen in gruppendynamische Prozesse eingeweiht.

Mit Hilfe des Trainers soll erkannt werden, dass aggressives, gewalttätiges Verhalten nicht angebracht ist, um Konflikte zu bearbeiten.

* *Reflexion* (1 Sitzung). Die Schüler sollen bisher Gelerntes reflektieren.
* *Handlungen* (6 Sitzungen). Die Schüler und der Trainer bearbeiten gemeinsam in der Gruppe, wie sie die restlichen Sitzungen einsetzen werden, um Handlungen resultieren zu lassen.

Eine erste Evaluationsstudie wurde mit zwei Schulklassen (Interventions-) und Schülern aus Parallelklassen (Kontrollgruppe) durchgeführt. Das Training war für die Interventionsgruppe verknüpft mit einem geringeren Ausmaß aggressiven Verhaltens gegenüber Mitschülern. Zudem erwies sich die Lehrer-Schüler-Interaktion als verbessert, und teilnehmende Schüler sahen vermehrt Möglichkeiten, am Schulleben teilzunehmen.

In *Deutschland* hat es in den letzten Jahren vermehrte Anstrengungen gegeben, insbesondere gegen Schulgewalt vorzugehen. Verschiedene für den deutschen Sprachraum entwickelte Maßnahmen, wie zum Beispiel soziale Fertigkeitstrainings, haben wir bereits im Kapitel 10.2.4 vorgestellt. Einer Reihe von Überblicksarbeiten können Maßnahmen unterschiedlicher Art gegen Schulgewalt, Aggression unter Schülern, zur Kriminalprävention an Schulen und auch Bullying unter Schülern entnommen werden (z.B. Arbeitsstelle Kinder- und Jugendkriminalitätsprävention, 2000; Babl & Bässmann, 1998; Bundeskriminalamt, 1999; 2000; 2001; Hundertmark-Mayser, o.A.; Lösel & Bliesener, 1999; Schäfer & Korn, 2002). Die Überblicksarbeiten können zum Teil im Internet eingesehen, kostenlos heruntergeladen oder bei den Herausgebern kostenlos angefordert werden. Einige ausgewählte Maßnahmen und Initiativen stellen wir im Folgenden näher vor.

Die Bundesregierung rief 1987 eine *Unabhängige Regierungskommission zur Verhinderung und Bekämpfung von Gewalt (Gewaltkommission)* ein, um unter anderem Aussagen zu folgenden Themenbereichen zu treffen (Schwind et al., 1990):

* Gewalt in der Familie,
* Gewalt in Schulen,
* Gewalt in Fußballstadien,
* Straßengewalt und
* Gewalt an öffentlichen Plätzen sowie
* politisch motivierte Gewalt.

Eine der Funktionen dieser Kommission war es demzufolge, Konzepte gegen schulische Gewalt zu entwickeln. Ausgewählte Vorschläge sind im Kasten 10.14 angeführt.

Schäfer und Korn (2002) verweisen auf qualitative Befunde, die sich auf den Grundlagen von telefonischen Rückfragen bei den Experten für Gewaltprävention aller 16 Kultusministerien (bzw. Bildungs-, Schul- oder Wissenschaftsministerien) in den Bundesländern ergaben. Demnach wurden in dem Zeitraum einer Dekade nach Veröffentlichung des Kommissionsberichts nur relativ wenige der Vorschläge der Unabhängigen Gewaltkommission in Angriff genommen. Jedoch konnte seit Anfang der 90er-Jahre ein verstärktes Engagement in Bezug auf die Durchführung von Maßnahmen gegen Gewalt von Jugendlichen festgestellt werden. Insbesondere beinhalten diese Programme Empfehlungen an die Schulen und das Etablieren von Rahmenbedingungen, die das Grundgerüst für Interventionsprogramme darstellen.

Kasten 10.14. Ausgewählte Vorschläge der Gewaltkommission (vgl. Schäfer & Korn, 2002).

- Anleitung der Schüler, gemeinsam die Verantwortung für Konflikt- und Sanktionsregelungen zu tragen, entstandene Schäden zu begleichen (gemeinsame Putz- und Reparaturaktionen), Tutorien zu etablieren und gruppenorientiertes Handeln zu verfolgen,
- gezielte Einführung von Hilfssystemen gegen das Sitzenbleiben, zudem rechtzeitiges Erkennen von Lernproblemen und psychischen Störungen,
- Etablieren von Maßnahmen zur Verbesserung des allgemeinen Schulklimas und dabei insbesondere die Stärkung der Erzieherrolle des Lehrpersonals und ihre Funktion als Ansprechpartner bei persönlichen Problemen,
- Abbau bürokratischer Vorschriften,
- Rechtzeitiges Wahrnehmen, Entschärfen oder Vermeiden von gewaltauslösenden Situationen sowie curriculare Einbindung der Vermittlung gewaltfreier Lösungen von Konflikten,
- Ausbalancieren von kognitiven, sozialen und emotionalen Unterrichtsinhalten,
- Verbesserung der Lehrerausbildung in Bezug auf dissoziales (delinquentes und gewalttätiges) Verhalten von Schülern,
- Verminderung der Indifferenz gegenüber der Schule und der dort stattfindenden Gewalt sowie Implementierung von Vermittlungsgremien zur Konfliktregulierung zwischen Schülern und dem Lehrpersonal,
- Unterstützung von Aktivitäten, die den Schülern vermitteln, dass Problemlösungen auf Kompromissen basieren.

Im Hinblick auf konkrete Maßnahmen stehen in Deutschland bislang Lehrerfortbildungen zum Thema „Gewalt an Schulen" und direkte Interventionen an den Schulen, wie zum Beispiel Streitschlichtertrainings, im Vordergrund. Auch kam es in einigen Bundesländer zur Einberufung von Arbeitsgruppen mit Vertretern unterschiedlicher Gruppen, um Ressourcen zu bündeln und gemeinsam über Lösungen zu diskutieren. Eine (wissenschaftliche) Überprüfung der Wirksamkeit der umgesetzten Maßnahmen fand – wenn überhaupt – nur sporadisch und zumeist lediglich über einfache Rückmeldungen der Schulen statt. Schäfer und Korn (2002) fassen Maßnahmen zusammen, die bisher in verschiedenen Bundesländern umgesetzt wurden. Zudem wird vom Bundeskriminalamt die Reihe Kriminalprävention in Deutschland herausgegeben, die ausgewählte Dokumente aus dem Infopool Prävention enthält und auch Maßnahmen gegen schulische Gewalt und Bullying zusammenfasst (z.B. Bundeskriminalamt, 1999; 2000). Ausgewählte Maßnahmen sind im Kasten 10.15 angeführt.

Kasten 10.15. Maßnahmen zur Prävention von Gewalt und Bullying an deutschen Schulen (Babl & Bässmann, 1998; Bundeskriminalamt, 1999; 2000; 2001; Schäfer & Korn, 2002).

- Änderung von Lehrplänen, Integration der Erziehungsziele Rücksichtnahme und Achtung, Toleranz und Achtung vor der Würde und Überzeugung anderer,
- Veränderung der Unterrichtsformen mit fächerübergreifendem Projektunterricht, handlungsorientiertem und situationsbezogenem Lehren und Lernen,
- Schwerpunkt in der inhaltlichen Unterrichtsgestaltung: Erziehung zur Demokratie, reflektierende Beschäftigung mit Normen und Werten, Lehrplanpräzisierungen,
- finanzielle Förderung schulischer Projekte,
- Kontaktbüro für Schulen zur Gewaltprävention,
- Beratungszentrum einer Schulbehörde zu Gewaltprävention,
- Anti-Gewalt-Programme, wie das Landauer-Anti-Gewalt-Programm für Schüler,
- Betonung der Präventionsarbeit (für ein positives Schulklima; partnerschaftlicher Umgang von Lehrenden und Schülern, gegen Schulverweigerung),
- Thematisieren von Schulgewalt und Auseinandersetzung mit Gewaltsituationen in der Schule, wie im Eisenacher Projekt „Gewalt in der Schule" oder im baden-württembergischen Projekt „Herausforderung Gewalt",
- Multiplikatorenschulung (Lehrer) zur Umsetzung von Anti-Gewalt-Maßnahmen, wie das MEMME Anti-Gewalt-Training in der Schule,
- Thematisieren von Schulgewalt/Umgang mit Gewalt in Form von Theaterprojekten,
- Aufklärungsprogramme für Opfer von Gewalt an Schulen, was im Falle von Viktimisierungen getan werden kann,
- Erstellen einer Schulordnung inklusive ihrer konsequenten Anwendung,
- Schulvertrag über Gewaltverzicht zwischen Schülern und der Schulleitung,
- „Verordnung über Konfliktschlichtung, Erziehungs- und Ordnungsmaßnahmen",
- Ausbildung von Streitschlichtern,
- Streitschlichterschulung (Lehrerfortbildung) und -projekte,
- Vernetzung der an den Schulen durchgeführten Projekte wie „Schüler als Freizeitassistenten", „Pausen- und Sportbetreuung",
- Projekt: „Schulstress – Aggression – Entspannung" (Ausstattung der Schulen mit Bewegungsgeräten),
- Durchführung des Olweus-Projekts,
- Prävention im Team (PIT) an ca. 170 Schulen: kriminalpräventiver Unterricht und diverse Unterrichtsmaterialien (z.B. „88 Impulse zur Gewaltprävention"),
- Zusammenarbeit mit der Polizei; bei Gewaltdelikten Anzeigeerstattung (Schulebene),
- Prävention im Team: Broschüre in Zusammenarbeit mit der Polizei,
- Arbeitsgruppe aus Mitgliedern verschiedener Ministerien,
- Kooperationsprogramm Schule und Sportvereine,
- Projekt: „Gefangene helfen Jugendlichen": straffällige Jugendliche sprechen unter pädagogischer Begleitung mit Inhaftierten über die Folgen devianten Verhaltens,
- geschlechtsspezifische Angebote: z.B. „Starke Mädchenspiele",
- Veranstaltung Gewaltprävention an der Schule (behördenübergreifendes Forum zur Zusammenarbeit bei der Gewaltprävention); Zusammenarbeit von Schule und Jugendämtern, Jugendhilfe, Polizei (z.B. Pilotprojekt „Gewaltfreie Klasse als Konfliktschlichter"),
- Diskussionsrunden mit dem Präventionsbeauftragten der Polizei,
- Konzept „Schuljugendarbeit".

Für *Betroffene* sind zudem im Internet verschiedene deutschsprachige Informationsseiten zum Bullying eingerichtet worden, so zum Beispiel unter

- http://www.schueler-mobbing.de
- http://mobbingzirkel.emp.paed.uni-muenchen.de
- http://www.mobbing-info.ch/html/bildung.html
- http://www.allg-psych.uni-koeln.de/mohseni/mobbing.htm

Kasten 10.16. Schulvertrag über den Gewaltverzicht.

In der Hamburger Grundschule „Jenfelder Straße" wurde im Schuljahr 1998/1999 erstmalig ein Vertrag abgeschlossen zwischen Schülern der ersten Klasse sowie Vorschülern und der Schulleitung (Bundeskriminalamt, 2000, S. 77f.). Im Vertrag enthalten sind Verhaltensregeln, wie:

- Ich tue niemandem weh (z.B. Treten, Hauen, Kneifen)!
- Ich erpresse nicht!
- Ich störe niemanden beim Spiel!

Der Vertrag wird mit den Schülern besprochen, die diesen anschließend unterzeichnen. Die Erfahrungen mit dem Schulvertrag belegen, dass die Kinder diesen sehr ernst nehmen und sich bei Verstößen gegenseitig daran erinnern. Zudem liegen inzwischen auch vergleichbare Leitfäden für Eltern und Lehrkräfte vor. So beschreibt der Leitfaden „Erwartungen an Lehrkräfte" beispielsweise, dass sich jeder Lehrer dafür einsetzt, in seiner Klasse eine Atmosphäre gegenseitigen Vertrauens zu schaffen. Der Leitfaden für die Eltern hingegen orientiert sich am Sorgerecht der Eltern und beschreibt die Erwartung, dass die Eltern für die psychische und körperliche Entwicklung ihres Kindes Sorge tragen.

Das *Olweus-Programm* ist verschiedentlich auch in Deutschland durchgeführt worden; eine deutsche Version des Programms kann Olweus (1996) entnommen werden. Hanewinkel und Knaack (1997a; b; 1999) evaluierten das Programm von Olweus (1996) im Rahmen einer großangelegten Studie an schleswig-holsteinischen Schulen. Während zur ursprünglichen selektiv und somit nicht-repräsentativ zusammengestellten Stichprobe 47 Schulen zählten, verringerte sich diese Anzahl zum Zeitpunkt der Zweitbefragung um zehn Schulen, wobei anfangs ausdrücklich darauf hingewiesen wurde, dass es jeder Schule frei steht, neben der Erstbefragung (schulinterne Bestandsaufnahme) auch an dem Interventionsprogramm und der Zweitbefragung (Bewertung der Maßnahmen und Aktivitäten) teilzunehmen.

Im Gegensatz zum Vorgehen von Olweus (1996) betonten die Autoren ausdrücklich die Bedeutung externer Unterstützung, ohne jedoch die allgemeinen Grundsätze und Empfehlungen (v.a. das Prinzip der individuellen Gestaltungsfreiheit einer Schule je nach Bedarf und Möglichkeiten) von Olweus zu missachten. Als besonders sinnvoll wurde eine externe Beratung dann erlebt, wenn die Rolle des Beraters eindeutig abgesteckt war und die Schule (Schulleitung) die Verantwortung für die Aktivitäten bewahrte. Als zentrale Handlungselemente der Durchführung des Programms in Schleswig-Holstein galten

- Klassenregeln,
- Sanktionen bei Verstößen gegen die Klassenregeln,

- häufig stattfindende Klassengespräche über Regeln (z.B. Rückmeldung) mit
  möglicher Modifikation der Regeln sowie
- qualitative Verbesserung der Pausenaufsicht.

Im Gegensatz zu den Vorschlägen von Olweus (1996) nahmen zudem bei vielen
Schulen die Gestaltung des Schulhofs bzw. der Pausen sowie schulinterne Lehrerfortbildungen als Aktivitätsschwerpunkte eine herausragende Rolle ein. Daneben
wurden die Kernmaßnahmen Klassenregeln und Einzelgespräche während des Pro-
jektverlaufs zunehmend stärker gewichtet. Acht der insgesamt 37 Schulen benannten
laut Abschlussbefragung keine der Kernmaßnahmen als einen Schwerpunkt ihrer
Aktivitäten.

Es ist darauf zu achten, dass es sich bei der Feldstudie nicht um eine Veränderungsmessung im klassischen Sinne handelt, bei der eine Stichprobe zumindest vor und
nach einer Intervention untersucht wird. Vielmehr ermöglicht das gewählte Studiendesign den Vergleich der Daten altersäquivalenter Gruppen (vgl. mit Olweus, 1991,
der ebenfalls zeitversetzte Vergleiche dieser Art vornahm). Somit fand die Studie
zum zweiten Messzeitpunkt in den altersentsprechenden Gruppen der ersten Untersuchung statt (= keine Veränderungsmessung derselben Stichprobenmitglieder). Bei
der Interpretation der Befunde ist zu berücksichtigen, dass die Interventionsmaßnahmen (und die Dauer der Maßnahme) von den Schulen unterschiedlich gestaltet
wurden. Es ist weiterhin bei der Interpretation der Befunde zu beachten, dass die
jeweiligen Interventionen hinsichtlich der einzelnen durchgeführten Maßnahmen und
hinsichtlich ihrer Intensität variierten. Ein Grund dafür liegt darin, dass die teilnehmenden Schulen die Interventionsmaßnahmen eigenverantwortlich umsetzten.

Insgesamt nahmen zum zweiten Messzeitpunkt 10.610 Schüler an der Befragung mit
dem Bully/Victim-Questionnaire teil. Die Ergebnisse wurden mit den Befunden der
Erstbefragung von 11.037 Schülern verglichen (jeweils Klassenstufen 3-12). Auf der
Ebene der Schüler (Opferperspektive) zeigte sich beim direkten Bullying eine be-
scheidene, aber stetige Abnahme des Bullying bis zur Klassenstufe 10. In den beiden
Klassenstufen der gymnasialen Oberstufe ist sogar eine Zunahme des direkten Bullying zu verzeichnen. Die Befunde zum indirekten Bullying erweisen sich im Gegensatz dazu als unsystematisch, wobei sich auch hier eine erhebliche Zunahme beim
Sprung in die Klassenstufe 11 auffinden lässt. Statistische Analysen bestätigen diesen Interaktionseffekt: Einer Reduktion der Victims in den Klassenstufen 3 bis 10
steht numerisch eine leichte Zunahme der Anzahl der Victims in den Klassenstufen
11 und 12 gegenüber. Bei der Betrachtung der Täterperspektive können ebenfalls
heterogene Befunde angeführt werden, wobei geringfügige Abnahmen überwiegen.
Ausnahmen stellen die Klassenstufe 3 bis 8 sowie 11 und 12 dar. Die Veränderungen
auf Schulebene bestätigen immense Unterschiede zwischen den Schulen, wobei die
Anzahl der Schulen mit einer Verringerung der Bullying-Problematik geringer ausfällt, als die Anzahl der Schulen, an denen von einer Zunahme des Bullying berichtet
wird.

Hanewinkel und Knaack (1997a) führen die geringen Programm-Effekte auf die teilweise schwierigen Prozessverläufe und die mit der Intervention verknüpfte Aufmerksamkeitsfokussierung und Sensibilitätserhöhung zurück. Das Ansteigen des Bullying in den oberen Klassenstufen lässt sich außerdem auf die veränderte Unterrichtsstruktur zurückführen, da eine Intervention auf Klassenebene beim Kurssystem kaum stattfinden kann. Darüber hinaus bieten sich drei Alternativerklärungen an:

- Antworttendenzen im Sinne der sozialen Erwünschtheit – insbesondere bei den Bullies – zum zweiten Messzeitpunkt, aufgrund eines sozialen Drucks oder einer bestimmten Erwartungshaltung;
- Sensitivierungsprozess auf Seiten der Opfer, mit der Konsequenz einer Überschätzung der Bullying-Problematik;
- Graduelle Veränderung von Einstellungsmustern, die eine größere Toleranz gegenüber Bullying widerspiegelt.

Daneben erprobten Nolting und Knopf (1997) an vier Grundschulen, ob eine *Abwandlung des Olweus-Programms* (wenige, leicht umsetzbare, zeit- und kostengünstige Handlungsschritte) ebenfalls Schulgewalt reduziert. Den zentralen Ausgangspunkt stellte die Ebene der Schulklasse dar:

- Im Zuge von Gesprächsrunden wurden den Schülern Grundregeln des friedfertigen Miteinanders vermittelt (sozial angemessene Interaktionen, wie z.B. „Wir greifen andere nicht an!", „Wir versuchen, Angegriffene zu schützen!", „Wir beziehen alle Kinder ein!").
- Als weitere Maßnahmen ergänzen die Autoren das Vorgehen wie folgt:
  - Nachbesprechung ernster Vorfälle,
  - Anleitung der Zuschauer (Themen besprechen, wie z.B. Schützen, Trennen, kooperatives Eingreifen und einüben mit Hilfe von Rollenspielen),
  - Anleitung und Stärkung der Opfer (v.a. die Klarstellung, dass das Melden von Gewalt und „Petzen" zwei unterschiedliche Sachverhalte umfassen) und
  - Förderung sozialer Fertigkeiten (Erwerb kommunikativer Fertigkeiten, Übungen zur Empathie).

Im Unterschied zu anderen sozialen Fertigkeitstrainings nahmen Nolting und Knopf (1997) damit explizit Bezug auf Verhaltensunterschiede der beteiligten Gruppen: Während die *typischen Täter* lernen sollten, das negative Verhalten abzulegen, ging es bei den *typischen Opfern* um eine angemessene Selbstbehauptung, der *typische Zuschauer* hingegen sollte sich Strategien aneignen, um zu intervenieren. Im Gegensatz zum Maßnahmenkatalog von Olweus verzichteten die Autoren darauf, Eltern als eine feste Adressatengruppe anzusprechen. Einzelgespräche mit Tätern, Opfern, beiden Parteien zusammen und/oder deren Eltern sowie situative Veränderungen auf der Strukturebene (z.B. Umstrukturierung des Schulhofs, Regeln für Wartesituationen) komplettieren die Maßnahmen.

An der *begleitenden Studie* nahmen vier selbst-selektierte Grundschulen und eine Kontrollschule teil. Zunächst erhielten die Lehrer eine fünf- bis sechsstündige Einführung, um sich mit dem Interventionspaket vertraut zu machen und Absprachen im Kollegium zu treffen. Um die Wirkung der Intervention abzubilden, erfolgte eine

Datenerhebung eine Woche vor Interventionsbeginn (Prätest) sowie in Abhängigkeit von den einzelnen Schulen einige Zeit nach Einführung der Intervention und in einer Schule sogar zusätzlich nach einem Jahr (Posttest). Das Ausmaß der Gewalt wurde – je nach Schule – durch schriftliche Befragungen der Lehrer oder aber deren konkrete Beobachtungen und durch schriftliche Befragungen der Schüler erhoben. Insgesamt spiegeln die Befunde einen zumindest vorübergehenden leichten Rückgang der Gewalttätigkeiten unter den Schülern wider, während keines der Maße für eine ähnliche Entwicklung an der Kontrollschule hinweist. Jedoch sind die Ergebnisse dieser Pilotstudie aufgrund der geringen Anzahl an Klassen, der unterschiedlichen Datenlage pro Schule und den variierenden Abständen zwischen Prä- und Posttest mit Vorsicht zu interpretieren. Vielmehr dienen sie als erste Hinweise darauf, dass auch wenige, praktikable Maßnahmen wirkungsvoll dazu eingesetzt werden können, um gegen Gewalt an Schule effizient vorzugehen. Zudem heben Nolting und Knopf (1997) das Engagement des Kollegiums hervor, mit dem die Güte der Umsetzung steht bzw. fällt. Letztlich bleibt an dieser Stelle unklar, welche Einzelmaßnahmen des Paketes in welcher Form zum Ziel (Verringerung des Auftretens von Gewalt unter Schülern) beigetragen haben.

Schäfer und Korn (2002) bilanzieren im Rahmen ihrer Überblicksarbeit zur Schulgewaltforschung in Deutschland, dass es an einer wissenschaftlichen Begleitung der zahlreichen Vorschläge, Projekte und Programme gegen Gewalt an Schulen mangelt und systematische Evaluationen der potenziellen Wirkungen dieser Maßnahmen bisher in der Regel noch ausstehen. Als Folge entsteht zwar der Eindruck einer Aktivität auf breiter Basis, die allerdings wertlos bleibt, solange nicht auch zugleich der (wissenschaftliche) Erfolgsnachweis bestimmter Maßnahmen erbracht wird.

10.3 Faktoren, die die Wirksamkeit der Maßnahmen beeinflussen, oder: Welche Maßnahmen sind die richtigen?

Abschließend soll auf Faktoren eingegangen werden, die die Wirksamkeit von Maßnahmen gegen Bullying beeinflussen. Zudem stellt sich die Frage, *welche Maßnahmen und Programme optimalerweise* auszuwählen sind, bzw. welche *Bedingungen mit einer optimalen Umsetzung* der Maßnahmen einhergehen.

Einflussfaktoren. In Anlehnung an Busch und Todt (1999) kann vor dem Hintergrund der Vielzahl an theoretisch fundierten und größtenteils empirisch evaluierten Maßnahmen, die wir in den vorangehenden Kapiteln zusammengefasst haben, betont werden, dass grundsätzlich keine neuen Maßnahmen gegen Bullying entwickelt werden müssen. Bei den vorgestellten schulweiten Anti-Bullying-Aktivitäten steht jedoch noch ein Nachweis der Wirksamkeit einzelner Komponenten aus. Während beispielsweise das Olweus-Programm zwar als Ganzes evaluiert wurde, muss derzeit die Frage unbeantwortet bleiben, mit welchen Bausteinen des Pakets welche Effekte erzielt werden können. Dieser Aspekt bezieht sich im Wesentlichen auf die Frage nach Mediatorvariablen. Mediatorvariablen bilden die Mechanismen ab, durch die eine unabhängige Variable (z.B. das Schulklima) das Bullying beeinflusst.

Zusammenfassend bedingen insbesondere die folgenden Aspekte den *Erfolg einer Interventionsmaßnahme*:

- das Erkennen des Ausmaßes von Bullying an der Schule (Diagnose) und die daran anknüpfende Entscheidung für eine Veränderung der Situation,
- das Treffen einer Auswahl (Selektion) von Kernmaßnahmen, die den Besonderheiten der jeweiligen Schule (z.B. Problemsituation, Zielgruppen, Ressourcen, Motivation und Engagement des Lehrkörpers) Rechnung trägt,
- die Anpassung der Maßnahmen an die eigenen Bedürfnisse (Adaptation) und
- die dauerhafte und konsequente Umsetzung der Maßnahmen.

Hanewinkel und Knaack (1997a) listen eine Reihe von *Gründen* auf, warum sich Schulen in ihrer Studie für die *Teilnahme an einem Programm* gegen Bullying entschieden haben:
- konkrete Schwierigkeiten mit gewalttätigen/aggressiven Schülern;
- die allgemeine Notwendigkeit, sich diesem sozialen Problemfeld zu stellen;
- besondere Begebenheiten, wie zum Beispiel das Einzugsgebiet bzw. die Lage der Schule (sozialer Brennpunkt) oder die Belastung durch bestimmte Teilgruppen von Schülern;
- Lösung von Konflikten im Kollegium bzw. zwischen Schulleitung und Kollegium;
- Hoffen auf eine konstruktivere Zusammenarbeit zwischen Schulen, die räumlich oder strukturell zu einer Zusammenarbeit verpflichtet wurden;
- Modifikation eingefahrener Strukturen und Motivierung von eher gleichgültigen Lehrkräften.

Jedoch zeigten die Projektverläufe in den Schulen, dass vor allem die drei letztgenannten Punkte tendenziell nicht verändert werden konnten. Vor allem scheint sich eine Diskrepanz zu zeigen zwischen der Bereitschaft der Teilnahme, an schulweiten Maßnahmen gegen Bullying zuzustimmen und diese aktiv und engagiert zu unterstützen. Es überrascht daher nicht, dass sich in den folgenden Punkte erhebliche Unterschiede zwischen den Schulen beobachten ließen, die sich nicht zuletzt auf das Erreichen des Ziels, Bullying zu verringern bzw. zu verhindern, auswirkten:
- Informiertheit des gesamten Lehrerkollegiums über Grundidee, Inhalt, Funktion und Ziel des Interventionsprogramms;
- Fähigkeit des Kollegiums, gemeinsam an schulumfassenden Problemstellungen zu arbeiten, inklusive einem pädagogischen Grundkonsens;
- Entwicklung effektiver und konstruktiver Kooperationsformen sowie einer bestimmten Begeisterungs- und Belastungsfähigkeit;
- Ausmaß des Engagements, der Zielorientierung und des Durchhaltevermögens;
- Integration der Beteiligung von Eltern und Schülern.

Die Wirksamkeit von Maßnahmen gegen Bullying hängt also wesentlich vom *Grad der Implementierung* ab, das heißt, von der Art und Weise, in der Maßnahmen in der ursprünglich gedachten Form konsequent umgesetzt werden (Salmivalli, Kaukiainen & Voeten, 2002). Besonders wichtig bei der Umsetzung von schulweiten Maßnahmen ist somit die *Motivierung der Teilnehmer* und die *Sicherstellung der gleichbleibenden Mitarbeit*. Anti-Bullying-Initiativen scheinen nur dann effektiv zu sein, wenn alle Mitglieder der Schulgemeinde einen Beitrag zu ihrer Entstehung und Umsetzung leisten. Eine kontinuierliche Überarbeitung sowie ein begleitendes Training der Lehrkräfte, aber auch der Schüler, die im Bereich des Peer-Supports aktiv sind, ist unabdingbar für den Erfolg im Hinblick auf die Zieldefinition (vgl. Glover, Gough, Johnson & Cartwright, 2000).

Ein weiterer wesentlicher Aspekt, der die Güte der Umsetzung beeinflusst, stellt ein effektives Zeitmanagement dar. Während auf der einen Seite ausreichend Zeit zur Information und Diskussion zur Verfügung stehen muss, sind auf der anderen Seite längere Phasen des Leerlaufs zu vermeiden, da ansonsten Engagement und Betroffenheit sinken und die Gefahr des stillen Auslaufens des Projektes besteht. Offensichtlich bedingen demnach die individuellen schulischen Ausgangsbedingungen wie Grundmotivation, Kooperations- und Steuerungsstrukturen und das Vorherrschen eines pädagogischen Grundkonsens die erfolgreiche Umsetzung eines Präventions- bzw. Interventionsprogramms zur Verhinderung/Verminderung des Bullying unter Schülern.

Smith (2002a) stellt zusätzlich eine Reihe von Fragen, deren Beantwortung wesentlich den Interventionserfolg beeinflusst:
- *Berücksichtigen die vorgestellten Präventionsansätze geschlechtsspezifische Ausdrucksformen des Bullying?* So konnten Eslea und Smith (1998) im Rahmen des Sheffield-Projektes bei einer Follow-up-Erhebung (s.o.) eine weitaus größere Reduktion des Bullying bei Jungen als bei Mädchen feststellen. Hier könnte ein Hinweis darauf vorliegen, dass die schulweiten Anti-Bullying-Maßnahmen in ihrer bisherigen Form körperliches und eventuell auch verbales Bullying erfolgreich verringern, jedoch subtilere Ausdrucksformen von Bullying (z.B. sozialer Ausschluss aus Gruppen oder das Verbreiten von Gerüchten) weniger gut erfassen und reduzieren.
- *Werden die verschiedenen Rollen (participant roles) der am Bullying beteiligten Schüler in ausreichendem Umfang in die Maßnahmen mit einbezogen bzw. inwieweit können Zuschauer/Unbeteiligte und die Verteidiger der Opfer aktiv in die Maßnahmen eingebunden werden?* In diesem Kontext ist es bedeutsam, nicht nur an die Bullies und Victims zu denken, sondern auch die anderen am Bullying- Prozess aktiv oder passiv beteiligten Personen bei der Konzeption von Anti- Bullying-Initiativen zu beachten und ihre Ressourcen angemessen zu nutzen.
- *Können soziale Kompetenztrainings für eine bestimmte Gruppe von Bullies sogar kontraindiziert sein?* So gilt es immer noch zu klären, ob Bullies per se sozial- defizitäres Verhalten zeigen oder ob es eine Gruppe von Bullies gibt, die eine hohe Ausprägung an sozialer Kompetenz als Voraussetzung für ihr feindseliges Verhalten mit sich bringen (z.B. beim gezielten und schädigenden Verbreiten von Gerüchten; vgl. Sutton et al., 1999; s. Kap. 6.2). Zumindest einige soziale Kompetenztrainings könnten daher sogar nachteilige Effekte für diejenigen Bullies mit

sich bringen, die ohnehin schon eine hohe Ausprägung an sozialer Intelligenz besitzen und diese absichtlich zur Schädigung der Mitschüler einsetzen.

- *Setzen die Maßnahmen frühzeitig genug ein?* Aufgrund der Stabilität des Bullying bzw. der Stabilität der Rolleneinnahmen beim Bullying-Prozess ist es ratsam, möglichst rechtzeitig gegen Bullying einzuschreiten.
- *Wie lange dauern die Effekte der Maßnahmen an?* Die vorliegenden Befunde deuten darauf hin, dass nachhaltige Effekte nur dann zu erzielen sind, wenn die Anti-Bullying-Präambel einer Schule nicht auf vereinzelte Aktivitäten reduziert ist, sondern einen kontinuierlichen Prozess darstellt.

Zusammenfassend lässt sich festhalten, dass insbesondere ein frühzeitig einsetzender, primärpräventiver Ansatz sinnvoll erscheint, um Bullying und den daraus resultierenden Beeinträchtigungen sowie potenziellen Folgen entgegenzuwirken. Ein solcher Ansatz sollte multimodal konzipiert, theoriegeleitet und mit vertretbarem Aufwand umzusetzen (Pragmatismus) sein. Vor allem bei jüngeren Kindern erscheint die Integration der Lehrer und Eltern bei der Umsetzung der Maßnahmen von besonderer Bedeutung. In diesem Zusammenhang bedarf es weiterhin der ausdrücklichen Berücksichtigung von entwicklungspsychologischen Erkenntnissen. Demzufolge macht es Sinn, die Grundlagen des Miteinanders und der diskursiven Konfliktbewältigung vor Ort in natürlichen Schulsituationen (Lebenswirklichkeiten der Schüler, ökologische Validität) einzuüben. Schließlich gilt es, die Programme neben kurzfristigen Effektnachweisen auch im Hinblick auf ihre langfristige Wirksamkeit zu evaluieren bzw. Interventionsbemühungen nach einer gewissen Zeit zu wiederholen (Auffrischung, Nachfolgesitzungen bzw. Booster-Sessions). In Zukunft muss verstärkt auf eine methodisch plausible Evaluation von theoretisch fundierten Maßnahmen geachtet werden. Zudem erscheint es angebracht, für verschiedenen Subgruppen von Schülern spezifische Maßnahmen anzubieten.

Auswahl von Maßnahmen. Aufgrund der Fülle der inzwischen entwickelten Maßnahmen und der durchgeführten Studien mit expliziter oder impliziter bullying- und/oder gewaltpräventiver Ausrichtung und dem Fehlen *vergleichender Aussagen über die Wirksamkeit* verschiedener Maßnahmen fällt es schwer, eine für alle Schulen passende Strategie zur Eindämmung oder Prävention von Bullying vorzuschlagen. Jedoch können folgende Empfehlungen im Hinblick auf die Maßnahmen selbst und die Durchführung der Maßnahmen ausgesprochen werden (vgl. Hundertmark-Mayser, o.A.):

- Voraussetzung für die Wahl eines spezifischen Präventionsansatzes ist eine Abbildung des *Status Quo der Bullying-Problematik* mit möglichst harten und validen Daten (im Gegensatz zu Alltagserfahrungen oder beiläufigen Beobachtungen), vor allem im Hinblick auf quantitative und qualitative Aspekte und der Frage, wo dieses soziale Problem vorzugsweise auftritt.
- Zudem gilt es, die *Zielgruppe* zu definieren und damit die Frage zu klären, mit wem vornehmlich gearbeitet werden soll.
- Maßnahmen sollten das *vorhandene Niveau des Problembewusstseins* für Bullying und eine Einschätzung des zu *erwartenden Engagements* (z.B. Selbstdiszip-

lin, Zusammenarbeit, Mehrarbeit) bei Schulleitung, Lehrkörpern, Schülern und Eltern berücksichtigen.

- Die Auswahl von Maßnahmen sollte in Abhängigkeit von *schulspezifischen Besonderheiten* möglich sein, das heißt, die individuelle Ausgestaltung der Maßnahmen sollte – natürlich innerhalb eines gewissen Rahmens – möglich sein.
- Maßnahmen sollten so angelegt sein, dass sie eine *solide Wissensbasis* zum Bullying beim Lehrpersonal, beispielsweise im Hinblick auf Hintergründe, Erscheinungsformen, risikoerhöhende Bedingungen, Folgen, Täter- und Opfermerkmale, aufzubauen und zu vermitteln helfen.
- Vor Durchführung sollten *realistische Ziele* gesetzt werden (z.B. sollte nicht davon ausgegangen werden, dass mit Hilfe der Maßnahmen Bullying gänzlich verhindert werden kann, sondern, dass vielmehr eine Reduktion angestrebt wird).
- Vor Durchführung der Maßnahmen sollten die zur Verfügung stehenden *ökonomischen und zeitlichen Ressourcen* geklärt werden (z.B. Dauer des Projektes und Zeitaufwand, Nutzen-Kosten-Analyse, Materialbedarf).
- Die Maßnahmen sollten sich nicht nur auf den unmittelbaren schulischen Bereich, sondern auch auf den *Schulweg* (z.B. Fahrt mit öffentlichen Verkehrsmitteln zur Schule) konzentrieren.

Das *Gelingen schulweiter Ansätze gegen Gewalt und Bullying* unter Schülern wird um so wahrscheinlicher, je mehr es gelingt

- Maßnahmen als Teil eines *Organisationsentwicklungsprozesses* zu verstehen und somit
- die *gesamte Schule als Gemeinschaft* mit einzubeziehen, um ein positives Schulklima und übergreifend prosozial orientierte Verhaltensnormen zu entwickeln,
- das *Bewusstsein an Schulen* dafür zu schärfen, dass Maßnahmen nicht als Makel, sondern als Prädikat einer Schule aufgefasst werden,
- sich an *wissenschaftlichen Erkenntnissen* zum Bullying zu orientieren,
- *alters- und geschlechtssensible Maßnahmen* einzurichten,
- die *Langfristigkeit, Systematik, Intensität* und *Konsequenz des Handelns* gegenüber kurzfristigen, punktuellen Lösungen zu bevorzugen,
- ein realistisches und pragmatisches Herangehen bei der *Zieldefinition* und der Auswahl der Maßnahmen zu gewährleisten,
- die *fortlaufende Arbeit am Grundkonsens* (Anti-Bullying-Präambel) innerhalb des Lehrpersonals, zwischen Schulleitung und Kollegium sowie zwischen dem Lehrpersonal und den Eltern zu gewährleisten,
- die jeweiligen Maßnahmen an die *speziellen Rahmenbedingungen* der Schule, wie zum Beispiel kulturelle Normen, sozioökonomische Aspekte oder multikulturelle Zusammensetzungen der Klassen, sowie an besondere Bedürfnisse der Mitglieder einer Schule anzupassen,
- die Maßnahmen unter Berücksichtigung wichtiger *Termine* beginnen zu lassen (z.B. Einschulung, Übergang zur weiterführenden Schule, neue Klassenzusammensetzungen), damit Rollenzuschreibungsprozessen entgegengewirkt werden kann,
- eine klare Zuordnung von *Verantwortlichkeiten* festzuschreiben,

- auch *Mobbing im Lehrerkollegium* und Bullying zwischen Lehrern und Schülern anzusprechen,
- *Synergieeffekte* (Zusammenarbeit) zu stimulieren und
- Maßnahmen im Hinblick auf ihre *kurz- und langfristige Wirkung* zu überprüfen und gegebenenfalls zu modifizieren bzw. sich verändernden Umständen anzupassen.

Bei allen (schulweiten) Maßnahmen gegen Bullying geht es um die Nutzung von Synergien und somit um die Einbeziehung aller administrativen, politischen, pädagogischen und psychologischen Ressourcen. Besonders wichtig erscheint der Eingriff (sowohl vorbeugend als auch korrigierend) direkt am Ort des Geschehens mit allen Beteiligten, was sowohl differenzielle Reaktionen auf die Täter unter Berücksichtigung äußerer und innerer Selbstregulationsmechanismen (inklusive dem Thematisieren eines fehlenden Leidensdruckes), eine gezielte Auseinandersetzung mit Bully/Victims, das Hinterfragen der Rolle der Mitläufer und Mittäter, das Beachten der verschiedenen Ausdrucksformen wie auch spezielle Maßnahmen für die schwächeren Opfer beinhaltet. Beachtenswert ist hier der geringe Anteil der Opfer, die sich Erwachsenen oder Gleichaltrigen offenbaren. Ein bloßes Konzentrieren auf Täter- oder Opferintervention oder auf globale Patentrezepte mutet defizitär an und verspricht wenig Erfolg. Letztlich müssen alle Anti-Bullying-Maßnahmen zum Ziel haben, das Ungleichgewicht der Kräfte, das zwischen Bullies und Victims vorherrscht, zu verändern, wobei für diesen Veränderungsprozess sowohl Forscher als auch Programmentwickler und nicht zuletzt auch Praktiker verantwortlich sind (vgl. Sullivan, 2000). Bullies mit einem hohen Status in der Gleichaltrigengruppe werden sich als sehr resistent gegenüber Anti-Bullying-Maßnahmen erweisen, da ihr Verhalten für sie mit dem Erreichen persönlicher Ziele verknüpft ist (Vaillancourt et al., 2002). Erfolgreiche Maßnahmen und schulweite Anti-Bullying-Initiativen versuchen, diese Tatsache zu berücksichtigen. Zudem mangelt es an Maßnahmen, die aktiv die Eltern miteinbeziehen, insbesondere bei jüngeren Kindern. Studien zu den risikoerhöhenden Bedingungen verdeutlichen, dass bestimmte Konstellationen elterlichen Erziehungsverhaltens wesentlich das Risiko für Bullying erhöhen. Gleichfalls liegt es nahe, die Entwicklungslinien und Vermittlungsprozesse theoretisch und empirisch aufzuarbeiten, um eine gezielte und frühzeitig einsetzende Intervention zu gewährleisten bzw. um zu klären, ab wann ein Verhalten als entwicklungsgemäß, interventionsbedürftig oder gar klinisch relevant einzustufen ist. Eine systematische Evaluation der Ergebnisse ist obendrein unabdingbar.

Ein übergeordnetes Konzept, um gegen Bullying vorzugehen, verlangt nach *interdisziplinärer Zusammenarbeit*. Erst das systematische Aufeinanderbeziehen der verschiedenen Wissenschaftsdisziplinen, mit ihren jeweiligen Wirklichkeitsausschnitten, gewährleistet integrative und somit fruchtbare Forschungsergebnisse. Dazu gehört auch eine Kooperation und Kommunikation mit der schulischen Außenwelt. Ähnliche Faktoren führen beispielsweise auch LeMarquand, Tremblay und Vitaro (2001) in ihrer Überblicksarbeit zur erfolgreichen Prävention von aggressiv-dissozialem Verhalten im Kindesalter an. Im Zusammenhang mit Bullying macht zudem nicht die flächendeckende Implementierung von Programmen Sinn, sondern die differenzierte

Bestandsaufnahme der einzelnen Schulen, ihrer Probleme und ihrer Entwicklungs-
potentiale als wesentliche Impulse für den individuellen Schulentwicklungsprozess
(vgl. Smith & Sharp, 1994a).

Literatur

Abikoff, H., Courtney, M., Pelham, W.E., jr. & Koplewicz, H.S. (1993). Teachers' ratings of disruptive behaviors: The influence of halo effects. *Journal of Abnormal Child Psychology, 21*, 519-533.

Ahmad, Y. & Smith, P.K. (1994). Bullying in schools and the issue of sex differences. In J. Archer (Ed.), *Male violence* (pp. 70-83). London: Routledge.

Alberts, J.K., Kellar-Guenther, Y. & Corman, S.R. (1996). That's not funny: Understanding recipients' responses to teasing. *Western Journal of Communication, 60*, 337-357.

Alsaker, F. (2003). *Quälgeister und ihre Opfer. Mobbing unter Kindern – und wie man damit umgeht.* Bern: Huber.

Alsaker, F.D. & Brunner, A. (1999). Switzerland. In P.K. Smith, Y. Morita, J. Junger-Tas, D. Olweus, R. Catalano & P. Slee (Eds.), *The nature of school bullying: A cross-national perspective* (pp. 250-263). London: Routledge.

Alsaker, F.D. & Valkanover, S. (2001). Early diagnosis and prevention of victimization in kindergarten. In J. Juvonen & S. Graham (Eds.), *Peer harassment in school: The plight of the vulnerable and victimized* (pp. 175-195). New York: Guilford.

Alsaker, F.D. & Valkanover, S., unter Mitarbeit von Perren, S., Hersberger, K., Arievitch, I., Jost, E., Zbinden, B., Tramanzoli, F., Brunner, A. & Schmid, D. (2000). *Das Plagen im Kindergarten. Formen und Präventionsmöglichkeiten.* Bern: Wissenschaftlicher Schlussbericht der Universität Bern.

Ananiadou, K. & Smith, P.K. (2002). Legal requirements and nationally circulated materials against school bullying in European countries. *Criminal Justice, 2*, 471-491.

Andershed, H., Kerr, M. & Stattin, H. (2001). Bullying in school and violence on the streets: Are the same people involved? *Journal of Scandinavian Studies in Criminology and Crime Prevention, 2*, 31-49.

Andreou, E. (2000). Bully/victim problems and their association with psychological constructs in 8- to 12-year-old Greek schoolchildren. *Aggressive Behavior, 26*, 49-56.

Anti-Bullying Network (2001). *Information for schools about homophobic bullying.* Online-Dokument http://www.antibullying.net/homophobic bullying.htm (Zugriff: 07.03.2001).

Arbeitsstelle Kinder- und Jugendkriminalitätsprävention (Hrsg.). (2000). *Wider die Ratlosigkeit im Umgang mit Kinderdelinquenz. Präventive Ansätze und Konzepte.* München: Deutsches Jugendinstitut.

Archer, J. & Parker, S. (1994). Social representations of aggression in children. *Aggressive Behavior, 20*, 101-114.

Arkin, R., Cooper, H. & Koldiz, T. (1980). A statistical view of the literature concerning the self-serving attribution bias in interpersonal influence situations. *Journal of Personality, 48*, 435-448.

Arnold, D.H., Homrok, S., Ortiz, C. & Stowe, R.M. (1999). Direct observation of peer rejection acts and their temporal relation with aggressive acts. *Early Childhood Research Quarterly, 14*, 183-196.

Arora, C.M.J. (1996). Defining bullying. Towards a clearer general understanding and more effective intervention strategies. *School Psychology International, 17*, 317-329.

Arora, C.M.J. & Thompson, D.A. (1987). Defining bullying for a secondary school. *Educational and Child Psychology, 4*, 110-120.

Arsenio, W.F. & Lemerise, E.A. (2001). Varieties of childhood bullying: Values, emotion processes, and social competence. *Social Development, 10*, 59-73.

Asher, S.R. & Coie, J.D. (Eds.). (1990). *Peer rejection in childhood*. New York: Cambridge University Press.

Atlas, R.S. & Pepler, D.J. (1998). Observations of bullying in the classroom. *Journal of Educational Research, 92*, 86-99.

Atria, M. & Spiel, C. (2001). *Soziales Kompetenztraining für Schüler und Schülerinnen*. Vortrag auf dem 6. Workshop Aggression, 10. November, Jena.

Atria, M. & Spiel, C. (2002). Tackling violence in schools: A report from Austria. In P.K. Smith (Ed.), *Tackling violence in schools on a European-wide basis. EC CONNECT Initiative*. Goldsmiths College: University of London. Online-Dokument http://www.gold.ac.uk/connect/reportaustria.html (Zugriff: 13.02.2003).

Austin, S. & Joseph, S. (1996). Assessment of bully/victim problems in 8 to 11 year-olds. *British Journal of Educational Psychology, 66*, 447-456.

Babl, S. & Bässmann, J. (1998). *Kriminalprävention in Deutschland und Europa. Akteure, Modelle und Projekte. Ausgewählte Dokumente aus dem „Infopool Prävention"* (2., aktual. und fortgeschriebene Aufl.). Wiesbaden: Bundeskriminalamt.

Baldry, A.C. & Farrington, D.P. (1998). Parenting influences on bullying and victimization. *Legal and Criminological Psychology, 3*, 237-254.

Baldry, A.C. & Farrington, D.P. (1999). Brief report: Types of bullying among Italian school children. *Journal of Adolescence, 22*, 423-426.

Bandura, A. (1977). *Social learning theory*. Englewood Cliffs: Prentice-Hall.

Batsche, G.M. & Knoff, H.M. (1994). Bullies and their victims: Understanding a pervasive problem in the schools. *School Psychology Review, 23*, 165-174.

Bentley, K.M. & Li, A.K.F. (1995). Bully and victim problems in elementary schools and students' beliefs about aggression. *Canadian Journal of School Psychology, 11*, 153-165.

Berndt, T.J. (1979). Developmental changes in conformity to peers and parents. *Developmental Psychology, 15*, 608-616.

Bierman, K.L. (1986). The relation between social aggression and peer rejection in middle childhood. In R.J. Prinz (Ed.), *Advances in behavioral assessment of children and families, Vol. 2*, 151-178.

Bierman, K.L. (1987). The clinical significance and assessment of poor peer relations: Peer neglect versus peer rejection. *Developmental and Behavioral Pediatrics, 8*, 233-240.

Bierman, K.L. & Wargo, J.B. (1995). Predicting the longitudinal course associated with aggressive-rejected, aggressive (nonrejected), and rejected (nonaggressive) status. *Development and Psychopathology, 7*, 669-682.

Björkqvist, K. (1994). Sex differences in physical, verbal, and indirect aggression: A review of recent research. *Sex Roles, 30*, 177-188.

Björkqvist, K. & Jansson, V. (2002). Tackling violence in schools: A report from Finland. In P.K. Smith (Ed.), *Tackling violence in schools on a European-wide basis. EC CONNECT Initiative.* Goldsmiths College: University of London. Online-Dokument http://www.gold.ac.uk/connect/reportfinland.html (Zugriff: 21.11.2002).

Björkqvist, K., Lagerspetz, K.M.J. & Kaukiainen, A. (1992a). Do girls manipulate and boys fight? Developmental trends in regard to direct and indirect aggression. *Aggressive Behavior, 18*, 117-127.

Björkqvist, K., Lagerspetz, K.M.J. & Österman, K. (1992b). *The Direct and Indirect Aggression Scale.* Vasa: Department of Social Sciences, Åbo Akademi University.

Björkqvist, K. & Österman, K. (1998). *Scales for research on interpersonal relations. Pro Facultate, No. 4.* Vasa: Faculty of Social and Caring Sciences, Åbo Akademi University.

Björkqvist, K., Österman, K. & Kaukiainen, A. (1992c). The development of direct and indirect aggressive strategies in males and females. In K. Björkqvist & P. Nimelä (Eds.), *Of mice and women: Aspects of female aggression* (pp. 51-64). San Diego: Academic Press.

Björkqvist, K., Österman, K. & Kaukiainen, A. (2000). Social intelligence – empathy = aggression? *Aggression and Violent Behavior, 5*, 191-200.

Björkqvist, K., Österman, K. & Lagerspetz, K. (1994). Sex differences in covert aggression among adults. *Aggressive Behavior, 20*, 27-34.

Black, K.A. (2000). Gender differences in adolescents' behavior during conflict resolution tasks with best friends. *Adolescence, 35*, 499-512.

Block, J.H. (1983). Differential premises arising from differential socialization of the sexes: Some conjectures. *Child Development, 54*, 1335-1354.

Blyth, D.A. & Foster-Clark, F.S. (1987). Gender differences in perceived intimacy with different members of adolescents' social networks. *Sex Roles, 17*, 689-718.

Boehnke, K., Hagan, J. & Hefler, G. (1998). On the development of xenophobia in Germany: The adolescent years. *Journal of Social Issues, 54*, 585-602.

Boldizar, J.P., Perry, D.G. & Perry, L. (1989). Outcome values and aggression. *Child Development, 60*, 571-579.

Bond, L., Carlin, J.B., Thomas, L., Rubin, K. & Patton, G. (2001). Does bullying cause emotional problems? A prospective study of young teenagers. *British Medical Journal, 323*, 480-484.

Borg, M.G. (1998). The emotional reactions of school bullies and their victims. *Educational Psychology, 18*, 433-444.

Borg, M.G. (1999). The extent and nature of bullying among primary and secondary schoolchildren. *Educational Research, 41*, 137-153.

Boulton, M.J. (1993). Children's abilities to distinguish between playful and aggressive fighting: A developmental perspective. *British Journal of Developmental Psychology, 11*, 249-263.

Boulton, M. (1994). How to prevent and respond to bullying behaviour in the junior/middle school playground. In S. Sharp & P.K. Smith (Eds.), *Tackling bullying in your school: A practical handbook for teachers* (pp. 103-132). London: Routledge.

Boulton, M.J. (1995). Playground behavior and peer interaction patterns of primary school boys classified as bullies, victims, and not involved. *British Journal of Educational Psychology, 65*, 165-177.

Boulton, M.J. (1996). Bullying in mixed sex groups of children. *Educational Psychology, 16*, 439-443.

Boulton, M.J. (1997). Teachers' views on bullying: Definitions, attitudes and ability to cope. *British Journal of Educational Psychology, 67*, 223-233.

Boulton, M.J. (1999). Concurrent and longitudinal relations between children's playground behavior and social preference, victimization, and bullying. *Child Development, 70*, 944-954.

Boulton, M.J., Bucci, E. & Hawker, D.S. (1999). Swedish and English secondary school pupils' attitudes towards, and conceptions of, bullying: Concurrent links with bully/victim involvement. *Scandinavian Journal of Psychology, 40*, 277-284.

Boulton, M.J. & Smith, P.K. (1994). Bully/victim problems among middle school children: Stability, self-perceived competence, peer perceptions and peer acceptance. *British Journal of Developmental Psychology, 12*, 315-329.

Boulton, M.J. & Underwood, K. (1992). Bully/victim problems among middle school children. *British Journal of Educational Psychology, 62*, 73-87.

Bowers, L., Smith, P.K. & Binney, V. (1994). Perceived family relationships of bullies, victims and bully/victims in middle childhood. *Journal of Social and Personal Relationships, 11*, 215-232.

Boyesen, M. & Bru, E. (1999). Small school classes, small problems? A study of peer harassment, emotional problems and student perception of social support at school in small and large classes. *School Psychology International, 20*, 338-351.

Bründel, H., Amhoff, B. & Deister, C. (1999). *Schlichter-Schulung in der Schule. Eine Praxisanleitung für den Unterricht*. Dortmund: Borgmann.

Buhrmester, D. & Furman, W. (1987). The development of companionship and intimacy. *Child Development, 58*, 1101-1113.

Buhrmester, D. & Prager, K. (1995). Patterns and functions of self-disclosure during childhood and adolescence. In K.J. Rotenberg (Ed.), *Disclosure processes in children and adolescents. Cambridge studies in social and emotional development* (pp. 10-56). New York: Cambridge University Press.

Bukowski, W.M. & Newcomb, A.F. (1984). Stability and determinants of sociometric status and friendship choice: A longitudinal perspective. *Developmental Psychology, 20*, 941-952.

Bundeskriminalamt (Hrsg.). (1999). *Kriminalprävention in Deutschland. Länder-Bund-Projektsammlung. Ausgewählte Dokumente aus dem „Infopool Prävention"*. Wiesbaden: Bundeskriminalamt.

Bundeskriminalamt (Hrsg.). (2000). *Kriminalprävention in Deutschland. Länder-Bund-Projektsammlung. Ausgewählte Dokumente aus dem „Infopool Prävention"*. Neuwied: Luchterhand.

Bundeskriminalamt (Hrsg.). (2001). *Kriminalprävention in Deutschland. Länder-Bund-Projektsammlung. Ausgewählte Dokumente aus dem „Infopool Prävention"*. Neuwied: Luchterhand.

Busch, L. & Todt, E. (1999). Aggressionen an Schulen. In H.G. Holtappels, W. Heitmeyer, W. Melzer & K.-J. Tillmann (Hrsg.), *Forschung über Gewalt an Schulen: Erscheinungsformen und Ursachen, Konzepte und Prävention* (2., korr. Aufl., S. 331-350). Weinheim: Juventa.

Bussey, K. & Bandura, A. (1999). Social cognitive theory of gender development and differentiation. *Psychological Bulletin, 106*, 676-713.

Byrne, B.J. (1994). Bullies and victims in a school setting with reference to some Dublin schools. *The Irish Journal of Psychology, 15*, 574-586.

Cairns, R.B. & Cairns, B.D. (1994). *Lifelines and risks: Pathways of youth in our time*. New York: Cambridge University Press.

Cairns, R.B., Cairns, B.D., Neckerman, H.J., Ferguson, L.L. & Gariépy, J.-L. (1989). Growth and aggression: 1. Childhood to adolescence. *Developmental Psychology, 25*, 320-330.

Cairns, R.B., Cairns, B.D., Neckerman, H.J., Gest, S.D. & Gariépy, J.L. (1988). Social networks and aggressive behavior: Peer support or peer rejection? *Developmental Psychology, 24*, 815-823.

Callaghan, S. & Joseph, S. (1995). Self-concept and peer-victimization among schoolchildren. *Personality and Individual Differences, 18*, 161-163.

Camodeca, M., Goossens, F.A. & Terwogt, C. (2002). Bullying and victimization among school-age children: Stability and links to proactive and reactive aggression. *Social Development, 11*, 332-345.

Campbell, A. (1999). Staying alive: Evolution, culture, and women's intrasexual aggression. *Behavioral and Brain Sciences, 22*, 203-252.

Campbell, A., Sapochnik, M. & Muncer, S. (1997). Sex differences in aggression: Does social representation mediate form of aggression? *British Journal of Social Psychology, 36*, 161-171.

Caplan, G. (1964). *Principles of preventive psychiatry*. New York: Behavioral Publications.

Carlson, C.L., Lahey, B.B. & Neeper, R. (1984). Peer assessment of the social behavior of accepted, rejected, and neglected children. *Journal of Abnormal Child Psychology, 12*, 187-198.

Carney, J.V. (2000). Bullied to death. Perceptions of peer abuse and suicidal behaviour during adolescence. *School Psychology International, 21*, 213-223.

Chan, S.-Y. & Mpofu, E. (2001). Children's peer status in school settings. Current and prospective assessment procedures. *School Psychology International, 22*, 43-52.

Chesson, R. (1999). Bullying: The need for an interagency response. *British Medical Journal, 319*, 330-331.

Christina, S.J. (2001). Gossip and social exclusion in females: Do they have positive or negative consequences for social behaviour? *Dissertation Abstracts International: Section B: The Sciences & Engineering, Vol. 62*(2-B), Aug. 2001, p. 1114. UMI Dissertation Order Number AAINQ 57032.

Cillessen, A.H., van Ijzendoorn, H.W., van Lieshout, C.F. & Hartup, W.W. (1992). Heterogeneity among peer-rejected boys: Subtypes and stabilities. *Child Development, 63*, 893-905.

Claus, T. & Herter, D. (1994, 23. September). Jugend und Gewalt: Ergebnisse einer empirischen Untersuchung an Magdeburger Schulen. *Aus Politik und Zeitgeschichte, Beilage zur Wochenzeitschrift „Das Parlament"*, 10-20.

Coie, J.D. (1990). Toward a theory of peer rejection. In S.R. Asher & J.D. Coie (Eds.), *Peer rejection in childhood* (pp. 365-402). New York: Cambridge University Press.

Coie, J.D. & Dodge, K.A. (1983). Continuities and changes in children's social status: A five year longitudinal study. *Merrill-Palmer Quarterly, 29*, 261-282.

Coie, J.D. & Dodge, K.A. (1988). Multiple sources of data on social status in the school: A cross-age comparison. *Child Development, 59*, 815-829.

Coie, J.D. & Dodge, K.A. (1998). Aggression and antisocial behavior. In W. Damon (Series Ed.) & N. Eisenberg (Ed.), *Handbook of child psychology, Vol. 3. Social, emotional, and personality development* (5th ed., pp. 779-862). New York: Wiley.

Coie, J.D. & Dodge, K.A. & Coppotelli, H. (1982). Dimensions and types of social status: A cross-age perspective. *Developmental Psychology, 18*, 557-570.

Coie, J.D., Dodge, K.A. & Kupersmidt, J.B. (1990). Peer group behavior and social status. In S.R. Asher & J.D. Coie (Eds.), *Peer rejection in childhood* (pp. 17-59). New York: Cambridge University Press.

Coie, J.D. & Kupersmidt, J.B. (1983). A behavioral analysis of emerging social status in boys' groups. *Child Development, 54*, 1400-1416.

Colvin, G., Tobin, T., Beard, K., Hagan, S. & Sprague, J. (1998). The school bully: Assessing the problem, developing interventions, and future research directions. *Journal of Behavioral Education, 8*, 293-319.

Committee for Children (1992). *Second Step: A violence prevention curriculum (preschool-kindergarten teacher's guide)*. Seattle: Author.

Conduct Problems Prevention Research Group (1992). A developmental and clinical model for the prevention of conduct disorder: The FAST Track Program. *Development and Psychopathology, 4*, 509-527.

Connolly, J., Pepler, D., Craig, W. & Taradash, A. (2000). Dating experiences of bullies in early adolescence. *Child Maltreatment, 5*, 299-310.

Cowie, H. (1998). Perspectives of teachers and pupils on the experience of peer support against bullying. *Educational Research and Evaluation, 4*, 108-125.

Cowie, H. (2000). Bystanding or standing by: Gender issues in coping with bullying in English schools. *Aggressive Behavior, 26*, 85-97.

Cowie, H., Jennifer, D. & Sharp, S. (2002). Tackling violence in schools: A report from the UK. In P.K. Smith (Ed.), *Tackling violence in schools on a European-wide basis. EC CONNECT Initiative*. Goldsmiths College: University of London. Online-Dokument http://www.gold.ac.uk/connect/reportuk.html (Zugriff: 21.11.2002).

Cowie, H. & Olafsson, R. (1998). The role of peer support in helping the victims of bullying in a school with high levels of aggression. *School Psychology International, 21*, 79-95.

Craig, W.M. (1998). The relationship among bullying, victimization, depression, anxiety, and aggression in elementary school children. *Personality and Individual Differences, 24*, 123-130.

Craig, W.M. & Pepler, D.J. (1995). Peer processes in bullying and victimization: A naturalistic study. *Exceptionality Education in Canada, 4*, 81-95.

Craig, W.M. & Pepler, D.J. (1997). Observations of bullying and victimization in the school yard. *Canadian Journal of School Psychology, 13*, 41-60.

Craig, W.M., Pepler, D.J. & Atlas, R. (2000). Observations of bullying on the playground and in the classroom. *International Journal of School Psychology, 21*, 22-36.

Craig, W.M., Pepler, D.J., Connolly, J. & Henderson, K. (2001). Towards a developmental perspective on victimization. In J. Juvonen & S. Graham (Eds.), *Peer harassment in school: The plight of the vulnerable and victimized* (pp. 242-262). New York: Guilford.

Crick, N.R. (1995). Relational aggression: The role of intent attributions, feelings of distress, and provocative type. *Development and Psychopathology, 7*, 313-322.

Crick, N.R. (1996). The role of overt aggression, relational aggression, and prosocial behavior in the prediction of children's future social adjustment. *Child Development, 67*, 2317-2327.

Crick, N.R. (1997). Engagement in gender normative versus non-normative forms of aggression: Links to social-psychological adjustment. *Developmental Psychology, 33*, 610-617.

Crick, N.R. & Bigbee, M.A. (1998). Relational and overt forms of peer victimization: A multiinformant approach. *Journal of Consulting and Clinical Psychology, 66*, 337-347.

Crick, N.R., Bigbee, M.A. & Howes, C. (1996). Gender differences in children's normative beliefs about aggression: How do I hurt thee? Let me count the ways. *Child Development, 67*, 1003-1014.

Crick, N.R., Casas, J.F. & Ku, H.-C. (1999). Relational and physical forms of peer victimization in preschool. *Developmental Psychology, 35*, 376-385.

Crick, N.R., Casas, J.F. & Mosher, M. (1997). Relational and overt aggression in preschool. *Developmental Psychology, 33*, 579-588.

Crick, N.R. & Dodge, K.A. (1994). A review and reformulation of social information processing mechanisms in children's social adjustment. *Psychological Bulletin, 115*, 74-101.

Crick, N.R. & Dodge, K.A. (1996). Social information-processing mechanisms in reactive and proactive aggression. *Child Development, 67*, 993-1002.

Crick, N.R. & Dodge, K.A. (1999). 'Superiority' is in the eye of the beholder: A comment on Sutton, Smith, and Swettenham. *Social Development, 8*, 128-131.

Crick, N.R. & Grotpeter, J.K. (1995). Relational aggression, gender, and social-psychological adjustment. *Child Development, 66*, 710-722.

Crick, N.R. & Werner, N.E. (1998). Response decision processes in relational and overt aggression. *Child Development, 69*, 1630-1639.

Crick, N.R., Werner, N.E., Casas, J.F., O'Brien, K.M., Nelson, D.A., Grotpeter, J.K. & Markon, K. (1998). Childhood aggression and gender: A new look at an old problem. In D. Bernstein (Ed.), *The Nebraska symposium on motivation, Vol. 45. Gender and motivation* (pp. 75-141). Lincoln: University of Nebraska Press.

Cunningham, C.E., Cunningham, L.J., Martorelli, V., Tran, A., Young, J. & Zacharias, R. (1998). The effects of primary division, student-mediated conflict resolution programs on playground aggression. *Journal of Child Psychology and Psychiatry, 39*, 653-662.

Daniels-Beirness, T. (1989). Measuring peer status in boys and girls: A problem of apples and oranges? In B.H. Schneider, G. Attili, J. Nadel & R.P. Weissberg (Eds.), *Social competence in developmental perspectives* (pp. 107-120). Dordrecht: Kluwer Academic.

de Almeida, A.M.T. (1999). Portugal. In P.K. Smith, Y. Morita, J. Junger-Tas, D. Olweus, R. Catalano & P. Slee (Eds.), *The nature of school bullying: A cross-national perspective* (pp. 174-186). London: Routledge.

de Klerk, V. & Bosch, B. (1996). Nicknames as sex-role stereotypes. *Sex Roles, 35*, 525-541.

Denham, S.A., McKinley, M., Couchoud, E.A. & Holt, R. (1990). Emotional and behavioral predictors of preschool peer ratings. *Child Development, 61*, 1145-1152.

Department for Education (1994). *Bullying: Don't suffer in silence. An anti-bullying pack for schools.* London: HMSO.

Dettenborn, H. & Lautsch, E. (1993). Aggression in der Schule aus der Schülerperspektive. *Zeitschrift für Pädagogik, 39*, 745-774.

Döpfner, M., Lehmkuhl, G., Petermann, F. & Scheithauer, H. (2002). Diagnostik psychischer Störungen. In F. Petermann (Hrsg.), *Lehrbuch der Klinischen Kinderpsychologie und -psychotherapie* (5., korr. Aufl., S. 95-130). Göttingen: Hogrefe.

Duncan, N. (1998). Sexual bullying in secondary schools. *Pastoral Care in Education, 16*, 27-31.

Duncan, R.D. (1999). Maltreatment by parents and peers: The relationship between child abuse, bully victimization, and psychological distress. *Child Maltreatment, 4*, 45-55.

Dusenbury, L., Falco, M., Lake, A., Brannigan, R. & Bosworth, K. (1997). Nine critical elements of promising violence prevention programs. *Journal of School Health, 67*, 409-414.

Eagly, A.H. & Steffen, V.J. (1986). Gender and aggressive behavior: A meta-analytic review of the social psychological literature. *Psychological Bulletin, 100*, 309-330.

Ebbesen, E. & Platz, E. (2002). Tackling violence in schools: A report from Denmark. In P.K. Smith (Ed.), *Tackling violence in schools on a European-wide basis. EC CONNECT Initiative.* Goldsmiths College: University of London. Online-Dokument http://www.gold.ac.uk/connect/reportdenmark.html (Zugriff: 13.02.2003).

Egan, S.K. & Perry, D.G. (1998). Does low self-regard invite victimization? *Developmental Psychology, 61*, 399-409.

Engert, I. & Rixius, N. (1999). Konflikte gewaltfrei regeln. In K. Hurrelmann, N. Rixius & H. Schirp (Hrsg.), *Gewalt in der Schule: Ursachen, Vorbeugung, Intervention* (aktual. Neuaufl., S. 220-238). Weinheim: Beltz.

Eslea, M. (2002). *Aggressive classroom management: Do teachers bully pupils?* Montreal: Paper presented at the International Society for Research on Aggression XV. World Meeting, July 28th-31st.

Eslea, M. & Smith, P.K. (1998). The long-term effectiveness of anti-bullying work in primary schools. *Educational Research, 40*, 203-218.

Farrington, D.P. (1993). Understanding and preventing bullying. In M. Tonry & N. Morris (Eds.), *Crime and Justice, Vol. 17*. Chicago: University of Chicago Press.

Fonzi, A., Genta, M.L., Menesini, E., Bacchini, D., Bonino, S. & Costabile, A. (1999). In P.K. Smith, Y. Morita, J. Junger-Tas, D. Olweus, R. Catalano & P. Slee (Eds.), *The nature of school bullying: A cross-national perspective* (pp. 140-156). London: Routledge.

Forero, R., McLellan, L., Rissel, C. & Bauman, A. (1999). Bullying behaviour and psychosocial health among school students in New South Wales, Australia: Cross sectional survey. *British Medical Journal, 319*, 344-346.

Forschungsgruppe Schulevaluation (1998). *Gewalt als soziales Problem in Schulen. Die Dresdener Studie: Untersuchungsergebnisse und Präventionsstrategien.* Opladen: Leske + Budrich.

Frederickson, N.L. & Furnham, A.F. (1998). Sociometric classification methods in school peer groups: A comparative investigation. *Journal of Child Psychology and Psychiatry, 39*, 921-933.

Freitag, M. & Hurrelmann, K. (1993). Gewalt an Schulen: In erster Linie ein Jungen-Phänomen? *Neue deutsche Schule, 45*, 24-25.

French, D.C. (1988). Heterogeneity of peer-rejected boys: Aggressive and nonaggressive subtypes. *Child Development, 59*, 976-985.

Fritzsche, K.P. (1992). Strategien gegen die Furcht vor den Fremden – Multiperspektivität – eine pädagogische Antwort auf die multikulturelle Gesellschaft und ihre fundamentalistische Herausforderung. *Paed Extra, 20*, 14-16.

Frodi, A., Macaulay, J. & Thome, P.R. (1977). Are women always less aggressive than men? A review of the experimental literature. *Psychological Bulletin, 84*, 634-660.

Fry, D.P. (1998). Anthropological perspectives on aggression: Sex differences and cultural variation. *Aggressive Behavior, 24*, 81-95.

Fry, D.P. & Hines, N. (1993). *Sex differences in indirect and direct aggression in Argentina.* Tampere: Paper presented at the 3rd European Congress of Psychology, Finnland.

Fuchs, M. (1999). Ausländische Schüler und Gewalt an Schulen. Ergebnisse einer Lehrer- und Schülerbefragung. In H.G. Holtappels, W. Heitmeyer, W. Melzer & K.-J. Tillmann (Hrsg.), *Forschung über Gewalt an Schulen: Erscheinungsformen und Ursachen, Konzepte und Prävention* (2., korr. Aufl., S. 119-136). Weinheim: Juventa.

Fuchs, M., Lamneck, S. & Luedtke, J. (1996). *Schule und Gewalt: Realität und Wahrnehmung eines sozialen Problems.* Opladen: Leske + Budrich.

Fuligni, A.J., Eccles, J.S., Barber, B.L. & Clements, P. (2001). Early adolescent peer orientation and adjustment during high school. *Developmental Psychology, 37*, 28-36.

Funk, W. (Hrsg.). (1995). *Nürnberger Schüler-Studie 1994: Gewalt an Schulen.* Regensburg: Roderer.

Furman, W. (1989). The development of children's social networks. In D. Belle (Ed.), *Children's social networks and social support* (pp. 151-172). New York: Wiley.

Galen, B.R. & Underwood, M.K. (1997). A developmental investigation of social aggression among children. *Developmental Psychology, 33*, 589-600.

Gasteiger-Klicpera, B. & Klicpera, C. (1999). Opfer von MitschülerInnen-Aggressionen: Was SchülerInnen und Eltern berichten. *Erziehung und Unterricht, 149*, 264-281.

Gasteiger-Klicpera, B. & Klicpera, C. (2001). Viktimisierung durch Gleichaltrige als Entwicklungsrisiko. *Zeitschrift für Kinder- und Jugendpsychiatrie und Psychotherapie, 29*, 99-111.

Genta, M.L., Menesini, E., Fonzi, A., Costabile, A. & Smith, P.K. (1996). Bullies and victims in schools in central and southern Italy. *European Journal of Psychology of Education, 11*, 97-110.

Gerken, N., Natzke, H., Petermann, F. & Walter, H.-J. (2002). Verhaltenstraining für Schulanfänger: Ein Programm zur Primärprävention von aggressivem und unaufmerksamem Verhalten. *Kindheit und Entwicklung, 11*, 119-128.

Gifford-Smith, M.E. (1999). Developmental, gender, and sociometric status differences in children's teasing and aggressive behavior. *Dissertation Abstracts International: Section B: The Sciences & Engineering, Vol. 59* (9-b), Mar 1999 (p. 5135). US: Univ. Microfilms International.

Gilmartin, B.G. (1987). Peer group antecedents of severe love-shyness in males. *Journal of Personality, 55*, 467-489.

Glover, D., Gough, G., Johnson, M. & Cartwright, N. (2000). Bullying in 25 schools: Incidence, impact and intervention. *Educational Research, 42*, 141-156.

Goldstein, J.H. (1992). Sex differences in aggressive play and toy preference. In K. Björkqvist & P. Niemelä (Eds.), *Of mice and women: Aspects of female aggression* (pp. 65-76). San Diego: Academic Press.

Goodwin, M.H. (1998). Games of stance: Conflict and footing in hopscotch. In S.M. Hoyle & C.T. Adger (Eds.), *Kids talk: Strategic language use in childhood* (pp. 23-46). New York: Oxford University Press.

Gordon, R. S. (1983). Operational classification of disease prevention. *Public Health Reports, 98*, 107-109.

Gottfredson, D.C. (1997). School-based crime prevention. In L.W. Sherman, D.C. Gottfredson, D. MacKenzie, J.Eck, P. Reuter & S. Bushway (Eds.), *Preventing crime: What works, what doesn't, what's promising. A report to the United States Congress.* Online-Dokument http://www.ncjrs.org/works/chapter5.htm (Zugriff: 10.02.1998).

Gottman, J. & Mettetal, G. (1986). Speculations about social and affective development: Friendship and acquaintanceship through adolescence. In J.M. Gottman & J.G. Parker (Eds.), *Conversations with friends: Speculations on affective development* (pp. 192-237). New York: Cambridge University Press.

Graham, S. & Juvonen, J. (2001). An attributional approach to peer victimization. In J. Juvonen & S. Graham (Eds.), *Peer harassment in school: The plight of the vulnerable and victimized* (pp. 73-104). New York: Guilford.

Green, L., Richardson, D.R. & Lago, T. (1996). How do friendship, indirect and direct aggression relate? *Aggressive Behavior, 22*, 81-86.

Greenberg, M.T., Kusche, C.A., Cook, E.T. & Quamma, J.P. (1995). Promoting emotional competence in school-aged children: The effects of the PATHS curriculum. *Development and Psychopathology, 7*, 117-136.

Greszik, B., Hering, F. & Euler, H.A. (1995). Gewalt in Schulen: Ergebnisse einer Befragung in Kassel. *Zeitschrift für Pädagogik, 41*, 265-284.

Grossman, D.C., Neckerman, H.J., Koepsell, T.D., Liu, P.Y., Asher, K.N., Beland, K., Frey, K. & Rivara, F.P. (1997). Effectiveness of a violence prevention curriculum among children in elementary school. A randomized controlled trial. *Journal of the American Medical Association, 277*, 1605-1611.

Hamby, S.L. & Finkelhor, D. (2001). *Choosing and using child victimization questionnaires.* Washington, D.C.: U.S. Department of Justice, Office of Juvenile Justice and Delinquency Prevention.

Hanewinkel, R. & Knaack, R. (1997a). *Mobbing: Gewaltprävention in Schulen in Schleswig-Holstein.* Kiel: GUVV und IPTS.

Hanewinkel, R. & Knaack, R. (1997b). Mobbing: Eine Fragebogenstudie zum Ausmaß von Aggression und Gewalt an Schulen. *Empirische Pädagogik, 11*, 403-422.

Hanewinkel, R. & Knaack, R. (1999). Prävention von Aggression und Gewalt an Schulen. Ergebnisse einer Interventionsstudie. In H.G. Holtappels, W. Heitmeyer, W. Melzer & K.-J. Tillmann (Hrsg.), *Forschung über Gewalt an Schulen. Erscheinungsformen und Ursachen, Konzepte und Prävention* (2., korr. Aufl., S. 299-313). Weinheim: Juventa.

Hansen, W. B. (2002). Program evaluation strategies for substance abuse prevention. *The Journal of Primary Prevention, 22*, 409-436.

Harachi, T.W., Catalano, R.F. & Hawkins, J.D. (1999a). United States. In P.K. Smith, Y. Morita, J. Junger-Tas, D. Olweus, R. Catalano & P. Slee (Eds.), *The nature of school bullying: A cross-national perspective* (pp. 279-295). London: Routledge.

Harachi, T.W., Catalano, R.F. & Hawkins, J.D. (1999b). Canada. In P.K. Smith, Y. Morita, J. Junger-Tas, D. Olweus, R. Catalano & P. Slee (Eds.), *The nature of school bullying: A cross-national perspective* (pp. 296-306). London: Routledge.

Harrison, H. (2000). ChildLine – The first twelve years. *Archives of Disease in Childhood, 82*, 283-285.

Hart, C.H., Nelson, D.A., Robinson, C.C., Olsen, S.F., McNeilly-Choque, M.K., Porter, C.L. & McKee, T.R. (2000). Russian parenting styles and family processes: Linkages with subtypes of victimization and aggression. In K.A. Kerns, J.M. Contreras & A.M. Neal-Barnett (Eds.), *Family and peers: Linking two social worlds* (pp. 47-84). Westport, Connecticut: Praeger.

Hartup, W.W. (1970). Peer interaction and social organization. In P.H. Mussen (Ed.), *Carmichael's manual of child psychology* (pp. 361-456). New York: Wiley.

Hartup, W.W. (1974). Aggression in childhood: Developmental perspectives. *American Psychologist, 29*, 336-341.

Hartup, W.W. (1980). Peer relations and family relations: Two social worlds. In M. Rutter (Ed.), *Scientific foundations of developmental psychiatry* (pp. 280-292). London: Heinemann.

Hartup, W.W. (1983). Peer relations. In E.M. Hetherington (Ed.) & P.H. Mussen (Series Ed.), *Handbook of child psychology, Vol. 4. Socialization, personality, and social development* (4th ed., pp. 103-196). New York: Wiley.

Hauk-Thorn, D. (2002). *Streitschlichtung in der Schule und Jugendarbeit. Das Trainingshandbuch für Mediationsausbildung* (3. Aufl.). Mainz: Grünewald.

Havighurst, R.J. (1982). *Developmental tasks and education.* New York: Longman.

Hawker, D.S.J. & Boulton, M.J. (2000). Twenty years' research on peer victimization and psychosocial maladjustment: A meta-analytic review of cross-sectional studies. *Journal of Child Psychology and Psychiatry, 41*, 441-455.

Hawker, D.S.J. & Boulton, M.J. (submitted). *Peer victimization: Cause and consequence of psychosocial maladjustment?*

Hayden-Thompson, L., Rubin, K.H. & Hymel, S. (1987). Sex preferences in sociometric choices. *Developmental Psychology, 23*, 558-562.

Hayer, T. (2001). *Formen, Geschlechts- und Alterstrends von Bullying und Viktimisierung im Jugendalter: Empirische Ergebnisse zweier Erhebungen in Bremen und Niedersachsen.* Bremen: Unveröffentlichte Diplomarbeit im Fach Psychologie.

Hayer, T., Scheithauer, H., Jugert, G. & Petermann, F. (2002). *Geschlechtertypische Bullying- und Viktimisierungsformen – Empirische Ergebnisse zweier Untersuchungen an norddeutschen Schulen.* Berlin: Vortrag auf dem 43. Kongress der Deutschen Gesellschaft für Psychologie, September 2002.

Haynie, D.L., Nansel, T., Eitel, P., Crump, A.D., Saylor, K., Yu, K. & Simmons-Morton, B. (2001). Bullies, victims and bully/victims: Distinct groups of youth at risk. *Journal of Early Adolescence, 21*, 29-49.

Hazler, R.J., Carney, J.V., Green, S., Powell, R. & Scott Jolly, L. (1997). Areas of expert agreement on identification of school bullies and victims. *School Psychology International, 18*, 5-14.

Henington, C., Hughes, J.N., Cavell, T.A. & Thompson, B. (1998). The role of relational aggression in identifying aggressive boys and girls. *Journal of School Psychology, 36*, 457-477.

Henrich, C.C., Kuperminc, G.P., Sack, A., Blatt, S.J. & Leadbeater, B.J. (2000). Characteristics and homogeneity of early adolescent friendship groups: A comparison of male and female clique and nonclique members. *Applied Developmental Science, 4*, 15-26.

Hoffman, M.L. (1977). Sex differences in empathy and related behaviors. *Psychological Bulletin, 84*, 712-722.

Holtappels, H.G. (1985). Schülerprobleme und abweichendes Verhalten aus der Schülerperspektive. *Zeitschrift für Sozialisationsforschung und Erziehungssoziologie, 5*, 291-323.

Holtappels, H.G., Heitmeyer, W., Melzer, W. & Tillmann, K.-J. (Hrsg.). (1999). *Forschung über Gewalt an Schulen: Erscheinungsformen und Ursachen, Konzepte und Prävention* (2., korr. Aufl.). Weinheim: Juventa.

Horn, H. & Knopf, H. (1996). Gewalt an Schulen – Ergebnisse empirischer Studien. In H. Knopf (Hrsg.), *Aggressives Verhalten und Gewalt in der Schule* (S. 12-31). München: Oldenbourg.

Howes, C. & Phillipsen, L. (1998). Continuity in children's relations with peers. *Social Development, 7*, 340-349.

Hoyenga, K.B. & Hoyenga, K.T. (1993). *Gender-related differences. Origins and outcome.* Boston: Allyn & Bacon.

Huesmann, L.R., Eron, L.D., Guerra, N.G. & Crawshaw, V.B. (1994). Measuring children's aggression with teacher's predictions of peer nominations. *Psychological Assessment, 6*, 329-336.

Hundertmark-Mayser, J. (o.A.). *Projektmanual. Kriminalprävention an Schulen: Modellprojekte und Handlungsleitfäden.* Online-Dokument http://www.schuelerpartizipation.de/kriminalpraevention.rtf (Zugriff: 10.01.2003).

Hurrelmann, K., Rixius, N. & Schirp, H. (1999). *Gewalt in der Schule: Ursachen, Vorbeugung, Intervention* (aktual. Neuaufl.). Weinheim: Beltz.

Hurrelmann, K. & Settertobulte, W. (2002). Prävention und Gesundheitsförderung im Kindes- und Jugendalter. In F. Petermann (Hrsg.), *Lehrbuch der Klinischen Kinderpsychologie und -psychotherapie* (5., überarb. Aufl., S. 131-148). Göttingen: Hogrefe.

Huttunen, A., Salmivalli, C. & Lagerspetz, K.M.J. (1996). Friendship networks and bullying in schools. In C.F. Ferris & T. Grisso (Eds.), *Understanding aggressive behavior in children* (pp. 355-359). New York: The New York Academy of Sciences.

Hyde, J.S. (1984). How large are gender differences in aggression? A developmental meta-analysis. *Developmental Psychology, 20*, 722-736.

Hymel, S. (1986). Interpretations of peer behavior: Affective bias in childhood and adolescence. *Child Development, 57*, 431-445.

Hymel, S. & Rubin, K.H. (1985). Children with peer relationship and social skills problems: Conceptual, methodological, and developmental issues. In G.J. Whitehurst (Ed.), *Annals of child development, Vol. 2* (pp. 251-297). Greenwich: JAI.

Hymel, S., Wagner, E. & Butler, L.J. (1990). Reputational bias: View from the peer group. In S.R. Asher & J.D. Coie (Eds.), *Peer rejection in childhood* (pp. 156-188). Cambridge: Cambridge University Press.

Jäger, R.S. (1999). Gewaltprävention. In M. Schäfer & D. Frey (Hrsg.), *Aggression und Gewalt unter Kindern und Jugendlichen* (S. 203-244). Göttingen: Hogrefe.

Jefferys, K. & Noack, U. (1995). *Streiten, Vermitteln, Lösen. Das Schüler-Streit-Schlichter-Programm für die Klassen 5-10.* Lichtenau: AOL.

Jefferys-Duden, K. (1999). Streit schlichten lernen. Ein Beitrag zur Moralentwicklung von Kindern. *Pädagogik, 51*, 51-55.

Jeffrey, L.R., Miller, D. & Linn, M. (2002). Middle school bullying as a context for the development of passive observers to the victimization of others. *Journal of Emotional Abuse, 2*, 143-156.

Jugert, G., Scheithauer, H., Notz, P. & Petermann, F. (2000). Geschlechterunterschiede im Bullying: Indirekt-/relational- und offen-aggressives Verhalten unter Jugendlichen. *Kindheit und Entwicklung, 9*, 231-240.

Junger-Tas, J. (1999). The Netherlands. In P.K. Smith, Y. Morita, J. Junger-Tas, D. Olweus, R. Catalano & P. Slee (Eds.), *The nature of school bullying: A cross-national perspective* (pp. 205-223). London: Routledge.

Juvonen, J. & Graham, S. (Eds.). (2001). *Peer harassment in school: The plight of the vulnerable and victimized.* New York: Guilford.

Juvonen, J., Nishina, A. & Graham, S. (2001). Self-views versus peer perceptions of victim status among early adolescents. In J. Juvonen & S. Graham (Eds.), *Peer harassment in school: The plight of the vulnerable and victimized* (pp. 105-124). New York: Guilford.

Kaltiala-Heino, R., Rimpelä, M., Marttunen, M., Rimpelä, A. & Rantanen, P. (1999). Bullying, depression, and suicidal ideation in Finnish adolescents: School survey. *British Medical Journal, 319*, 348-351.

Kasper, H. (1998). *Mobbing in der Schule. Probleme annehmen – Konflikte lösen* (2., unveränd. Aufl.). Lichtenau: AOL.

Kasper, H. (2001). *Schülermobbing – tun wir was dagegen! Der Smob-Fragebogen mit Anleitung und Auswertungshilfe und mit Materialien für die Schulentwicklung.* Lichtenau: AOL.

Katz, A., Buchanan, A. & Bream, V. (2001). *Bullying in Britain: Testimonies from teenagers.* London: Young Voice.

Kaufman, P., Cheng, X., Choy, S.P., Ruddy, S.A., Miller, A.K., Fleury, J.K., Chandler, K.A., Rand, M.R., Klaus, P. & Planty, M.G. (2000). *Indica-*

tors of school crime and safety, 2000. Washington, D.C.: U.S. Departments of Education and Justice.

Kaukiainen, A., Björkqvist, K., Lagerspetz, K., Österman, K., Salmivalli, C., Rothberg, S. & Ahlbom, A. (1999). The relationship between social intelligence, empathy, and three types of aggression. *Aggressive Behavior, 25,* 81-89.

Kaukiainen, A., Björkqvist, K., Österman, K. & Lagerspetz, K.M.J. (1996). Social intelligence and empathy as antecedents of different types of aggression. In C.F. Ferris & T. Grisso (Eds.), *Annals of the New York Academy of Sciences, Vol. 794. Understanding aggressive behavior in children* (pp. 364-366). New York: New York Academy of Sciences.

Kazdin, A.E. (1997). A model for developing effective treatments: Progression and interplay of theory, research, and practice. *Journal of Consulting and Clinical Psychology, 26,* 114-129.

Kazdin, A.E. & Weisz, J.R. (1998). Identifying and developing empirically supported child and adolescent treatments. *Journal of Consulting and Clinical Psychology, 66,* 19-36.

Keltner, D., Capps, L., Kring, A.M., Young, R.C. & Heerey, E.A. (2001). Just teasing: A conceptual analysis and empirical review. *Psychological Bulletin, 127,* 229-248.

Khosropour, S.C. & Walsh, J. (2001). *That's not teasing – that's bullying: A study of fifth graders' conceptualization of bullying and teasing.* Paper presented at the Annual Meeting of the American Educational Research Association, Seattle, April 2001.

Kiefl, W. & Lamneck, S. (1986). *Soziologie des Opfers.* München: Fink.

Kikkawa, M. (1987). Teachers' opinions and treatments for bully/victim problems among students in junior and senior high schools: Results of a fact-finding survey. *Journal of Human Development, 23,* 25-30.

Knight, G.P., Fabes, R.A. & Higgins, D.A. (1996). Concerns about drawing causal inferences from meta-analyses: An example in the study of gender differences in aggression. *Psychological Bulletin, 119,* 410-421.

Kochenderfer, B.J. & Ladd, G.W. (1996a). Peer victimization: Manifestations and relations to school adjustment in kindergarten. *Journal of School Psychology, 34,* 267-283.

Kochenderfer, B.J. & Ladd, G.W. (1996b). Peer victimization: Cause or consequence of school maladjustment? *Child Development, 67,* 1305-1317.

Kochenderfer, B.J. & Ladd, G.W. (1997). Victimized children's responses to peers' aggression: Behaviors associated with reduced versus continued victimization. *Development and Psychopathology, 9,* 59-73.

Kochenderfer-Ladd, B. & Ladd, G.W. (2001). Variations in peer victimization: Relations to children's maladjustment. In J. Juvonen & S. Graham (Eds.), *Peer harassment in school. The plight of the vulnerable and victimized* (pp. 25-48). New York: Guilford.

Kraak, B. (1997). Bullying, das Quälen von Mitschülern. *Psychologie in Erziehung und Unterricht, 44,* 71-77.

Krappmann, L. & Oswald, H. (1995). *Alltag der Schulkinder: Beobachtungen und Analysen von Interaktionen und Sozialbeziehungen.* Weinheim: Juventa.

Krumm, V. (1999). Methodenkritische Analyse schulischer Gewaltforschung. In H.G. Holtappels, W. Heitmeyer, W. Melzer & K.-J. Tillmann (Hrsg.), *Forschung über Gewalt an Schulen: Erscheinungsformen und Ursachen, Konzepte und Prävention* (2., korr. Aufl., S. 63-79). Weinheim: Juventa.

Krumm, V., Lamberger-Baumann, B. & Haider, G. (1997). Gewalt in der Schule – auch von Lehrern. *Empirische Pädagogik, 11,* 257-275.

Kruttschnitt, C. (1994). Gender and interpersonal violence. In A. Reiss & J. Roth (Eds.), *Understanding and preventing violence, Vol. 3. Social influences* (pp. 293-376). Washington: National Academy of Sciences Press.

Kumpulainen, K. & Räsänen, E. (2000). Children involved in bullying at elementary school age: Their psychiatric symptoms and deviance in adolescence. *Child Abuse und Neglect, 24,* 1567-1577.

Kumpulainen, K., Räsänen, E. & Henttonen, I. (1999). Children involved in bullying: Psychological disturbance and the persistence of the involvement. *Child Abuse and Neglect, 23,* 1253-1262.

Kumpulainen, K., Räsänen, E., Henttonen, I., Almqvist, F., Kresanov, K., Linna, S.-L., Moilanen, I., Piha, J., Puura, K. & Tamminen, T. (1998). Bullying and psychiatric symptoms in elementary school children. *Child Abuse and Neglect, 22,* 705-717.

Kupersmidt, J.B., Coie, J.D. & Dodge, K.A. (1990). The role of poor peer relations in the development of disorder. In S.R. Asher & J.D. Coie (Eds.), *Peer rejection in childhood* (pp. 274-305). Cambridge: Cambridge University Press.

Kupersmidt, J.B. & Patterson, C.J. (1991). Childhood peer rejection, aggression, withdrawal, and perceived competence as predictors of self-reported behavior problems in adolescence. *Journal of Abnormal Child Psychology, 19,* 427-449.

Ladd, G.W. (1999). Peer relationships and social competence during early and middle childhood. *Annual Review of Psychology, 50,* 333-359.

Ladd, G.W. & Kochenderfer-Ladd, B.J. (1998). Parenting behaviors and parent-child relationships: Correlates of peer victimization in kindergarten? *Developmental Psychology, 34,* 1450-1458.

Ladd, G.W. & Price, J.M. (1987). Predicting children's social and school adjustment following the transition from preschool to kindergarten. *Child Development, 58*, 1168-1189.

Ladd, G.W., Price, J.M. & Hart, C.H. (1990). Preschoolers' behavioral orientations and patterns of peer contact: Predictive of peer status? In S.R. Asher & J.D. Coie (Eds.), *Peer rejection in childhood* (pp. 90-115). Cambridge: Cambridge University Press.

LaFontaine, J. (1991). *Bullying: The child's view.* London: Calouste Gulbenkian Foundation.

Lagerspetz, K.M.J., Björkqvist, K., Berts, M. & King, E. (1982). Group aggression among school children in three schools. *Scandinavian Journal of Psychology, 23, 45-52.*

Lagerspetz, K.M.J., Björkqvist, K. & Peltonen, T. (1988). Is indirect aggression typical of females? Gender differences in aggressiveness in 11- to 12-year-old children. *Aggressive Behavior, 14*, 403-414.

Lamneck, S. (1996). *Theorien abweichenden Verhaltens* (6. Aufl.). München: Fink.

Lampert, J.B. (1997). Voices and visions: Adolescent girls' experiences as bullies, targets, and bystanders. Dissertation, Northern Illinois University. *Dissertation Abstracts International: Section A: Humanities & Social Sciences, Vol. 58* (8-A), Feb. 1998 (pp. 2986). US: University Microfilms International.

Ledingham, J.E. (1999). Children and adolescents with oppositional defiant disorder and conduct disorder in the community. Experiences at school and with peers. In H.C. Quay & A.E. Hogan (Eds.), *Handbook of disrupted behavior disorders* (pp. 353-370). New York: Kluwer Academic/Plenum.

Lees, S. (1993). *Sugar and spice: Sexuality and adolescent girls.* London: Penguin.

Leff, S.S., Kupersmidt, J.B., Patterson, C.J. & Power, T.J. (1999). Factors influencing teacher identification of peer bullies and victims. *School Psychology Review, 28,* 505-517.

LeMarquand, D., Tremblay, R.E. & Vitaro, F. (2001). The prevention of conduct disorder: A review of successful and unsuccessful experiments. In J. Hill & B. Maughan (Eds.), *Conduct disorders in childhood and adolescence* (pp. 449-477). Cambridge: Cambridge University Press.

Leymann, H. (1993). *Mobbing. Psychoterror am Arbeitsplatz und wie man sich dagegen wehren kann.* Reinbek: Rowohlt.

Limper, R. (2000). Cooperation between parents, teachers, and school boards to prevent bullying in education: An overview of work done in the Netherlands. *Aggressive Behavior, 26*, 125-134.

Loeber, R. & Hay, D. (1997). Key issues in the development of aggression and violence from childhood to early adulthood. *Annual Review in Psychology, 48*, 371-410.

Lösel, F., Averbeck, M. & Bliesener, T. (1997). Gewalt zwischen Schülern der Sekundarstufe: Eine Unterscheidung zur Prävalenz und Beziehung zu allgemeiner Aggressivität und Delinquenz. *Empirische Pädagogik, 11*, 327-349.

Lösel, F. & Bliesener, T. (1999). Germany. In P.K. Smith, Y. Morita, J. Junger-Tas, D. Olweus, R. Catalano & P. Slee (Eds.), *The nature of school bullying: A cross-national perspective* (pp. 224-249). London: Routledge.

Lösel, F., Bliesener, T. & Averbeck, M. (1999). Erlebens- und Verhaltensprobleme von Tätern und Opfern. In H.G. Holtappels, W. Heitmeyer, W. Melzer & K.-J. Tillmann (Hrsg.), *Forschung über Gewalt an Schulen: Erscheinungsformen und Ursachen, Konzepte und Prävention* (2., korr. Aufl., S. 137-154). Weinheim: Juventa.

Lowenstein, L.F. (1978). Who is the bully? *Bulletin of the British Psychological Society, 31*, 147-149.

Lyons, J., Serbin, L.A. & Marchessault, K. (1998). The social behavior of peer-identified aggressive, withdrawn, and aggressive/withdrawn children. *Journal of Abnormal Child Psychology, 16*, 539-552.

Maccoby, E.E. (1986). Social groupings in childhood: Their relationship to prosocial and antisocial behavior in boys and girls. In D. Olweus, J. Block & M. Radke-Yarrow (Eds.), *Development of antisocial and prosocial behavior* (pp. 263-284). Orlando: Academic Press.

Maccoby, E.E. (1988). Gender as a social category. *Developmental Psychology, 24*, 755-765.

Maccoby, E.E. (1990). Gender and relationships: A developmental account. *American Psychologist, 45*, 513-520.

Maccoby, E.E. (2000). Perspectives on gender development. *International Journal of Behavioral Development, 24*, 398-406.

MacDonald, C.D., D'Amico, L. & O'Laughlin, E.M. (2000). *Relational aggression and victimization in middle-school students.* Memphis: Paper presented at the Biennial Meeting of the Conference on Human Development, April 2000.

Madsen, K. & Smith, P.K. (1993). *Age and gender differences in participants' perception of the concept of the term bullying.* Bonn: Poster presentation at VIth European Conference in Developmental Psychology.

Mainberger, B. (2001). *Jede Menge Zoff. Was tun gegen Mobbing und Gewalt?* (2. Aufl.). München: Deutscher Taschenbuch Verlag.

Maines, B. & Robinson, G. (1992). *Michael's story: The No Blame approach.* Bristol: Lame Duck Publishing.

Mansel, J. & Hurrelmann, K. (1998). Aggressives und delinquentes Verhalten Jugendlicher im Zeitvergleich. *Kölner Zeitschrift für Soziologie und Sozialpsychologie, 50,* 78-109.

Marr, N. & Field, T. (2001). *Bullycide. Death at playtime.* Success Unlimited.

Martin, C.L. & Fabes, R.A. (2001). The stability and consequences of young children's same-sex peer interactions. *Developmental Psychology, 37,* 431-446.

Matsui, T., Kakuyama, T., Tsuzuki, Y. & Onglatco, M.-L. (1996). Long-term outcomes of early victimization by peers among Japanese male university students: Model of a vicious cycle. *Psychological Reports, 79,* 711-720.

McNeilly-Choque, M.K., Hart, C.H., Robinson, C.C., Nelson, L.J. & Olsen, S.F. (1996). Overt and relational aggression on the playground: Correspondence among different informants. *Journal of Research in Childhood Education, 11,* 47-67.

Meier, U. (1997). Gewalt in der Schule – Problemanalyse und Handlungsmöglichkeit. *Praxis der Kinderpsychologie und Kinderpsychiatrie, 46,* 169-181.

Meier, U. (1999). Gewalt im sozialökologischen Kontext der Schule. In H.G. Holtappels, W. Heitmeyer, W. Melzer & K.-J. Tillmann (Hrsg.), *Forschung über Gewalt an Schulen. Erscheinungsformen und Ursachen, Konzepte und Prävention* (2., korr. Aufl., S. 225-242). Weinheim: Juventa.

Mellor, A. (1999). Scotland. In P.K. Smith, Y. Morita, J. Junger-Tas, D. Olweus, R. Catalano & P. Slee (Eds.), *The nature of school bullying: A cross-national perspective* (pp. 91-111). London: Routledge.

Melzer, W. & Rostampour, P. (1996). Schulische Gewaltformen und Täter-Opfer-Problematik. In W. Schubarth, F.-U. Kolbe & H. Willems (Hrsg.), *Gewalt an Schulen: Ausmaß, Bedingungen und Prävention* (S. 131-148). Opladen: Leske + Budrich.

Menesini, E., Codecasa, E. Benelli, B. & Cowie, H. (2003). Enhancing children's responsibility to take action against bullying: Evaluation of a befriending intervention in Italian middle schools. *Aggressive Behavior, 29,* 1-14.

Moffitt, T.E. (1993). Adolescence-limited and life-course-persistent antisocial behavior: A developmental taxonomy. *Psychological Review, 100,* 674-701.

Mohr, A. (2000). *Peer-Viktimisierung in der Schule und ihre Bedeutung für die seelische Gesundheit von Jugendlichen.* Lengerich: Pabst.

Mooney, S. & Smith, P.K. (1995). Bullying and the child who stammers. *British Journal of Special Education, 22,* 24-27.

Moran, S., Smith, P.K., Thompson, D. & Whitney, I. (1993). Ethnic differences in experiences of bullying: Asian and white children. *British Journal of Educational Psychology, 63*, 431-440.

Morita, Y., Soeda, H., Soeda, K. & Taki, M. (1999). Japan. In P.K. Smith, Y. Morita, J. Junger-Tas, D. Olweus, R. Catalano & P. Slee (Eds.), *The nature of school bullying: A cross-national perspective* (pp. 309-323). London: Routledge.

Moskowitz, D., Schwartzman, A.E. & Ledingham, J. (1985). Stability and change in aggression and withdrawal in middle childhood and adolescence. *Journal of Abnormal Psychology, 94*, 30-41.

Mynard, H. & Joseph, S. (1997). Bully/victim problems and their association with Eysenck's personality dimensions in 8 to 13 years-old. *British Journal of Educational Psychology, 67*, 51-54.

Mynard, H. & Joseph, S. (2000). Development of the multidimensional peer-victimization scale. *Aggressive Behavior, 26*, 169-178.

Nansel, T.R., Overpeck, M., Pilla, R.S., Ruan, W.J., Simons-Morton, B. & Scheidt, P. (2001). Bullying behaviors among US youth: Prevalence and association with psychosocial adjustment. *The Journal of the American Medical Association, 285*, 2094-2100.

Natvig, G.K., Albrektsen, G. & Qvarnstrøm, U. (2001). Psychosomatic symptoms among victims of school bullying. *Journal of Health Psychology, 6*, 365-377.

Naylor, P. & Cowie, H. (1999). The effectiveness of peer support systems in challenging school bullying: The perspectives and experiences of teachers and pupils. *Journal of Adolescence, 22*, 467-479.

Newcomb, A.F. & Bagwell, C.L. (1995). Children's friendship relations: A meta-analytic review. *Psychological Bulletin, 117*, 306-347.

Newcomb, A.F. & Bukowski, W.M. (1984). A longitudinal study of the utility of social preferences and social impact sociometric classification schemas. *Child Development, 55*, 1434-1447.

Newcomb, A.F., Bukowski, W.M. & Pattee, L. (1993). Children's peer relations: A meta-analytic review of popular, rejected, neglected, controversial, and average sociometric status. *Psychological Bulletin, 113*, 99-128.

Niebel, G., Hanewinkel, R. & Ferstl, R. (1993). Gewalt und Aggression in schleswig-holsteinischen Schulen. *Zeitschrift für Pädagogik, 39*, 775-798.

Nolting, H.-P. & Knopf, H. (1997). Gewaltverminderung in der Schule: Erprobung einer kooperativen Intervention. *Praxis der Kinderpsychologie und Kinderpsychiatrie, 46*, 195-205.

Nolting, H.-P. & Knopf, H. (1998). Gewaltverminderung in der Schule: Viele Vorschläge – wenig Studien. *Psychologie in Erziehung und Unterricht, 45*, 249-260.

Nunner-Winkler, G. (1997). Reibereien oder Gruppenterror? Ein Kommentar zum Konzept „Bullying". *Empirische Pädagogik, 11*, 423-438.

O'Connell, P., Pepler, D. & Craig, W. (1999). Peer involvement in bullying: Insights and challenges for intervention. *Journal of Adolescence, 22*, 437-452.

Oerter, R. & Dreher, E. (1995). Jugendalter. In R. Oerter & L. Montada (Hrsg.), *Entwicklungspsychologie* (3., vollst. überarb. Aufl., S. 310-395). Weinheim: Psychologie Verlags Union.

Östermann, K., Björkqvist, K., Lagerspetz, K.M.J., Kaukiainen, A., Huesmann, L.R. & Frączek, A. (1994). Peer and self-estimated aggression and victimization in 8-year-old children from five ethnic groups. *Aggressive Behavior, 20*, 411-428.

Österman, K., Björkqvist, K., Lagerspetz, K.M.J., Kaukiainen, A., Landau, S.F., Frączek, A. & Caprara, G.V. (1998). Cross-cultural evidence of female indirect aggression. *Aggressive Behavior, 24*, 1-8.

Olafsen, R.N. & Viemerö, V. (2000). Bully/victim problems and coping with stress in school among 10- to 12-year-old pupils in Åland, Finland. *Aggressive Behavior, 26*, 57-65.

Oliver, R., Oaks, I.N. & Hoover, J.H. (1994). Family issues and interventions in bully and victim relationships. *The School Counselor, 41*, 199-202.

Ollendick, T.H., Weist, M.D., Borden, M.G. & Greene, R.W. (1992). Sociometric status and academic, behavioral, and psychological adjustment: A five-year longitudinal study. *Journal of Consulting and Clinical Psychology, 60*, 80-87.

Olweus, D. (1977). Aggression and peer acceptance in adolescent boys: Two short-term longitudinal studies of ratings. *Child Development, 48*, 1301-1313.

Olweus, D. (1978). *Aggression in the schools. Bullies and whipping boys.* Washington: Hemisphere.

Olweus, D. (1989). *Bully/Victim Questionnaire.* Unpublished.

Olweus, D. (1991). Bully/victim problems among schoolchildren: Basic facts and effects of a school based intervention program. In D.J. Pepler & K.H. Rubin (Eds.), *The development and treatment of childhood aggression* (pp. 411-448). Hillsdale: Erlbaum.

Olweus, D. (1993). Victimization by peers: Antecedents and long-term outcomes. In K.H. Rubin & J.B. Asendorpf (Eds.), *Social withdrawal, inhibition, and shyness in childhood* (pp. 315-341). Hillsdale: Erlbaum.

Olweus, D. (1994). Annotation: Bullying at school: Basic facts and effects of a school based intervention program. *Journal of Child Psychology and Psychiatry, 35*, 1171-1190.

Olweus, D. (1996). *Gewalt in der Schule: Was Lehrer und Eltern wissen sollten – und tun können* (2., korr. Aufl.). Bern: Huber.

Olweus, D. (1997). *Bully/Victim Questionnaire. Partly revised version.* Unpublished.

Olweus, D. (1999a). Täter-Opfer-Probleme in der Schule: Erkenntnisstand und Interventionsprogramm. In H.G. Holtappels, W. Heitmeyer, W. Melzer & K.-J. Tillmann (Hrsg.), *Forschung über Gewalt an Schulen: Erscheinungsformen und Ursachen, Konzepte und Prävention* (2., korr. Aufl., S. 281-297). Weinheim: Juventa.

Olweus, D. (1999b). Norway. In P.K. Smith, Y. Morita, J. Junger-Tas, D. Olweus, R. Catalano & P. Slee (Eds.), *The nature of school bullying: A cross-national perspective* (pp. 28-48). London: Routledge.

Olweus, D. (1999c). Sweden. In P.K. Smith, Y. Morita, J. Junger-Tas, D. Olweus, R. Catalano & P. Slee (Eds.), *The nature of school bullying: A cross-national perspective* (pp. 7-27). London: Routledge.

Olweus, D. (2001). Peer harassment. A critical analysis and some important issues. In J. Juvonen & S. Graham (Eds.), *Peer harassment in schools. The plight of the vulnerable and victimized* (pp. 3-20). New York: Guilford.

Olweus, D., Limber, S. & Mihalic, S. (1999). *Blueprints for violence prevention. Book nine: Bullying prevention program.* Boulder: Center for the Study and Prevention of Violence.

O'Moore, M. (2000). Critical issues for teacher training to counter bullying and victimisation in Ireland. *Aggressive Behavior, 26*, 99-111.

O'Moore, A.M. & Hillery, B. (1989). Bullying in Dublin schools. *The Irish Journal of Psychology, 10*, 426-441.

O'Moore, A.M., Kirkham, C. & Smith, M. (1997). Bullying behaviour in Irish schools: A nationwide study. *The Irish Journal of Psychology, 18*, 141-169.

Ortega, R. & Lera, M.-J. (2000). The Seville Anti-Bullying in School Project. *Aggressive Behavior, 26*, 113-123.

Oswald, H. (1997). Zwischen „Bullying" und „Rough and Tumble Play". *Empirische Pädagogik, 11*, 385-402.

Oswald, H. & Süss, K.-U. (1994). The influence of parents and peers on misconduct at school: Simultaneous and synergistic effects. In R.K. Silbereisen & E. Todt (Eds.), *Adolescence in context: The interplay of family, school, peers, and work in adjustment* (pp. 347-365). New York: Springer.

Owens, L.D. & MacMullin, C.E. (1995). Gender differences in aggression in children and adolescents in South Australian schools. *Journal of Adolescence and Youth, 6*, 21-35.

Owens, L.D., Shute, R. & Slee, P. (2000). „Guess what I just heard!": Indirect aggression among teenage girls in Australia. *Aggressive Behavior, 26*, 67-83.

Parker, J.G. & Asher, S.R. (1987). Peer relations and later personal adjustment: Are low-accepted children at risk? *Psychological Bulletin, 102*, 357-389.

Parker, J.G. & Gottman, J.M. (1989). Social and emotional development in a relational context: Friendship interaction from early childhood to adolescence. In T.J. Berndt & G.W. Ladd (Eds.), *Peer relations in child development* (pp. 95-131). New York: Wiley.

Parker, J.G., Rubin, K.H., Price, J.M. & De Rosier, M.E. (1995). Peer relationship, child development, and adjustment: A developmental psychopathology perspective. In D. Cicchetti & D. Cohen (Eds.), *Developmental psychopathology, Vol. 2. Risk, disorder and adaptation* (pp. 96-161). New York: Wiley.

Patterson, C.J., Cohn, D.A. & Kao, B.T. (1989). Maternal warmth as a protective factor against risks associated with peer rejection among children. *Development and Psychopathology, 1*, 21-38.

Patterson, C.J., Kupersmidt, J.B. & Griesler, P.C. (1990). Children's perceptions of self and of relationships with others as a function of sociometric status. *Child Development, 61*, 1335-1349.

Pekrun, R. (1983). *Schulische Persönlichkeitsentwicklung: Theorieentwicklungen und empirische Erhebungen zur Persönlichkeitsentwicklung von Schülern der 5. bis 10. Klassenstufe.* Frankfurt/Main: Lang.

Pellegrini, A.D. (1995). A longitudinal study of adolescent boys' rough-and-tumble play and dominance during early adolescence. *Journal of Applied Developmental Psychology, 16*, 77-93.

Pellegrini, A.D. (1998). Bullies and victims in school: A review and call for research. *Journal of Applied Developmental Psychology, 19*, 165-176.

Pellegrini, A.D. (2001). Sampling instances of victimization in middle school. A methodological comparison. In J. Juvonen & S. Graham (Eds.), *Peer harassment in school: The plight of the vulnerable and victimized* (pp. 125-144). New York: Guilford.

Pellegrini, A.D. & Bartini, M. (2000). An empirical comparison of methods sampling aggression and victimization in school settings. *Journal of Educational Psychology, 92*, 360-366.

Pellegrini, A.D., Bartini, M. & Brooks, F. (1999). School bullies, victims, and aggressive victims: Factors relating to group affiliation and victimization in early adolescence. *Journal of Educational Psychology, 91,* 216-224.

Pepler, D.J. & Craig, W.M. (1995). A peek behind the fence: Naturalistic observations of aggressive children with remote audiovisual recording. *Developmental Psychology, 31,* 548-553.

Pepler, D.J., Craig, W.M., Ziegler, S. & Charach, A. (1993). A school-based anti-bullying intervention: Preliminary evaluation. In D. Tattum (Ed.), *Understanding and managing bullying* (pp. 76-91). Oxford: Heinemann.

Pepler, D.J., Craig, W.M., Ziegler, S. & Charach, A. (1994). An evaluation of an anti-bullying intervention in Toronto schools. *Canadian Journal of Community Mental Health, 13,* 95-110.

Perry, D.G., Hodges, E.V.E. & Egan, S.K. (2001). Determinants of chronic victimization by peers. A review and a new model of family influence. In J. Juvonen & S. Graham (Eds.), *Peer harassment in school: The plight of the vulnerable and victimized* (pp. 73-104). New York: Guilford.

Perry, D.G., Kusel, S.J. und Perry, L.C. (1988). Victims of peer aggression. *Developmental Psychology, 24,* 807-814.

Perry, D.G., Perry, L.C. & Kennedy, E. (1992). Conflict and the development of antisocial behavior. In C.U. Shantz & W.W. Hartup (Eds.), *Conflict in child and adolescent development* (pp. 301-329). New York: Cambridge University Press.

Perry, D.G., Perry, L.C. & Weiss, R.J. (1989). Sex differences in the consequences that children anticipate for aggression. *Developmental Psychology, 25,* 312-319.

Perry, D.G., Williard, J.C. & Perry, L.C. (1990). Peers' perceptions of the consequences that victimized children provide aggressors. *Child Development, 61,* 1310-1325.

Petermann, F. (2003). Prävention von Verhaltensstörungen – Einführung in den Themenschwerpunkt. *Kindheit und Entwicklung, 12,* 65-70.

Petermann, F., Gerken, N., Natzke, H. & Walter, H.-J. (2002a). *Verhaltenstraining für Schulanfänger.* Paderborn: Schöningh.

Petermann, F., Gerken, N., Natzke, H. & Walter, H.-J. (2002b). *Auf Schatzsuche. Ein Abenteuer mit Ferdi und seinen Freunden. Das Arbeitsheft für Schüler zum „Verhaltenstraining für Schulanfänger".* Paderborn: Schöningh.

Petermann, F., Jugert, G., Rehder, A., Tänzer, U. & Verbeek, D. (1999). *Sozialtraining in der Schule* (2., überarb. Aufl.). Weinheim: Psychologie Verlags Union.

Petermann, F., Niebank, K. & Scheithauer, H. (2003). *Entwicklungswissenschaft.* Berlin: Springer (im Druck).

Petermann, F. & Petermann, U. (2000). *Erfassungsbogen für aggressives Verhalten in konkreten Situationen (EAS)* (4., überarb. und neunormierte Aufl.). Göttingen: Hogrefe.

Petermann, F. & Petermann, U. (2001). *Training mit aggressiven Kindern* (10., vollst. überarb. Aufl.). Weinheim: Psychologie Verlags Union.

Pfeiffer, C. & Wetzels, P. (1997). *Kinder als Täter und Opfer: Eine Analyse auf der Basis der PKS und einer repräsentativen Opferbefragung. KFN-Forschungsberichte Nr. 68.* Hannover: Kriminologisches Forschungsinstitut Niedersachsen.

Pfeiffer, C. & Wetzels, P. (1999, 25. Juni). Zur Struktur und Entwicklung der Jugendgewalt in Deutschland. *Aus Politik und Zeitgeschichte, Beilage zur Wochenzeitschrift „Das Parlament"*, 3-22.

Phelps, C.E.R., Gill, S. & Kmett, C. (1999). *Preschool children's responses to overt and relational aggression: An observational study.* Albuquerque: Paper presented at the Society for Research in Child Development 1999 Biennial Meeting, April 14-18.

Phillipsen, L.C. (1999). Associations between age, gender, and group acceptance and three components of friendship quality. *Journal of Early Adolescence, 19*, 438-464.

Pikas, A. (1975). Treatment of mobbing in school: Principles for and the results of the work of an anti-mobbing group. *Scandinavian Journal of Educational Research, 19*, 1-12.

Pikas, A. (1989). The common concern method for the treatment of mobbing. In E. Munthe & E. Roland (Eds.), *Bullying: An international perspective* (pp. 91-104). London: Fulton.

Pikas, A. (2002). New developments of the Shared Concern Method. *School Psychology International, 23*, 307-326.

Pons Cobuild English learner's dictionary (1989). Stuttgart: Klett.

Popp, U. (1999). Geschlechtersozialisation und Gewalt an Schulen. In H.G. Holtappels, W. Heitmeyer, W. Melzer & K.-J. Tillmann (Hrsg.), *Forschung über Gewalt an Schulen: Erscheinungsformen und Ursachen, Konzepte und Prävention* (2., korr. Aufl., S. 206-223). Weinheim: Juventa.

Ramasut, A. & Papatheodorou, T. (1994). Teachers' perceptions of childrens' behaviour problems in nursery classes in Greece. *School Psychology International, 15*, 145-161.

Ray Corzier, W. & Dimmock, P.S. (1999). Name-calling and nicknames in a sample of primary school children. *British Journal of Educational Psychology, 69*, 505-516.

Realmuto, G.M., August, G.J., Sieler, J.D. & Pessoa-Brandao, L. (1997). Peer assessment of social reputation in community samples of disruptive and nondisruptive children: Utility of the Revised Class Play Method. *Journal of Clinical Child Psychology, 26*, 67-76.

Reynolds, L.K. & Kelley, M.L. (1997). The efficacy of a response cost-based treatment package for managing aggressive behavior in preschoolers. *Behavior Modification, 21*, 216-230.

Richardson, D.R. & Green, L.R. (1999). Social sanction and threat explanations of gender on direct and indirect aggression. *Aggressive Behavior, 25*, 425-434.

Riffert, F. (2000). Sozialtraining in der Schule – Evaluation eines verhaltenstherapeutisch orientierten Präventionsprogramms. *Verhaltenstherapie und Verhaltensmedizin, 21*, 51-64.

Rigby, K. (1997). *Bullying in schools: And what to do about it.* London: Jessica Kingsley Publishers.

Rigby, K. (1998). Gender and bullying in schools. In P.T. Slee & K. Rigby (Eds.), *Children's peer relations* (pp. 47-59). London: Routledge.

Rigby, K. (1999). Peer victimization at school and the health of secondary school students. *British Journal of Educational Psychology, 69*, 95-104.

Rigby, K. & Slee, P.T. (1991). Bullying among Australian school children: Reported behavior and attitudes towards victims. *Journal of Social Psychology, 131*, 615-627.

Rigby, K. & Slee, P.T. (1999). Australia. In P.K. Smith, Y. Morita, J. Junger-Tas, D. Olweus, R. Catalano & P. Slee (Eds.), *The nature of school bullying: A cross-national perspective* (pp. 324-339). London: Routledge.

Rios-Ellis, B., Bellamy, L. & Shoji, J. (2000). An examination of specific types of *ijime* within Japanese schools. *School Psychology International, 21*, 227-241.

Rivers, I. & Smith, P.K. (1994). Types of bullying behaviour and their correlates. *Aggressive Behavior, 20*, 359-368.

Rivers, I. & Soutter, A. (1996). Bullying and the Steiner school ethos: A case study analysis of a group-centred educational philosophy. *School Psychology International, 17*, 359-377.

Roland, E. (1989). Bullying: The Scandinavian research tradition. In D.P. Tattum & D.A. Lane (Eds.), *Bullying in schools* (pp. 21-32). Stoke-on-Trent: Trentham.

Roland, E. (2000). Bullying in school: Three national innovations in Norwegian schools in 15 years. *Aggressive Behavior, 26*, 135-143.

Rodkin, P.C., Farmer, T.W., Pearl, R. & Van Acker, R. (2000). Heterogeneity of popular boys: Antisocial and prosocial configurations. *Developmental Psychology, 36*, 14-24.

Rostampour, P. & Melzer, W. (1999). Täter-Opfer-Typologien im schulischen Gewaltkontext: Forschungsergebnisse unter Verwendung von Cluster-Analyse und multinomialer logistischer Regression. In H.G. Holtappels,

W. Heitmeyer, W. Melzer & K.-J. Tillmann (Hrsg.), *Forschung über Gewalt an Schulen: Erscheinungsformen und Ursachen, Konzepte und Prävention* (2., korr. Aufl., S. 169-189). Weinheim: Juventa.

Rubin, K.H., Bukowski, W. & Parker, J.G. (1998). Peer interactions, relationships, and groups. In W. Damon (Series Ed.) & N. Eisenberg (Ed.), *Handbook of child psychology, Vol. 3. Social, emotional, and personality development* (5th ed., pp. 619-700). New York: Wiley.

Rudolph, K.D. & Asher, S.R. (2000). Adaptation and maladaptation in the peer system. Developmental processes and outcomes. In A.J. Sameroff, M. Lewis & S.M. Miller (Eds.), *Handbook of developmental psychopathology* (2nd ed., pp. 157-175). New York: Kluwer Academic/Plenum.

Ruiz, F. & Tanaka, K. (2001). The ijime phenomenon and Japan: Overarching considerations for cross-cultural studies. *Psychologia: An International Journal of Psychology in the Orient, 44*, 128-138.

Russell, A. & Owens, L. (1999). Peer estimates of school-aged boys' and girls' aggression to same- and cross-sex targets. *Social Development, 8*, 364-379.

Rys, G.S. & Bear, G.G. (1997). Relational aggression and peer relations: Gender and developmental issues. *Merrill-Palmer Quarterly, 43*, 87-106.

Salmivalli, C. (1999). Participant role approach to school bullying: Implications for interventions. *Journal of Adolescence, 22*, 453-459.

Salmivalli, C., Huttunen, A. & Lagerspetz, K.M.J. (1997). Peer networks and bullying in schools. *Scandinavian Journal of Psychology, 38*, 305-312.

Salmivalli, C., Karhunen, J. & Lagerspetz, K. (1996a). How do the victims respond to bullying? *Aggressive Behavior, 22*, 99-109.

Salmivalli, C., Kaukiainen, A., Kaistaniemi, L. & Lagerspetz, K. (1999). Self-evaluated self-esteem, peer-evaluated self-esteem, and defensive egotism as predictors of adolescents' participation in bullying. *Personality and Social Psychology Bulletin, 25*, 1268-1278.

Salmivalli, C., Kaukiainen, A. & Lagerspetz, K. (2000). Aggression and sociometric status among peers: Do gender and type of aggression matter? *Scandinavian Journal of Psychology, 41*, 17-24.

Salmivalli, C., Kaukiainen, A. & Voeten, M. (2002). *Anti-bullying intervention in Finland: Implementation of the program and its effects on attitudes, classroom norms and participant role behaviors*. Montreal: Paper presented at the International Society for Research on Aggression XV. World Meeting, July 28th-31st.

Salmivalli, C. & Lagerspetz, K.M.J. (1996). Bullying in schools. Main results of the research project. In C.F. Ferris & T. Grisso (Eds.), *Annals of the New York Academy of Sciences, Vol. 794. Understanding aggressive behavior in children* (pp. 401-404). New York: New York Academy of Sciences.

Salmivalli, C., Lagerspetz, K.M.J., Björkqvist, K., Österman, K. & Kaukiainen, A. (1996b). Bullying as a group process: Participant roles and their relations to social status within the group. *Aggressive Behavior, 22*, 1-15.

Salmivalli, C., Lappalainen, M. & Lagerspetz, K.M.J. (1998). Stability and change of behavior in connection with bullying in schools: A two-year follow-up. *Aggressive Behavior, 24*, 205-218.

Salmon, G., James, A., Cassidy, E.L. & Javaloyes, M.A. (2000). Bullying a review: Presentations to an adolescent psychiatric service and within a school for emotionally and behaviourally disturbed children. *Clinical Child Psychology and Psychiatry, 5*, 563-579.

Scambler, D.J., Harris, M.J. & Milich, R. (1998). Sticks and stones: Evaluations of responses to childhood teasing. *Social Development, 7*, 234-249.

Schäfer, M. (1996). Aggression unter Schülern. *Report Psychologie, 50*, 700-711.

Schäfer, M. (1997). Verschiedenartige Perspektiven von Bullying. *Empirische Pädagogik, 11*, 369-383.

Schäfer, M. & Frey, D. (Hrsg.). (1999). *Aggression und Gewalt unter Kindern und Jugendlichen.* Göttingen: Hogrefe.

Schäfer, M. & Korn, S. (2002). Tackling violence in schools: A report from Germany. In P.K. Smith (Ed.), *Tackling violence in schools on a European-wide basis. EC CONNECT Initiative.* Goldsmiths College: University of London. Online-Dokument http://www.gold.ac.uk/connect/reportgermany.html (Zugriff: 13.02.2003).

Schäfer, M. & Kulis, M. (2000). *Mobbingzirkel.* Online http://mobbingzirkel.emp.paed.uni-muenchen.de.

Schäfer, M. & Smith, P.K. (1996). Teachers' perceptions of play fighting and real fighting in primary school. *Educational Research, 38*, 173-181.

Schäfer, M., Werner, N.E. & Crick, N.R. (2002). A comparison of two approaches to the study of negative peer treatment: General victimization and bully/victim problems among German schoolchildren. *British Journal of Developmental Psychology, 20*, 281-306.

Scheithauer, H. (2003). *Aggressives Verhalten von Jungen und Mädchen. Eine entwicklungsorientierte Metaanalyse geschlechtsspezifischer Formen der Aggression.* Göttingen: Hogrefe.

Scheithauer, H., Hayer, T., Jugert, G. & Petermann, F. (submitted). Physical, verbal and relational forms of bullying among students from Bremen and Lower Saxony: Developmental trends and gender differences.

Scheithauer, H., Mehren, F. & Petermann, F. (2003). Entwicklungsorientierte Prävention aggressiv-dissozialen Verhaltens. *Kindheit und Entwicklung, 12,* 84-99.

Scheithauer, H., Niebank, K. & Petermann, F. (2000). Biopsychosoziale Risiken in der frühkindlichen Entwicklung: Das Risiko- und Schutzfaktorenkonzept aus entwicklungspsychopathologischer Sicht. In F. Petermann, K. Niebank & H. Scheithauer (Hrsg.), *Risiken in der frühkindlichen Entwicklung. Entwicklungspsychopathologie der ersten Lebensjahre* (S. 65-97). Göttingen: Hogrefe.

Scheithauer, H. & Petermann, F. (1999). Zur Wirkungsweise von Risiko- und Schutzfaktoren in der Entwicklung von Kindern und Jugendlichen. *Kindheit und Entwicklung, 8,* 3-14.

Scheithauer, H. & Petermann, F. (2000). Die Ermittlung der Wirksamkeit und Effektivität psychotherapeutischer Interventionen: Eine internationale Bestandsaufnahme. *Zeitschrift für Klinische Psychologie, Psychopathologie und Psychotherapie, 48,* 211-233.

Scheithauer, H. & Petermann, F. (2002). Aggression. In F. Petermann (Hrsg.), *Lehrbuch der Klinischen Kinderpsychologie und -psychotherapie* (5., überarb. Aufl., S. 192-230). Göttingen: Hogrefe.

Schick, A. & Cierpka, M. (2003). Faustlos: Evaluation eines Curriculums zur Förderung sozial-emotionaler Kompetenzen und zur Gewaltprävention in der Grundschule. *Kindheit und Entwicklung, 12,* 100-110.

Schlossman, S. & Cairns, R.B. (1993). Problem girls: Observations on past and present. In G.H. Elder, jr., J. Modell & R.D. Parke (Eds.), *Children in time and place: Developmental and historical insights* (pp. 110-130). New York: Cambridge University Press.

Schubarth, W. (1997). Gewaltphänomene aus Sicht von Schülern und Lehrern. *Die Deutsche Schule, 89,* 63-76.

Schubarth, W., Kolbe, F.-U. & Willems, H. (Hrsg.). (1996). *Gewalt an Schulen: Ausmaß, Bedingungen und Prävention.* Opladen: Leske + Budrich.

Schuster, B. (1996). Rejection, exclusion and harassment at work and in schools. *European Psychologist, 1,* 293-317.

Schuster, B. (1997). Außenseiter in der Schule: Prävalenz von Viktimisierung und Zusammenhang mit sozialem Status. *Zeitschrift für Sozialpsychologie, 28,* 251-264.

Schuster, B. (1999a). Outsiders at school: The prevalence of bullying and its relation with social status. *Group Processes and Intergroup Relations, 2,* 175-190.

Schuster, B. (1999b). Gibt es eine Zunahme von Bullying in der Schule? Konzeptuelle und methodische Überlegungen. In M. Schäfer & D. Frey (Hrsg.), *Aggression und Gewalt unter Kindern und Jugendlichen* (S. 91-104). Göttingen: Hogrefe.

Schwartz, D. (2000). Subtypes of victims and aggressors in children's peer groups. *Journal of Abnormal Child Psychology, 28*, 181-192.

Schwartz, D., Dodge, K.A. & Coie, J.D. (1993). The emergence of chronic peer victimization in boys' play groups. *Child Development, 64*, 1755-1772.

Schwartz, D., Dodge, K.A., Pettit, G.S. & Bates, J.E. (1997). The early socialization of aggressive victims of bullying. *Child Development, 68*, 665-675.

Schwartz, D., Proctor, L.J. & Chien, D.H. (2001). The aggressive victim of bullying: Emotional and behavioral dysregulation as a pathway to victimization by peers. In J. Juvonen & S. Graham (Eds.), *Peer harassment in school: The plight of the vulnerable and victimized* (pp. 147-174). New York: Guilford.

Schwind, H.-D., Baumann, J., Lösel, F., Remschmidt, H., Eckert, R., Kerner, H.J., Stümper, A., Wassermann, R., Otto, H., Rudolf, W., Berckhauer, F., Kube, E., Steinhilper, M. & Steffen, W. (Hrsg.). (1990). *Ursachen, Prävention und Kontrolle von Gewalt: Analysen und Vorschläge der Unabhängigen Regierungskommission zur Verhinderung und Bekämpfung von Gewalt (Gewaltkommission).* Berlin: Duncker & Humblot.

Schwind, H.-D., Roitsch, K., Ahlborn, W. & Gielen, B. (1997). *Gewalt in der Schule am Beispiel Bochum* (2., erw. und aktual. Aufl.). Mainz: Weisser Ring.

Schwind, H.-D., Roitsch, K. & Gielen, B. (1999). Gewalt in der Schule aus der Perspektive unterschiedlicher Gruppen. In H.G. Holtappels, W. Heitmeyer, W. Melzer & K.-J. Tillmann (Hrsg.), *Forschung über Gewalt an Schulen* (S. 81-100). Weinheim: Juventa.

Sekretariat der Ständigen Konferenz der Kultusminister der Länder in der BRD (Hrsg.). (2000). *Schüler, Klassen, Lehrer und Absolventen der Schulen 1990 bis 1999. Statistische Veröffentlichungen der Kultusministerkonferenz, Dokumentation Nr. 151.* Bonn: Sekretariat der Ständigen Konferenz der Kultusminister der Länder in der BRD.

Selg, H., Mees, U. & Berg, D. (1997). *Psychologie der Aggressivität* (2., überarb. Aufl.). Göttingen: Hogrefe.

Shapiro, J.P., Baumeister, R.F. & Kessler, J.W. (1991). A three-component model of children's teasing: Aggression, humor, and ambiguity. *Journal of Social and Clinical Psychology, 10*, 459-472.

Sharp, S. (1996). Self-esteem, response style and victimization. Possible ways of preventing victimization through parenting and school based training programmes. *School Psychology International, 17*, 347-357.

Sharp, S., Cowie, H. & Smith, P.K. (1994). How to respond to bullying behaviour. In S. Sharp & P.K. Smith (Eds.), *Tackling bullying in your school: A practical handbook for teachers* (pp. 79-101). London: Routledge.

Sharp, S. & Smith, P.K. (1991). Bullying in UK schools: The DES Sheffield bullying project. *Early Child Development and Care, 77*, 47-55.

Sharp, S. & Smith, P.K. (Eds.). (1994). *Tackling bullying in your school: A practical handbook for teachers.* London: Routledge.

Sharp, S. & Thompson, D. (1994). How to establish a whole-school anti-bullying policy. In S. Sharp & P.K. Smith (Eds.), *Tackling bullying in your school: A practical handbook for teachers* (pp. 23-40). London: Routledge.

Sharp, S., Thompson, D. & Arora, T. (2000). How long before it hurts? An investigation into long-term bullying. *School Psychology International, 21*, 37-46.

Shields, A. & Cichetti, D. (2001). Parental maltreatment and emotion dys-regulation as risk factors for bullying and victimization in middle child-hood. *Journal of Community Psychology, 30*, 349-363.

Siann, G., Callaghan, M., Glissov, P., Lockhart, R. & Rawson, L. (1994). Who gets bullied? The effect of school, gender and ethnic group. *Educational Research, 36*, 123-134.

Siann, G., Callaghan, M., Lockhart, R. & Rawson, L. (1993). Bullying: Teachers' views and school effects. *Educational Studies, 19*, 307-321.

Silverthorn, P. & Frick, P.J. (1999). Developmental pathways to antisocial behavior: The delayed-onset pathway in girls. *Development and Psychopathology, 11*, 101-126.

Skinner, A. (1992). *Bullying: An annotated bibliography of literature and resources.* Leicester: Youth Work Press.

Slee, P.T. (1995). Peer victimization and its relationship to depression among Australian primary school students. *Personality and Individual Differences, 18*, 57-62.

Smith, P.K. (1997). Commentary III: Bullying in life-span perspective. What can studies of school bullying and workplace bullying learn from each other? *Journal of Community and Applied Social Psychology, 7*, 249-255.

Smith, P.K. (2002a). School bullying, and ways of preventing it. In E. Debarbieux & C. Blaya (Eds.), *Violence in schools and public policies* (pp. 117-128). Paris: Elsevier.

Smith, P.K. (Ed.). (2002b). *Tackling violence in schools on a European-wide basis. EC CONNECT Initiative.* Goldsmiths College: University of London. Online-Dokument http://www.gold.ac.uk/connect (Zugriff: 13.02.2003).

Smith, P.K., Bowers, L., Binney, V. & Cowie, H. (1993). Relationships of children involved in bully/victim problems at school. In S. Duck (Ed.), *Learning about relationships, Vol. 2* (pp. 184-212). Newbury Park: Sage.

Smith, P.K. & Brain, P. (2000). Bullying in schools: Lessons from two decades of research. *Aggressive Behavior, 26*, 1-9.

Smith, P.K., Cowie, H., Olafsson, R.F. & Liefooghe, P.D. et al. (2002). Definitions of bullying: A comparison of terms used, and age and gender differences, in a fourteen-country international comparison. *Child Development, 73*, 1119-1133.

Smith, P.K., Cowie, H. & Sharp, S. (1994). Working directly with pupils involved in bullying situations. In P.K. Smith & S. Sharp (Eds.), *School bullying: Insights and perspectives* (pp. 193-212). London: Routledge.

Smith, P.K. & Levan, S. (1995). Perceptions and experiences of bullying in younger pupils. *British Journal of Educational Psychology, 65*, 489-500.

Smith, P.K., Madsen, K.C. & Moody, J.C. (1999b). What causes the age decline in reports of being bullied at school? Towards a developmental analysis of risks of being bullied. *Educational Research*, 41, 267-285.

Smith, P.K., Morita, Y., Junger-Tas, J., Olweus, D., Catalano, R. & Slee, P. (Eds.). (1999a). *The nature of school bullying: A cross-national perspective*. London: Routledge.

Smith, P.K. & Myron-Wilson, R. (1998). Parenting and school bullying. *Clinical Child Psychology and Psychiatry, 3*, 405-417.

Smith, P.K. & Sharp, S. (Eds.). (1994a). *School bullying: Insights and perspectives*. London: Routledge.

Smith, P.K. & Sharp, S. (1994b). The problem of school bullying. In P.K. Smith & S. Sharp (Eds.), *School bullying: Insights and perspectives* (pp. 1-19). London: Routledge.

Smith, P.K. & Shu, S. (2000). What good schools can do about bullying: Findings from a survey in English schools after a decade of research and action. *Childhood, 7*, 193-212.

Smorti, A. & Ciucci, E. (2000). Narrative strategies in bullies and victims in Italian schools. *Aggressive Behavior, 26*, 33-48.

Sourander, A., Helstelä, L., Helenius, H. & Piha, J. (2000). Persistence of bullying from childhood to adolescence – A longitudinal 8-year follow-up study. *Child Abuse and Neglect, 7*, 873-881.

Spears, B. (2002). *Indirect aggression as bullying? A precursor to girls' suicide attempts?* Montreal: Paper presented at the International Society for Research on Aggression XV. World Meeting, July 28th-31st.

Spiel, C. & Atria, M. (2002). Tackling violence in schools: A report from Austria. In P.K. Smith (Ed.), *Tackling violence in schools on a European-wide basis. EC CONNECT Initiative*. Goldsmiths College: University of London. Online-Dokument http://www.gold.ac.uk/connect/reportaustria.html (Zugriff: 13.02.2003).

Sroufe, L.A., Egeland, B. & Carlson, E.A. (1999). One social world: The integrated development of parent-child and peer relationships. In W.A.

Collins & B. Laursen (Eds.), *Relationships as developmental contexts. The Minnesota Symposia on child psychology, Vol. 30* (pp. 241-261). Mahwah: Erlbaum.

Stanley, L. & Arora, C.M.J. (1998). Social exclusion amongst adolescent girls. Their self-esteem and coping strategies. *Educational Psychology in Practice, 14*, 94-100.

Steinberg, L. & Silverberg, S.B. (1986). The vicissitudes of autonomy in early adolescence. *Child Development, 57*, 841-851.

Stephenson, P. & Smith, D. (1989). Bullying in the junior school. In D.P. Tattum & D.A. Lane (Eds.), *Bullying in schools* (pp. 45-57). Stoke on Trent: Trendham.

Stevens, V., de Bourdeaudhuij, I. & van Oost, P. (2000). Bullying in Flemish schools: An evaluation of anti-bullying intervention in primary and secondary schools. *British Journal of Educational Psychology, 70*, 195-210.

Stevens, V., de Bourdeaudhuij, I. & van Oost, P. (2001). Anti-bullying interventions at school: Aspects of programme adaptation and critical issues for further programme development. *Health Promotion International, 16*, 155-167.

Streeck-Fischer, A. (1999). Xenophobia and violence by adolescent skinheads. In M. Sugar (Ed.), *Trauma and adolescence* (pp. 251-269). Madison: International Universities Press.

Sullivan, K. (1998). Isolated children, bullying and peer group relations. In P.T. Slee & K. Rigby (Eds.), *Children's peer relations* (pp. 144-161). London: Routledge.

Sullivan, K. (1999). Aotearoa/New Zealand. In P.K. Smith, Y. Morita, J. Junger-Tas, D. Olweus, R. Catalano & P. Slee (Eds.), *The nature of school bullying: A cross-national perspective* (pp. 340-355). London: Routledge.

Sullivan, K. (2000). *The anti-bullying handbook.* Oxford: University Press.

Sutton, J. & Keogh, E. (2000). Social competition in school: Relationships with bullying, Machiavellianism and personality. *British Journal of Educational Psychology, 70*, 443-456.

Sutton, J. & Smith, P.K. (1999). Bullying as a group process: An adaptation of the participant role approach. *Aggressive Behavior, 25*, 97-111.

Sutton, J., Smith, P.K. & Swettenham, J. (1999). Social cognition and bullying: Social inadequacy or skilled manipulation? *British Journal of Developmental Psychology, 17*, 435-450.

Svensson, R. (November 2002). Tackling violence in schools: A report from Sweden. In P.K. Smith (Ed.), *Tackling violence in schools on a European-wide basis. EC CONNECT Initiative.* Goldsmiths College: University of London. Online-Dokument http://www.gold.ac.uk/connect/reportsweden.html (Zugriff: 21.11.2002).

Tapper, K. & Boulton, M. (2000). Social representations of physical, verbal, and indirect aggression in children: Sex and age differences. *Aggressive Behavior, 26*, 442-454.

Thorne, B. (1986). Girls and boys together... but mostly apart: Gender agreements in elementary schools. In W.W. Hartup & Z. Rubin (Eds.), *Relationships and development* (pp. 167-184). Hillsdale: Erlbaum.

Thornton, T.N., Craft, C.A., Dahlberg, L.L., Lynch, B.S. & Baer, K. (2000). *Best practices for youth violence prevention: A sourcebook for community action*. Atlanta: Centers for Disease Control and Prevention, National Center for Injury Prevention and Control.

Tillmann, K.-J. (1999). Gewalt an Schulen: Öffentliche Diskussion und erziehungswissenschaftliche Forschung. In H.G. Holtappels, W. Heitmeyer, W. Melzer & K.-J. Tillmann (Hrsg.), *Forschung über Gewalt an Schulen: Erscheinungsformen und Ursachen, Konzepte und Prävention* (2., korr. Aufl., S. 11-25). Weinheim: Juventa.

Tillmann, K.-J., Holler-Nowitzki, B., Holtappels, H.G., Meier, U. & Popp, U. (2000). *Schülergewalt als Schulproblem: Verursachende Bedingungen, Erscheinungsformen und pädagogische Handlungsperspektiven* (2. Aufl.). Weinheim: Juventa.

TMR Network Project (1999a). *Nature and prevention of bullying: General survey questionnaires and nomination methods concerning bullying.* Online-Dokument   http://www.gold.ac.uk/tmr/reports/aim2_seville1. html (Zugriff: 01.03.2001).

TMR Network Project (1999b). *An observational approach to study social and aggressive behaviour in children.* Online-Dokument http://www. gold.ac.uk/tmr/reports/aim2_calabria1.html (Zugriff: 01.03.2001).

TMR Network Project (1999c). *Nature and prevention of bullying: Bullying and emotions.* Online-Dokument http://www.gold.ac.uk/tmr/reports/ aim2_firenze2.html (Zugriff: 01.03.2001).

TMR Network Project (2001). *Nature and prevention of bullying: Definitions of bullying-related terms from children in different cultures.* Online-Dokument   http://www.gold.ac.uk/tmr/reports/aim1_gold1.html   (Zugriff: 01.03.2001).

Todt, E. & Busch, L. (1994). Aggression und Gewalt in Schulen. *Recht der Jugend und des Bildungswesens, 42*, 174-186.

Tomada, G. & Schneider, B.H. (1997). Relational aggression, gender, and peer acceptance: Invariance across culture, stability over time, and concordance among informants. *Developmental Psychology, 33*, 601-609.

Treml, J.N. (2001). Bullying as a social malady in contemporary Japan. *International Social Work, 44*, 107-117.

Troy, M. & Sroufe, L.A. (1986). Victimization among preschoolers: Role of attachment relationship history. *Journal of the American Academy of Child and Adolescent Psychiatry, 26*, 166-172.

Tyler, K. (1998). A comparison of the No Blame approach to bullying and the ecosystemic approach to changing problem behaviour in schools. *Pastoral Care in Education, 16*, 26-32.

Uhl, A. (1997). Probleme bei der Evaluation von Präventionsmaßnahmen im Suchtbereich. *Wiener Zeitschrift für Suchtforschung, 20*, 93-109.

Unnever, J.D. & Cornell, D.G. (2003). Bullying, self-control, and ADHD. *Journal of Interpersonal Violence, 18*, 129-147.

Vaillancourt, T., Rodkin, P.C., Hymel, S., McDougall, P., Bonanno, R.A. & Welch, E. (2002). *Being bad and feeling good: A look at high and low status adolescent bullies*. Montreal: Paper presented at the International Society for Research on Aggression XV. World Meeting, July 28th-31st.

Verbeek, D. & Petermann, F. (1999). Gewaltprävention in der Schule: Ein Überblick. *Zeitschrift für Gesundheitspsychologie, 7*, 133-146.

Verbeek, D., Petermann, F. & Jugert, G. (1998). Verhaltenstrainings in der Schule. *Verhaltenstherapie und Verhaltensmedizin, 19*, 253-269.

Vieluf, U. (1993). Gewalt an Schulen? Ergebnisse einer Schulbefragung in Hamburg. *Pädagogik, 93*, 28-30.

Vitaro, F., Gendreau, P. L., Tremblay, R. E. & Oligny, P. (1998). Reactive and proactive aggression differentially predict later conduct problems. *Journal of Child Psychology and Psychiatry and Allied Disciplines, 39*, 377-385.

Vitaro, F., Tremblay, R.E. & Gagnon, C. (1992). Peer rejection from kindergarten to grade 2: Outcomes, correlates, and prediction. *Merrill-Palmer Quarterly, 38*, 382-400.

Vitiello, B. & Stoff, D.M. (1997). Subtypes of aggression and their relevance to child psychiatry. *Journal of the American Academy of Child and Adolescent Psychiatry, 36*, 307-315.

Volling, B.L., MacKinnon-Lewis, C., Rabiner, D. & Baradaran, L.P. (1993). Children's social competence and sociometric status: Further exploration of aggression, social withdrawal, and peer rejection. *Development and Psychopathology, 5*, 459-483.

Waldrop, M.F. & Halverson, C.F. (1975). Intensive and extensive peer behavior: Longitudinal and cross-sectional analyses. *Child Development, 46*, 19-25.

Warm, T.R. (1997). The role of teasing in development and vice versa. *Developmental and Behavioral Pediatrics, 18*, 97-101.

Weiß, R.H. (2000). *Gewalt, Medien und Aggressivität bei Schülern.* Göttingen: Hogrefe.

Werner, N.E., Bigbee, M.A. & Crick, N.R. (1999). Aggression und Viktimisierung in Schulen: „Chancengleichheit" für aggressive Mädchen. In M. Schäfer & D. Frey (Hrsg.), *Aggression und Gewalt unter Kindern und Jugendlichen* (S. 153-177). Göttingen: Hogrefe.

Whiting, B. & Edwards, C. (1973). A cross-cultural analysis of sex differences in the behavior of children aged three through eleven. *Journal of Social Psychology, 91,* 171-188.

Whitney, I., Rivers, I. Smith, P.K. & Sharp, S. (1994). The Sheffield project: Methodology and findings. In P.K. Smith & S. Sharp (Eds.), *School bullying: Insights and perspectives.* (pp. 20-56). London: Routledge.

Whitney, I. & Smith, P.K. (1993). A survey of the nature and extent of bullying in junior/middle and secondary schools. *Educational Research, 35,* 3-25.

Whitney, I, Smith, P.K. & Thompson, D. (1994). Bullying and children with special educational needs. In P.K. Smith & S. Sharp (Eds.), *School bullying: Insights and perspectives* (pp. 213-56). London: Routledge.

Wieczerkowski, W., Nickel, H., Janowski, A., Fittkau, B. & Rauer, W. (1980). *Angstfragebogen für Schüler.* Braunschweig: Westermann.

Williams, B.T.R. & Gilmour, J.D. (1994). Annotation: Sociometry and peer relationships. *Journal of Child Psychology and Psychiatry and Allied Disciplines, 35,* 997-1013.

Williams, K., Chambers, M., Logan, S. & Robinson, D. (1996). Association of common health symptoms with bullying in primary school children. *British Medical Journal, 313,* 17-19.

Wilson, D.B., Gottfredson, D.C. & Najaka, S.S. (2001). School-based prevention of problem behaviors: A meta-analysis. *Journal of Quantitative Criminology, 17,* 247-272.

Wilson, S.J., Lipsey, M.W. & Derzon, J.H. (2003). The effects of school-based intervention programs on aggressive behavior: A meta-analysis. *Journal of Consulting and Clinical Psychology, 71,* 136-149.

Wolke, D. (1999). Methoden und Kriterien entwicklungsorientierter Evaluation. In R. Oerter, C. von Hagen, G. Röper & G. Noam (Hrsg.), *Klinische Entwicklungspsychologie. Ein Lehrbuch* (S. 522- 556). Weinheim: Psychologische Verlags Union.

Wolke, D. & Stanford, K. (1999). Bullying in school children. In D. Messar & S. Millar (Eds.), *Exploring developmental psychology: From infancy to adolescence* (pp. 341-360). London: Arnold.

Wolke, W., Woods, S., Bloomfield, L. & Karstadt, L. (2000). The association between direct and relational bullying and behaviour problems among primary school children. *Journal of Child Psychology and Psychiatry, 41,* 989-1002.

Wolke, D., Woods, S., Stanford, K. & Schulz, H. (2001). Bullying and victimization of primary school children in England and Germany: Prevalence and school factors. *British Journal of Psychology, 92*, 673-696.

Würtz, S., Hamm, S., Willems, H. & Eckert, R. (1996). Gewalt und Fremdenfeindlichkeit in der Erfahrung von Schülern und Lehrern. In W. Schubarth, F.-U. Kolbe & H. Willems (Hrsg.), *Gewalt an Schulen: Ausmaß, Bedingungen und Prävention* (S. 85-130). Opladen: Leske + Budrich.

Xie, H. (1998). *The development and functions of social aggression: A narrative analysis of social exchange in interpersonal conflicts*. Chapel Hill: Unpublished Dissertation Thesis, University of North Carolina.

Xie, H., Cairns, R.B. & Cairns, B.D. (1999). Social networks and configurations in inner-city schools: Aggression, popularity, and implications for students with EBD. *Journal of Emotional and Behavioral Disorders, 7*, 147-156.

Xie, H., Mahoney, J.L. & Cairns, R.B. (1999). Through the looking glass or a hall of mirrors? Self-ratings and teacher-ratings of academic competence over development. *International Journal of Behavioral Development, 23*, 163-183.

Younger, A.J. & Boyko, K.A. (1987). Aggression and withdrawal as social schemas underlying children's peer perceptions. *Child Development, 58*, 1094-1100.

Zakriski, A.L. & Coie, J.D. (1996). A comparison of aggressive-rejected and nonaggressive-rejected children's interpretations of self-directed and other-directed rejection. *Child Development, 67*, 1048-1070.

Zhang, W., Gu, C., Wang, M., Wang, Y. & Jones, K. (2000). Gender differences in the bully/victim problem among primary and junior middle school students. *Psychological Science (China), 23*, 435-439.

Die Reihe: Klinische Kinderpsychologie

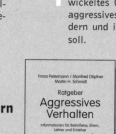